e a MEXICO?
peón de
xplica el
México
DOCTOR TAO

陶行知教育文丛

陶行知论教育的功能

徐志辉 徐莹晖 编

四川教育出版社 [成都]

图书在版编目（CIP）数据

陶行知论教育的功能/徐志辉，徐莹晖编.–成都：四川教育出版社，2010.4
（陶行知教育文丛/徐志辉主编）
ISBN 978–7–5408–5314–3

Ⅰ.①陶… Ⅱ.①徐… ②徐… Ⅲ.①陶行知（1891~1946）–教育–功能–文集 Ⅳ.①G40–092.6

中国版本图书馆 CIP 数据核字（2010）第 051093 号

责任编辑　万良华
封面设计　毕　生
版式设计　顾求实
责任校对　严道丽
责任印制　田东洋
出版发行　四川教育出版社
地　　址　成都市黄荆路 13 号
邮政编码　610225
网　　址　www.chuanjiaoshe.com
印　　刷　三河市明华印务有限公司
制　　作　四川胜翔数码印务设计有限公司
版　　次　2010 年 4 月第 1 版
印　　次　2021 年 5 月第 3 次印刷
成品规格　170mm×240mm
印　　张　16.75　插页 1
字　　数　246 千
书　　号　ISBN 978–7–5408–5314–3
定　　价　56.00 元

如发现印装质量问题，请与本社调换。电话：（028）86259359
营销电话：（028）86259605　邮购电话：（028）86259605
编辑部电话：（028）86259381

前 言

近代以来，中国出现了许多教育家，然而若论影响，很少有人可以超过陶行知——在全国，有着数量众多的研究陶行知及其教育思想的组织和机构，有着人数众多的研究者和崇拜者。这也许不是因为他创造了多少高深的教育理论，甚至也不只是由于他对中国教育事业作出的巨大贡献和产生的深远影响，而是在于他本身就是一座丰碑——用他的信仰、他的人格、他的事业、他的作为所树立起来的道德丰碑。他的伟大蕴含在他的平凡生活之中，而他的平凡生活造就了他的伟大。

陶行知的信条是自立立人、自化化人、自觉觉人；他用“捧着一颗心来，不带半根草去”自勉勉人；他将事业与信仰融为一体，从而使他具有“我不入地狱谁入地狱”那种圣徒般的献身精神；他用辛勤的劳作、坚韧不拔的毅力担负着一个公民对社会应尽的责任，体现着他生命的永恒价值……正是这一切造就了陶行知，造就了行知精神。为了专心致力于中华教育改进社和中华平民教育促进会的工作以推进平民教育运动，他辞去东南大学教育科主任、教育系主任之职，放弃月薪400大洋的教授职位；他拒绝北洋政府任命他为武昌高等师范学校（武汉大学前身）校长、谢绝母校金陵大学校长之职。为了创办晓庄试验乡村师范学校，他将全家从北京迁到南京乡下，甘心与农人为友，与“牛大哥”同眠，并婉拒挚友冯玉祥要他做河南省教育厅厅长的邀请，表示“晓庄事业，我要用整个的身子干下去”。为了使战时的难童能够读书，他在办学经费极端困难、靠四处募捐艰难维持的情况下，免去许多孩子的学费、书费、膳食费……面对着这一切，我们只能用“大哉陶子”来表达我们对陶行知先生人格的无比敬仰。

陶行知怀着教育救国的坚定信念，将自己的一生毫无保留地贡献给了中华民族的教育事业。在他的教育事业中，他不仅提出了生活教育思想，而且使这一思想贯穿在他一生的实践中，并在实践中不断发展和完善。他始终坚信“教育是立国的根本”，始终坚持“教育为改良社会而设，为教育社会人才而设”，“教育就是社会改造”。正是为了实现社会改造的目的，他才坚决反对将学校与生活、与社会相隔离，坚决主张教育必须与生活、与社会融为一体，并提出了对中国教育产生深远影响的生活教育理论。

所谓“生活即教育”，即教育原本就是为了生活，教育原本就是生活的重要组成部分，生活本身就具有教育的意义。过什么生活便是受什么教育。所谓“社会即学校”，即生活是离不开社会的，生活原本就是社会生活；离开了社会就无所谓生活。生活具有教育的意义也就是社会具有教育的意义。社会作为一所大的学校，虽然可以将所有的社会资源当做教育的资源，但“社会即学校”的意义绝不仅限于教育资源的扩大。社会是个人的集合所形成的，有什么样的个人也就有什么样的社会；反过来，个人又是受社会影响的，因此有什么样的社会就有什么样的个人。但从最终的意义上来说，改造社会必须从改造个人开始，也就是通过教育的力量来造就合格的共和国公民，为好的社会打下牢固的根基。既然教育的真义乃是实际生活的参与和改造而不是死读书、读死书、读书死，那么顺理成章的就是如何生活就该如何开展教育，也即在生活中教育，用生活来教育——“教学做合一”。在他看来，教育法就是生活法，因为教育就是为了生活，放弃了教育也便放弃了生活，脱离了生活的教育就是无用的教育。他的晓庄、他的工学团、他的育才、他的社会大学，还有他的平民教育、乡村教育、普及教育、创造教育、国难教育、民主教育等等，都始终贯穿着“教学做合一”这一原则。于是，“生活即教育”、“社会即学校”便凝结在“教学做合一”的教育方法之中。

生活教育理论是陶行知整个教育思想的核心。这一理论萌发于20世纪20年代的平民教育推广时期。此后，它就在长期的试验和不同的教育实践中得到了不断的丰富和发展。可以说，生活教育理论统摄了陶行知的全部教育思想和教育实践。作为中国本土的教育理论，它吸取、借鉴并改造了西方尤其是杜威的教育理论，但更重要的是它立足于中国社会实情和中国教育实情，为中国教育改造开出了一剂良方，对中国的平民教育、乡村教育、普及教育、大众教育、民主教育乃至整个教育的发展，起了极大的推动作用。在20世纪众多耀眼的教育家中，陶行知就是以他的生活教育理论和持续不断的艰苦实践，成为最为卓著的教育家之一，为中国的教育事业作出了突出的贡献。在谈到对陶行知的评价时，唐文权先生曾写道：“我们相信，在卷帙浩繁的20世纪教育史稿中，生活教育作为中国教育章中卓然独立的一节，深刻地映现着当代的世情和国情，足可永垂久远，引人注目流连。总有一天，当地球村的居民共建文化纪念馆时，中国这一文化大户的推选名单中，陶行知及其生活教育将因其对来者的悠长启示而膺登榜上，进入世界文化名人之列。”① 1991年，陶行知最终因为他对中国和世界教育的卓越贡献而被联合国教科文组织列为20世纪世界四大名人之一。

在世界各国都对教育的发展给予异乎寻常的关注的今天，在我们正为制定中国教育发展中长期规划而苦思冥想的当下，学习和借鉴西方先进的教育理论固然十分必要，挖掘与利用中国传统的教育资源以振兴民族教育则更为重要。陶行知植根于中国传统教育的土壤，以开放的胸襟兼收并蓄中西方教育理论，形成符合本国国情、具有本民族特色的教育思想。虽然大半个世纪过去了，但陶行知的教育理论和实践、陶行知的精神却并没有随着时光的流逝而失去其价值，它仍然对我国教育的改革和发展具有重要的指导作用。从学校定位上讲，学校必须改变与社会实际相脱离、与学生生活相脱离的现状，使学校教育真正切入社会的实际生活，发挥学校服务

① 章开沅、唐文权：《平凡的神圣——陶行知》，湖北教育出版社1991年版，第560页。

社会、引领社会、改造社会的作用，使学校成为改造社会的中心；从人才培养目标上讲，学校教育要改变重成绩、轻能力等状况，把培养全面发展的、适合社会需要的、富有高度社会责任感的共和国公民作为教育的一个重要内容给予足够的重视；从教学方法上讲，必须改变普遍存在的重书本知识、轻实践经验，重灌输死知识、轻创新意识和能力培养，重教不重做，教学做相脱节的传统教育教学方法，重视和加强实践环节在教育教学中的地位和作用，使教与学能够在实践的环节上统一起来；从课程评价体系来讲，必须尽快改变不仅在基础教育中广泛存在，而且在高等教育中也依然存在的应试教育现状，使考试考查真正能够在促进教师的教和学生的学方面发挥应有的作用，而不是成为师生共同的“增压器”、民族创新力的“消融器”；从教育的整体协调发展来讲，要改变严重存在的城乡差别、地区差别、重点与非重点差别、普通教育与职业教育的差别，改变教育各方面存在的不公平现象，使我们的各级各类教育都能够协调发展，使我们的所有公民都能够尽可能享有相对公平的受教育权利……

伟人已经远逝，但他留给我们的几百万言的著作就像一座取之不尽的宝藏，给我们的教育改革提供着能源；又似一座巨大的思想宝库，给我们的教育实践提供着理论支持。这并不是说陶行知的教育理论就是完全正确、无懈可击的，事实上正是由于他的教育理论和实践给人们提供了广阔的探讨空间，才使他的理论有了强大的生命力，才使他成为“受研究最多的近代教育家之一”①。从另外一个层面讲，他之所以能够成为受研究最多的教育家，是因为他本人就是一个“行动理论家”（胡晓风先生语），他的理论本身就是针对教育中的实际问题创立的，是行动的理论、实践的理论，而不是坐而论道的说教。尽管我们的时代离陶行知生活的时代已有近一个世纪的历史间隔，但我们仍可从他的理论和实践中受到启迪。这说明无论在什么时代，教育总有共通的问题，而能够解决共通问题的思想和理论无论产生于什么时代，它的生命力都是永恒的。而要让陶行知的教育思想在我们的教育改革与发展中充分发挥作用，学习和了解陶行知的教育思

① 何荣汉：《陶行知——一位基督徒教育家的再发现》，基督教文艺出版社（香港）2004 年版。

想就是必不可少的。

20 世纪 80 年代以来，国内出版了大量包括陶行知本人著作和与其教育思想有关的书籍和文献。如川版 12 卷本的《陶行知全集》，湘版 8 卷本的《陶行知全集》，还有《陶行知文集》（江苏省陶研会、晓庄师范陶研会），《陶行知教育文集》（胡晓风、金成林等）、《陶行知教育名篇》（方明）、《陶行知教育名著教师读本》（金林祥等）、《陶行知教育名著大学生读本》（陆建非）、《行知教育论著百篇》（姚文蔚）……这些书籍和文献对研究、宣传普及陶行知教育思想无疑起到了重要的推动作用。但对不同领域的基层教育工作者而言，要么卷帙浩繁，缺乏专题性、针对性、系统性，不可能在一般教师中普及；要么虽然是专门论及教育的，但它涉及教育的诸多领域，未必能够使人们通过阅读这些言论而真正理解陶行知的教育思想，也未必能够使人们看出陶行知教育思想发展的基本脉络。我们认为，要了解一个人的思想，就必须阅读他的原著，并将他的思想放到当时的时代背景去阅读、去了解，才有可能理出一个思想形成的大致脉络，否则就会误解甚至曲解一个人的思想，或者不看时间的变化而随意照搬某种思想。为了推动全国教育改革与发展，为了促进全国范围内学陶师陶的普遍开展，为了对陶行知的思想进行普及性的宣传，也为了更好地满足读者的需要，南京晓庄学院陶行知研究所整理、汇编了这套《陶行知教育文丛》。该文丛根据专题分类，尽量按照发表的年代顺序来编排，同时也对其中的重要篇目作了“导读”，以求对读者阅读原著和理解陶行知的教育思想有所帮助。我们期望这套丛书的编印能够在促进广大师生学陶师陶、弘扬行知精神方面发挥其应有的作用。

由衷感谢四川教育出版社为这套《陶行知教育文丛》的出版提供的无私帮助。

真心地希望读者对这套《陶行知教育文丛》中的错误批评指正。

徐志辉

2010 年春于南京晓庄

目 录

徐志辉

立人立国：陶行知教育思想与教育改革

——本册导读

自古以来，教育都是人类生活的重要组成部分，从家庭到社会，人们都对教育给予了极大的重视。但教育到底能做什么？为什么要重视教育？发展教育的目的究竟是什么？对于这些问题，并不是人人都曾关注和思考过的。

一、在陶行知心目中，教育为了什么

从国家到民众，没有不重视教育的。从乡村到城市，从乞丐到身家数亿的富翁，哪个人不希望自己的孩子能够受到好的教育？人人都知道教育的重要，但并非人人都知道为什么要重视教育，教育到底是为了什么。一般人可以不去思考这样的问题，但我们从事教育工作的人却不能不对教育究竟是为了什么这样的问题有一个清醒的认识和深入的思考，否则我们就是在糊里糊涂地做事。

如果想对这样的问题有所了解，我们不妨看看陶行知是如何看待这些问题的。陶先生多次说过教育是立国之本，教育是共和国万年大计等等。他是从立人、立国、改造生活、改造社会的角度来理解教育的。

关于教育的功能，陶行知在不同时期有不同的认识。在早期，陶行知和他同时代的许多爱国知识分子一样，有着单纯的教育救国思想。早在1914年他还是金陵大学的学生时，就表达过最初的教育救国思想——“人民贫，非教育莫与富之；人民愚，非教育莫与智之……教育实建设共和最要之手续，舍教育则共和之险不可避，共和之国不可建”。1916年在写给罗素的信中，他再次表达了他的教育救国思想——“我的毕生志愿是，通过教育而非武力来创建一个民主国家。……我坚信，没有真正的公共教育就不可能有真正的共和国”。

1918年5月陶行知在为安徽省立第一师范学校和省立第一女子师范学校师生所作的讲演中说道：“鄙人谓教育能造文化，则能造人；能造人，则能造国。……教育为改良社会而设，为教育社会人才而设”，并认为“教育能改良个人之天性”、“教育能养成共和之要素”、“教育能传播非遗传的文化”，因此“教育为最有可为之事”。他甚至认为，“国家有一块未开化的土地，有一个未受教育的人民，都是由于我们没尽到责任”，将发展中国的教育作为教育工作者应该承担的历史使命来看待。这几处文字可以看做陶行知早期对教育功能的认识。这其中传达出的无疑是陶行知先生作为一个共和国公民对国家、对民族的一种强烈的责任感和使命感，也传达出一个理想主义者对通过教育改造社会的一种坚定的信念。

在他看来，“新教育”既要使学生有利用自然界的能力，又要有在社会中谋共同幸福的能力，就是要使学生成为“自主”、“自立”和“自动”的共和国民。

“好教育”不是只教给学生知识，不是以牺牲学生健康为代价换取成绩和分数，更不是将学生培养成金钱的奴隶、政客的走狗、一无所能的“高等游民”，而是要“给学生以能力，使他为物质环境中的主宰”，“给学生一种技能，使他可以贡献社会”，“可以独立生活”，使他可以促进社会关系“高尚优美”。如果我们的教育和教育者做不到这些，人们当然会

"打着我们教育者的门"，质问我们"教的是什么教育"，质问我们何以会教出只知道钱、权以及享乐的子弟，质问我们"何以教出这种不会做正当事的子弟"……类似的质问越多，越说明教育和教育者的无能。

陶行知历来都认为"教育是立国的根本"，"教育是国家万年根本大计"，但他所关注的教育却不是精英教育或者叫做"小众教育"，而是"国民教育"、"大众教育"、"平民教育"，因为没有大众教育的发展，就不可能有中国社会的富强，就不可能有真正的民主和共和。所以当他在高校工作了6年之后，就毅然决然地选择了辞职，去从事他的大众教育事业。从他一生的教育实践来看，他的着眼点和立足点都在此。他试图通过发展这种"大众教育"、通过对旧教育的改造，来达到社会改造之目的。这才是他矢志不渝献身中国平民教育的关键。

在推行平民教育的过程中他进一步认识到，中国是一个农业大国，农民占了全国人口的85%以上，乡村社会是中国社会不可缺少的重要组成部分，没有乡村教育的发展就没有乡村社会的发展，而没有乡村社会的发展自然也就没有中国社会的发展。在他看来，中国的教育必然是包括乡村教育在内的教育，舍此，中国的教育必定是残缺不全的。他多次强调说："中国的根本问题，便是中国乡村教育之根本改造。"怀着教育救国的坚定信念，他始终坚持"教育就是社会改造"。

但教人死读书、读死书、读书死的传统教育是不能实现改造社会的目的的，只有有钱人所享有的"小众教育"也是不能实现这一目的的。

在《中国乡村教育之根本改造》中，他说："中国向来所办的教育，完全走错了路：他教人离开乡下向城里跑，他教人吃饭不种稻，穿衣不种棉，盖房子不造林。他教人羡慕繁华，看不起务农。他教人有荒田不知开垦，有荒山不知造林。他教人分利不生利。……他教农夫的子弟变成书呆子。他教富的变穷，穷的格外穷；强的变弱，弱的格外弱。"

在《师范教育之彻底改革》中他说："好些师范学校只是在那儿教洋八股，制造书呆子。这些大书呆子分布到小学里去，又以几何的加速率制造小书呆子。倘使……书呆子的种子布满全国，叫全国的国民都变成书呆子！中华民国简直可以变成中华书呆国。……想到这里，真要令人毛骨悚然。”

在《杀人的会考和创造的考成》中，他说：“学生是学会考，教员是教人会考，学校是变了会考筹备处。会考所要的必须教；会考所不要的，不必教，甚而至于必不教。于是唱歌不教了，图画不教了，体操不教了，家事不教了，农艺不教了，工艺不教了，科学的实验不教了，所谓课内课外的活动都不教了，所要教的只是书，只是考的书，只是《会考指南》！教育等于读书；读书等于赶考。好玩吧，中国之传统教育！”又说：“在学生们赶考的时候，同时是把家里的老牛赶跑了，把所要收复的东北赶跑了，把有意义的人生赶跑了，把一千万民众的教育赶跑了。换句话说，是把中华民族的前途赶跑了。”他称这样的教育是“大规模的消灭民族生存力的教育”！

在《今后教育上基本问题之讨论》中他说：当时的教育是“使学校市场化，使学生原料化；教育非为公物，而为一部分人所私有；大学教育徒为少数富裕子弟之装饰品，徒为富裕子弟转入仕途猎取功名利禄之阶梯；中学纯为升入大学之准备，所学与实际生活隔离，多数无力升学学生则流为一无所能一无所用之高等游民，强者乃铤而走险，弱者遂厌世自杀……”，其后果则是“为拉青年出社会，与实际生活分离，而非引青年入社会，以解决本身及社会一切问题；为提高青年生活之欲望，走入奢靡无能无用之绝境，而非导青年走入生产与建设之坦途。故愈教而国愈贫，社会秩序愈乱，人民乃愈苦痛”！

陶先生几十年前所批判的当时的教育，对我们难道不具有强烈的警示作用吗？面对这样的教育，我们教育者当作何想？

1924年陶先生从事平民教育时就说过平民教育不是培养人上人，也不是教人做人下人，而是要做人中人。1940年在谈到育才学校“三个不是”时，他再次强调育才学校不是培养人上人的。人中人是什么样的人？人中人就是能够自立、自觉、自治、自强的共和国国民，就是能够“为自己创造、为社会创造、为国家创造、为民族创造”的人，就是能够“为自己生利、为社会生利、为国家生利、为民族生利”的人。他的教育始终都是与建立共和国联系在一起、与民族的前途和命运联系在一起的，都是与培养共和国国民联系在一起的。

有资料显示，在当今社会，53.2%的家长都不想让孩子当工人，更不用说当农民了；近几年考公务员热一浪高过一浪，有谁不是冲着高收入和工作的稳定性来的？有谁不是为了成为“人上人”？这当然不是说人们不该向往优越的社会地位、好的工作、高的收入，但如果全体国民都以“人上人”为人生的目标和价值追求的话，则民族何以存在？国家何以存在？社会何以存在？如果我们的教育不是去引导国人的价值观反倒是去迎合、支持甚至倡导这种价值观，则离民主社会、和谐社会、现代化社会只会越来越远，强国之梦就只能永远是梦。

正因为“大规模的消灭民族生存力的教育”不能培养出自动、自立、自主的共和国国民，不能实现改造社会的目的，陶先生才决意要与传统教育决裂，坚持必须使学校和社会融为一体，使学校成为改造乡村生活的中心，使教师成为改造乡村社会的灵魂，所以他才坚决反对将学校与社会相隔离，才提出了“社会即学校”的思想。与“社会即学校”的命题相适应，他提出了“生活即教育”的命题。因为过什么生活便是受什么教育，所以生活教育的目的就是要用前进的生活来引导落后的生活，要人们一起过前进的生活，受前进的教育。既然教育的真义乃是实际生活的参与和改造，那么顺理成章的就是如何生活就该如何开展教育，也即在生活中教育，用生活来教育——“教学做合一”。

这就是说，能够实现改造社会、引领社会、创造新生活、创造新世界的教育只能是生活教育；能够使学生成为健全的、可以自食其力并能够为社会作出贡献的共和国国民的教育，只能是生活教育。因为只有这样的教育才是提高人的生活力、创造力的教育。

可见我们理解陶行知的生活教育理论，就应该和他的教育救国理想联系起来，否则我们就不能真正理解他的生活教育理论。

二、陶行知教育思想对我们的教育改革有什么意义

我们先来看看中国教育改革的历程。

中国自古以来就有读书做官的传统观念：若不是为了做官从而能光宗

耀祖，读书又有何用？于是有了延续1300多年的科举制。读书做官、做“人上人”的观念几乎深入到每个中国人的骨髓中。

那么什么是我们自己的教育体制？从中国古代历史上说，西汉时期形成的“察举制”，魏晋南北朝时期形成的“九品中正制”和隋唐时期形成的“科举制”都是“有中国特色”的教育体制。这些体制在其初期，无论对于国家、社会还是个人发展，都曾经起过非常重要的作用。可惜到后来都被推向极端，成为统治者的工具和帮凶。

从1905年废除了科举制以后，为办“新学”，我们时而学东洋，时而学西洋。新中国成立后，为赶英超美、为振兴民族工业、为实现四个现代化，中国采取了苏联的教育模式，教育得到了较快的发展。但与此同时，教育对于个人和家庭的意义也并未因此而消失，反倒同时得到了强化。因为现实告诉人们，一个人要想在社会上有前途、有地位，就必须接受良好的教育，从而具有在社会上安身立命的资本。所谓“学会数理化，走遍天下都不怕”，不单是当时教育重理轻文的反映，也是人们对受教育的一种期待。至此，教育对于民族、国家的意义和对于个人、家庭的意义被政府和家长们广为认同。

“文化大革命”结束后，人们才猛然发现中国与发达国家之间各方面的差距已经有了如此令人震惊的距离，而在这10年间教育所受到的史无前例的摧残无疑是加剧这种差距的重要原因。因此，迅速发展教育事业已是迫在眉睫之事，邓小平果断决定在1977年恢复了停止十年的高考。高考的迅速恢复，使在“文化大革命”中同样受到剧烈冲击的初等、中等教育也迅速得到恢复和发展。

改革开放以后，中国政府发展教育的心情更为急迫。我们的教育又进入了一个新的发展时期，且取得了有目共睹的成就。大力发展教育事业，更多更快地培养各方面的人才，以尽快促使国家命运、个人和家庭命运的改变，得到了全国上下——从政府到民众——的高度认同。人们无不希望通过教育之路来改变个人和家庭的命运——“知识改变命运”的观念深入人心。亿万人的目光投向了教育，投向了大学，投向了进入大学的唯一桥梁——高考。从此以后，高考就成了国家、家庭和社会共同的大事。但与此同时，快速发展的教育却暴露出越来越多的问题，它并没有真正成为让人民满意的教育。

20世纪80年代以后，随着人们与国际教育交流的机会越来越多，人们对世界教育的了解越来越多，人们对中国教育与发达国家教育之间的差距也有了越来越清醒的认识，教育改革的要求也愈加迫切。

就中国教育体制改革而言，早在1985年，中共中央就发出了《关于教育体制改革的决定》。这说明早在那时，中央就已经发现我们的教育体制存在弊端，已不适应中国教育的发展了。《决定》指出："十一届三中全会以后……教育工作不适应社会主义现代化建设需要的局面还没有根本扭转。特别是面对着我国对外开放、对内搞活，经济体制改革全面展开的形势，面对着世界范围的新技术革命正在兴起的形势，我国教育事业的落后和教育体制的弊端就更加突出了。"主要问题是"在教育事业管理权限的划分上，政府有关部门对学校主要是对高等学校统得过死，使学校缺乏应有的活力；而政府应该加以管理的事情，又没有很好地管起来"。"在教育结构上，基础教育薄弱，学校数量不足、质量不高、合格的师资和必要的设备严重缺乏，经济建设大量急需的职业和技术教育没有得到应有的发展，高等教育内部的科系、层次比例失调"。"在教育思想、教育内容、教育方法上，从小培养学生独立生活和思考的能力很不够，发扬立志为祖国富强而献身的精神很不够，生动活泼地用马克思主义思想教育学生很不够，不少课程内容陈旧，教学方法死板，实践环节不被重视，专业设置过于狭窄，不同程度地脱离了经济和社会发展的需要，落后于当代科学文化的发展"。《决定》特别指出："中央认为，要从根本上改变这种状况，必须从教育体制入手，有系统地进行改革。改革管理体制，在加强宏观管理的同时，坚决实行简政放权，扩大学校的办学自主权；调整教育结构，相应地改革劳动人事制度。还要改革同社会主义现代化不相适应的教育思想、教育内容、教育方法。"此外，《决定》还提出了"把发展基础教育的责任交给地方"、"扭转目前中等教育结构不合理的状况"、"扩大高等学校办学自主权"、"高等教育的结构，要根据经济建设、社会发展和科技进步的需要进行调整和改革"等具体要求，指出："中央认为，在新的经济和教育体制之下，各地将有充分的可能发挥自己的经济和文化潜力，加快教育事业的发展。不仅要承认全国各省市区之间经济文化发展的不平衡性，而且要承认在一个省、一个市、一个县范围内的发展也是不平衡的，所以必须鼓励一部分地区先发展起来，同时鼓励先发展起来的地区帮助后进地区，达到共同的提高。”但在当前我国经济、科技、文化等体制都发生了重大变革的情况下，在改革的大潮风起云涌的情况下，教育体制却依然故我，岿然不动，被称之为“计划经济的最后一个顽固堡垒”。

这就是说，我们不是没有看到旧体制的严重弊端，也不是不想改变它。事实上我们提出教育体制改革已经有多次了。时隔八年，中共中央、国务院又发布了《中国教育改革和发展纲要》(1993)。五年后，教育部提出了《面向21世纪教育振兴行动计划》(1998)。接着，中共中央、国务院又颁发了《关于深化教育改革，全面推进素质教育的决定》(1999)。其中《纲要》再次指出：“教育思想、教学内容和教学方法程度不同地脱离实际；学校思想政治工作还需要进一步加强和改进；教育体制和运行机制不适应日益深化的经济、政治、科技体制改革的需要。”“必须坚持教育的改革开放，努力改革教育体制、教育结构、教学内容和方法，大胆吸收和借鉴人类社会的一切文明成果，勇于创新，敢于试验，不断发展和完善社会主义教育制度。”“必须对教育的改革和发展具有紧迫感，真正树立社会主义建设必须依靠教育和“百年大计，教育为本”的思想，采取切实有力措施，落实教育的战略地位，加快教育的改革和发展，开创教育事业的新局面。”“教育体制改革要采取综合配套、分步推进的方针，加快步伐，改革包得过多、统得过死的体制，初步建立起与社会主义市场经济体制和政治体制、科技体制改革相适应的教育新体制。”在《教育振兴行动计划》中也指出：我们的“教育结构和体制、教育观念和方法以及人才培养模式尚不能适应现代化建设的需要”。还提出了“基本形成以政府办学为主体、社会各界共同参与、公办学校和民办学校共同发展的办学体制”的具体目标。同样，《关于深化教育改革，全面推进素质教育的决定》再次强调：“由于主观和客观等方面的原因，我们的教育观念、教育体制、教育结构、人才培养模式、教育内容和教学方法相对滞后，影响了青少年的全面发展，不能适应提高国民素质的需要”，并且要求“深化教育改革，为实施素质教育创造条件”。

且不说改革的历程和结果如何，单单从1977年恢复高考到20世纪80年代的短短几年中，由于全社会对高考越来越重视，高考已经不知不觉地悄然成了指导全国教育的“指挥棒”。从此，从小学到初中再到高中，学生的成绩越来越成为社会、学校、家庭关注的焦点；学校和教育越来越远离社会和生活；分数越来越被人们等同于教育质量；成绩、升学率越来越成为社会、教育部门评价教育、学校、教师、学生的最重要甚至是唯一的指标！——应试教育由此问世并日趋强化！

在这一过程中，很多人——包括家长、教师、校长、教育权力执掌者——有意无意都成了应试教育不断强化的帮凶！

我们一次次强调教育改革，事实上也进行了不少改革，除了上面所说的改革之外，比如高校的大发展、大扩招，农村教育资源的整合和重组，第八次基础教育课程改革……但这些改革却没有从根本上改变我国教育体制上的弊端和教育整体上落后的局面，因而教育领域内一些根本性问题并没有得到解决且趋向越来越严重，比如弥漫于整个教育领域的应试教育趋势。这说明在不打破体制坚冰的情况下，改革只能陷入头痛医头脚痛医脚、按葫芦起瓢的尴尬之中，旧的问题没解决，新的问题又层出不穷。教育改来改去，为什么总是无法突破应试教育的障碍？

面对这样的教育，进入21世纪之后，人们对教育改革的呼声越来越高，也越来越迫切，教育改革的意识也越来越强烈了。但教育改革的依据是什么？教育改革的方向和路径又是什么？其实我们的头脑并不清楚。

应试教育何以能大行其道？其实应试教育只是教育失误的形式而不是内容，是现象而不是本质。应试教育甚嚣尘上的原因是复杂的、多方面的，既有历史的也有现实的；既有国际的也有国内的；既与社会有关也与公民个人有关。但无论这些原因有多少，有多么复杂，但作为社会公器的教育出了问题，其责任只能由政府来承担。也就是说，我们的教育改革之所以屡屡改革而不见成效，甚至越改问题越多，其根本原因在于教育体制没有实现真正的改革。虽然第八次基础教育课程改革的理念是先进的，但就教育改革的整体而言，它只是教育改革的一个环节和部分，没有教育体制的根本改革，其他的属于细枝末节的改革就难以见到成效。

我以为，教育改革不仅涉及教育体制问题，更根本的问题还在于搞清楚“教育到底是为了什么”这个最基本的问题，因为正是这个问题决定了我们改革的方向和目的。这个问题搞不清楚，就有可能使我们教育的实际发展离目标越来越远甚至偏离了方向、迷失了方向。而陶行知的生活教育理论正为我们的教育改革提供了方向性的启示。

第一，教育改革必须有教育价值观的改造：教育不是培养工具、顺民、人上人、精英、接班人的，也不是培养“人力资源”的，而是培养人——合格国民的教育（勇于承担责任、具有创造能力、追求民主、追求真理的人）、能够创造新生活创造新社会的人的教育。有了合格的共和国公民，则促进经济、科技、文化发展，创造一个民主、和谐的现代化社会的目的自然也就容易达到。应该强调，教育价值观的改造是全民性的，它包括了官员、所有的教育工作者、学生和家长。只有全民的教育价值观发生了根本转变，人们才能知道什么是教育和教育为了什么；也只有到这时，教育的根本改观才有可能。换言之，只有国家不再把教育仅仅当做促进经济发展的手段和培养“人力资源”的工具；只有当教育者不再把教育之外的目标如升学率当做教育的目的；只有当学生和家长不再把教育当做晋升的阶梯和谋求职业的途径时，教育才有望恢复其本真。

第二，教育改革必须有教育体制的改造：放弃僵死的、呆板的、集权化的教育制度，建立能够促进教育多元化、多样化的教育制度；实行教育自治，因地制宜地发展各地的教育；扩大各地各校的办学自主权，使各地、各个学校能够真正充满活力并形成自己的办学特色；教育管理部门应该转变职能，不再以管理、监督、控制为中心，而是以服务、引导、制定宏观教育规划等为中心，为各地各类教育的发展提供强有力的支持。杨东平教授在谈到实现中国教育大众化和中小学教育正常化的问题时指出：要实现这两个目标，“除扩大规模之外，还有赖于文化更新和制度更新。其中最重要的制度变革，是打破计划经济时代形成的国家垄断、包办教育的局面，促进教育资源的有效重组和社会资源向教育的流动，使教育重新成为由全社会共同举办的、具有强大活力和吸引力的公共事业和战略产业。这意味着进一步解放思想，促进教育的多元化和多样化；向全社会开放教育系统，促进教育的社会化和建设终身教育的体制；向地方下放教育权力，促进教育的地方化，即教育的‘解放’、‘开放’和‘下放’。”①

第三，教育改革必须有教育结构的改造：给民办教育以更大的发展空间；大力发展各种类型的职业教育；城乡教育均衡发展；调整不同类型教育的结构比例；高等教育由注重数量和规模转向注重效益和质量。

第四，教育改革必须有课程、教材、教法的改造：高等教育课程应注重通识化和综合化，加大选修课的比例，以开阔学生的视野，培养学生的创新意识和能力；高中和初中课程应加强综合性，尤其高中课程应取消分科教育，淡化学科特征，以使学生在各方面能够得到均衡发展。教材的编写必须与课程改革同步进行，允许并鼓励广大教师自己编写教材。教学方法上应根除以考试为目的的“满堂灌”，应加强实践性和研究性，以培养学生的学习能力、思维能力为中心而不是以学习死知识为中心。

什么时候教育不再仅仅是服务社会、追随社会；什么时候教育不再只是着眼于当下的利益；什么时候教育不再是达到进入所谓上流社会的手段和工具，教育才会成为真教育，才会真正发挥它对个人、民族、社会的不可替代的重要作用。总之，陶行知一生致力于改造和发展中国的教育，是因为他坚信教育对社会的改造作用，坚信通过教育可以创造一个民主的、富强的社会。如果没有这种理想，我们就很难理解他为什么能够在面对重重困难时有着百折不回的勇气。尽管当今的社会与陶行知生活的时代已经有了巨大的变化和本质的不同，但通过教育来振兴民族、促进国家富强，却仍然是我们的教育所担负的重大历史使命。重读陶行知的著作，理解陶行知关于教育功能的有关论述，有助于我们在教育功能问题上加强理性自觉，使我们的教育尽量减少一些铜臭味，使我们的教育不仅在改变个人命运中能够起到作用，更在提高公民素质、促进中华民族振兴中发挥更大的作用。

---

① 《倾斜的金字塔》，天津人民出版社2002年版，第15—16页。

最后，让我们用陶行知先生的一段话来结束本文。在《敬告中小学教师》中陶先生说：“中小学教育为一般普通国民教育，为教育初基，比大学教育更为重要。二十年后中国状况如何，我们只须看现在的中小学生，以及教中小学生的教师，便可预断。老实说，中小学教师的手里，实掌握着中华民族的命运。”

手里“掌握着中华民族的命运”的我们当如何看待和对待我们的工作，值得我们去反复思量！

共和精义

共和譬之金，国家譬之金矿。专制横威，民气雌伏。共和之道不昌明，犹金在矿，瓦石蔽之，榛莽障之。天府虽富，不可得而见也。及民智日开，意志无由宣泄，则必思所以解脱其捆缚，犹之财用不足，则思辟地利以足生计也。故当民穷力敝之秋，有人告以某处有金矿，则闻之者莫不争先恐后以趋之。亦犹苦于虐政之民，一闻共和之三大信条，即视为全智全能之神，狂冲纷驰，不惜杀身流血以殉之。然而金矿深埋，或丈而见焉，或十丈而见焉，或百丈而见焉。即得金矣，或参以土，或参以石。为矿工者，或死于毒气，或死于塌泻，或死于过劳。恒人见丈而金未见也，见金未得而损失已大也，则莫不嗒然丧胆，悼然懊悔。昔日之讴歌金矿者，今日乃反唇相讥矣。共和为进化之结果，有必经之阶级，必施之培植，必运之心力。时机未到，共和不得成熟也。吾国民主告成，以迄于今，生民之涂炭，产业之凋敝，干戈之连结，经济之衰颓，外患之频临，不特无术防御，抑且视昔加甚。共和既不能作人民水深火热之救主，则其转讴歌而为吐弃，易希望而为失望者，亦物极必反之恒情耳！然金固犹是金也，共和固犹是共和也。金未获而捐弃者，非金之咎，而矿工之愚昧惰怯耳！共和未建而灰心者，非共和之罪，而人民之愚昧惰怯耳！民为邦本，本固邦宁。国本曷以固？曰：惟共则固，共而能和则固。故共和也者，国民全体同心同德，戮力以襄国事，以固国本，以宁国情，使进化于无穷之主义也。国本不固，国情不宁，有退化而无进化，患在共猜、共忌、共争而不能共和耳！共和岂有弊哉？今执途之人而问曰："子愿夫妻子女之与共乎？"吾知非抱极端来世主义者，必皆愿。又问之曰："子愿夫妻子女之能和乎？"吾知人非至丧心病狂，必皆愿。家如是，国何独不然？世安有对于恃以治内防外之国，而不愿其共且和乎？吾于以知今之厌恶共和，吐弃共和者，必非对于国体之本心，不过如受创之矿工，征于一时之劫难，遂并其理想之财源而亦弃之耳！吾恐其中道灰心，徒碍进步，故本革丁①、百吞②二氏之旨，揭示共和之真相，以与国人共商榷也。

共和之三大信条

自由、平等、民胞，共和之三大信条也。共和之精神在是，共和之根本在是。谬解自由、平等、民胞三大信条，即为谬解共和之真相。不徒精神射入歧途，抑且动摇共和所与立之根本。危乎险哉！非正名何以挽狂澜于既倒？

（一）自由

法律之内有自由，道德之内有自由。逾越法律，侵犯道德，此自由之贼，而罗兰夫人所以有"自由，自由，古今几多罪恶假汝之名以行"之言也。自由有正负，曰：不自由，毋宁死；曰：不有代议士，不出租税；曰：非依法律，不得侵及人民之生命财产，此负面之自由也。此种自由，人民久已不惜蹈汤赴火以争之，其成绩已大有可观。然人民脱离强暴之羁绊，未必即能自由也。盖天下之至不可超脱者，有自奴焉！故真自由贵自克。天下之至不可侵越者，有他人焉！故真自由贵自制。天下之至不可忽略者，有公福焉！故真自由贵个人鞠躬尽瘁，以谋社会之进化。

---

① 通译戈登。
② 通译博登。

（二）平等

天之生人，智愚、贤不肖不齐，实为无可韪之事实。平等主义亦不截长补短，以强其齐。在政治上、生计上、教育上，立平等之机会，俾各人得以自然发展其能力而为群用，平等主义所主张者此耳。况人虽万有不齐，然亦有其同焉！试问谁不欲衣食住之满意乎？谁不欲父母夫妻子女之安适乎？谁不欲发展其机能乎？谁在患难不欲人之拯救乎？谁逢恐悸而不欲人之解脱之乎？平等主义欲人一举一止，当思他人思安之心，固不减于我也。自由平等不过达目的之手续，非可以目的视之也。人民争自由平等，冀得各尽其能以为社会耳！为自由平等而争自由平等，则大谬也。自由平等所在即责任所在，天下无无责任之自由平等也。人欲求自由平等之乐，而不肯受责任之苦，多见其愈求愈远耳。

（三）民胞

胡越相处，尔猜我虞，行动能自由而机会能平等乎？故平等自由虽美名，必畛域铲除，博爱心生，国人以兄弟相视，始能得其实际。故自由平等，虽为共和三大信条之二，然共和之大本则在民胞焉！民胞之义昌，而后有共同目的、共同责任、共同义务；而后贵贱可除，平等可现；而后苛暴可蠲，自由可出。苟无民胞主义以植共和之基，则希望共和，犹之水中捞月耳！

共和主义对于个人之观念

（一）共和主义重视个人之价值

众人意志结合，以成社会邦国。共和主义曰个人者，社会邦国之主人翁也。主人翁可不自重乎？阳明子①人皆可以为圣贤之义，实隐符近世共和对于个人之希望。夫人皆可以为圣贤，则人安可不勉为圣贤乎？天生烝民，有智愚强弱之不同；其见诸事也，复有成败利钝之不同：共和主义亦不能否认之。然分金，金也；两金，金也；即至亿金、万金，亦金也。轻重不同，其为金则一。人虽贵贱贫富不同，其柔能强愚能明之价值则一。

① 即王守仁。

共和主义则重视个人此种可能之主义也。西谚曰："蹄钉失，马鞋废；骅骝蹶，骑将亡。"夫蹄钉与骑将，其贵贱何啻霄壤别？然以失钉故，将亦不能保其首领。则以各自有其价值，而不可相蒙也。贾子[①]曰："一夫不耕，或受其饥；一女不织，或受其寒。"此个人在经济界各具之价值，共和主义则充其类耳！

（二）共和主义唤醒个人之责任

顾子[②]曰："天下兴亡，匹夫有责。"共和主义即以此责任付之各分子。盖个人之有价值，以其对于社会有天职之当尽耳。其在帝制之下，仅君主与诸臣负之。共和主义则责之全体国民，群策群力，群运群智，群负群责，以求群之进化福利，此共和之目的也。且各人因担负此责之故，渐知成德以福人群，奉天命为归宿，而不敢止于独善。况工欲善其事，必先利其器。人民身负重担，自不得不修德养力以为之备。故共和主义之大利，即藉责任以养成完善之国民。

（三）共和主义予个人以平等之机会

共和主义既承认个人有尽天职之价值，复责个人担负进化之大任矣。然或阂于阶级，或压于强暴，不克尽其天职，负其责任。共和主义于此则削其阶级，铲其强暴，无贫富贵贱，俱予以自由发展智仁勇之机会，俾得各尽其能，为全群谋福利进化；机会愈平衡，能力愈发展，斯进化愈沛然莫之能御。拿破仑尝以"登庸众才"自诩，此英主之言，实惟共和能实行之也。

共和主义对于社会之观念

共和主义，视人民为社会之主权。群之良窳，惟民是视。民苟愚劣，社会绝对不能兴盛。社会欲求兴盛，必负改良个人之责。故在共和主义之下，社会之大任即为济弱扶倾，而教其愚不肖，社会一而已矣。强忽弱，则强者亦弱；强扶弱，则强者愈强。因社会集众人而成，多一分病子，即

① 即贾谊。引文见贾谊《陈政事疏》。

② 即顾炎武。

病一分。其健者苟不思所以治之，则蔓延之祸，可立而待，强者亦不能高枕卧矣！故共和主义以博爱为社会组织之大本，而以兄弟视其分子。既昆弟矣，斯平等。富贵者不特不许以财势骄人，且当用以扶其贫贱之兄弟。故灾害相恤，疾病相扶持，爱敬相交待，以日趋于进化，系社会惟一之天职，绝不容稍有放弃。个人为社会而生，社会为个人而立，实共和主义之两元也。

共和主义对于政治之观念

政府者，人民之政府。人民自治以谋人民之福利，此林肯氏之概念，实共和政治之圭臬焉。

（一）共和政治图谋国民全体之福利

共和政治，观察施行舆论之政治也。舆论代表各界意志需求。共和政治予人民以言论、著述、集会之自由，俾各界意志需求，得以发为舆论，民隐得以上达，政府乃从而折衷之，开导之，择良而要者施行之。于是各界意志需求，多得圆满之效果。即各界对于政治俱有迫切之希望，浓厚之趣味。欲人民之不爱国，不可得已。

（二）共和政治重视共和目的、共同责任

有理想而无实习理想之机会，则理想不得达。一国之中不乏法家拂士，然在专制政体之下，贤智者对于社会改良，虽有伟谋硕画，苦不得施之矣；而负责人少，鲜能达其目的。然在共和国，苟有良策，人民共持其目的，共负其责任。朝发理想，夕生事实，阻碍既少，功效自富，稗政易除，善政易兴。国人见其然也，则其伟谋硕望之心亦愈切。故共和政治不特有透达既往目的之能力，且有发生将来目的为进步之母。故苟采取共和政治，则进化无穷期。

（三）共和政治能得最良之领袖

治国不能无首领，治共和国更不能无首领。共和主义承认人民为主权，非主张无首领，乃主张良首领也。君主嗣统，只问血胤，鲜问才德。共和首领由民举，必其人能亲民，新民，恤民，然后民乃推戴之。即有大奸巨滑，以媚民手段，占窃神器，然朝违民意夕可弹劾也。

共和之险象

（一）国民程度不足

共和国政府既由人民治理，则人民能力之厚薄，其政府之良窳，即于焉定之。然国民程度之高下，不徒在识字读书已也。有读万卷书，卒业大学校，而不能为一圆满之国民者。故有政治知识、社会阅历，足当国民之名而无愧者，其为数盖少。况此少数良国民，或阻于人事之纷扰，或夺于来生之修证，或视官司为藏污之所而引身自洁，或惮案牍为劳神之魔而躲闲避事。有此诸因，于是良国民愈如凤毛麟角而不可多见。噫！贤能不出，则共同责任何人担负，共同目的何人筹画乎？

（二）伪领袖

法家拂士①不出，国事竟无人问乎？动物不能无脑腑，即人群不能无领袖。君子不出，小人斯出矣！人民之性，能导于正，亦能导于邪。尧舜率天下以仁，而民从之；桀纣率天下以暴，而民从之。欲小人之不暴其民，舍"乱亦进治亦进"之君子出，其道末由。诗曰："彼其之子，不称其服。"君子不出，则非其人而有居其位者矣。诗曰："彼君子兮，不素食兮。"君子不出，则有居其位而不忠其职者矣。诗曰："受爵不让，至于已斯亡。"君子不出，则有贪禄不止者矣。诗曰："谁秉国成，不自为政，卒劳百姓。"君子不出，则有惮责重而不肯负荷者矣。诗曰："彼月而微，此日而微，今此下民，亦孔之哀。"君子不出，则有居高明之位而有以流俗自况者矣。为政重领袖，为共和政尤重领袖。故谓共和政治为愚民政治者，大谬也。人民不以其愚治国，而以其所付托之领袖治国。领袖愚劣，斯政治愚劣；领袖仁智，斯政治仁智。此革丁氏所以谓共和国之成败利钝，在于领袖之智愚仁暴也。共和政治之伪领袖有二：一为媚民政客。此辈不问国情，不顾进化，只施其和顺温柔之手段，取媚选举机关，以窃权势。二为选举理事。此辈乘国民无暇问政之隙，运其机械，约束选举，与

① 出自《孟子·告子下》："入则无法家拂士，出则无敌国外患者，国恒亡。"拂通弼，拂士意为辅弼的贤士。

媚民政客暗结，左右政局，以图安富。共和国有此二种伪领袖，则稗政难除，善政难兴；公共福利不能谋，公共进化不可期。虽然，此亦程度不足，贤能独善，阶之厉也。

（三）党祸

国民对于政治有自觉心，则必发生政治问题。而各人对于此种问题之决判，有主急进者，有主保守者，议论纷纷，其同者必各合于一。故政党之为物，实共和国必然之现象。且国大民众，共同之意志易于发表而力于施行，欲维持公安，必恃此强有力之政党。故在共和政体之下，政党实为必要之团体。然弊缘利生，政党之为祸于共和政体，盖亦未可忽也。

（甲）政党仅国家之一部分，而非其全体。党人往往以一党自画，而忘全体之福利。

（乙）缘此党见，实生偏忠。忠于一党，遂谓忠于全国，愈忠愈不忠。然急烈派热忱，本无限制，安能望其明此。

（丙）既具党见，复尽偏忠，则妒嫉倾轧之事，必然发现。一党当权，则反对党必尽其能以障碍其政策之施行，使失民心，而为将来夺权之地步。

（丁）党之意志，视同神圣，党人有违无赦，斯个人失自主之精神。

（四）多数之横暴

自服从多数之说行，而少数人失良心志愿之自由。多数之横暴，有视君主为加甚；多数之主张，可以定个人之命运。然多数人之主张，非可以尽合天理也。文底裴利比曰："国家对于强且众之部分，而不能护翼其至寡且弱之部分，是不啻为大盗之群。"盖人数之多寡，不能定理由之曲直，多数既占优胜，其大责任即为谋全体之福利。少数为全体之一部分，多数人苟不能均润其福利于少数，则多数政治已耳。共和云乎哉？多数横暴之最凶险者，是为乌合之众。伪领袖攘臂一呼，和者万人，其结合以脑感而不本于公理。征之历史，则法国恐怖时代，杀人如麻，流血成川，其彰明较著者也。

共和与教育

吾于共和之险象，既已详言之矣。然戒险防险，思所以避之，则可；因畏险而灰心，则大不可也。避之之道唯何？曰：人民贫，非教育莫与富之；人民愚，非教育莫与智之；党见，非教育不除；精忠，非教育不出。教育良，则伪领袖不期消而消，真领袖不期出而出。而多数之横暴，亦消于无形。况自由平等，恃民胞而立，恃正名而明。同心同德，必养成于教育；真义微言，必昌大于教育。爱尔吴①曰：“共和之要素有二：一曰教育；二曰生计。”然教育苟良，则人民生计必能渐臻满意。可见教育实建设共和最要之手续，舍教育则共和之险不可避，共和之国不可建，即建亦必终归于劣败。罗比尔曰：“吾英人第一责任，即教育为国家主人翁之众庶是已。”故今日当局者第一要务，即视众庶程度，实有不足。但其为可教，施以相当之教育，而养成其为国家主人翁之资格焉。

共和与交通

吾国国大民众，种庞族杂，方言不一，习惯不齐，情势睽隔，博爱难生。欲沟通声气，养成共和大本，非便利交通，则肤功不克奏也。

共和与人文之进化

共和者，人文进化必然之产物也。使宇宙万物无进化，则共和可以无现；使进化论放诸邦国社会而不准，则共和犹可以无现，无如进化非人力所能御也。进化非人力所能御，即共和非人力所能避。

（一）民智日进，自觉心生。于是觉苦思甘，觉劳思逸，觉捆缚思解脱。人不能甘之，逸之，解脱之，则亦惟思所以自助自为而已。不自由，毋宁死，实感情必至之现象。人而至于不惜杀身以赴其目的，则何事不可成？况此种现象最易靡染，一夫作难，和者万人。不徒理想，诚事实也。强有力者，亦未尝不欲施愚民政策，以塞人之自觉、自治之源。无如万国

① 通译爱尔威。

交通，必群策群力，群运群智，然后方可以制胜。若恃一二人之智力，则鲜不受天然之淘汰。故不教育其群者，必受外侮，而臻于亡。况世多慈善之家，苟有不教育人民之国，则又安能阻受教人民之发生自觉心也？自觉心不可逃避，即共和不可逃避。

（二）人民相处日久，互爱心生。他人痛痒，视同切肤。民胞主义，渐以昌明。宗教家、伦理家复从而提倡之，躬行之，以为民表。耶教“天父以下皆兄弟”，孔教“四海之内皆兄弟”之义，不独深印人心，凡奉其教义者，抑且不惜披发缨冠，以趋人之急难也。故民胞主义愈膨胀，则专制荼毒愈衰微，共和主义益不能不应时而遍布于全球矣。此共和为人文进化不可逃避之结果者二。知共和之不可避，则吾人亦无容施其抵抗共和之拙计，以生建设共和之阻力，而耗国家之元气也。

共和与秩序

专制人民，不能一跃而至共和。其间有一定之顺序，不可强求，不可速长。否则，妄解自由，谬倡平等，秩序紊，伦常乱，公理昧，权利争，祸患所中，烈于洪水猛兽。吾国共和初建，人民莫不以为成功之速，超越全球。不及三载，福利未享，而纲纪瓦裂殆尽，民生日趋艰窘。非共和之不足救国，发动太过之咎耳！此太过之发动力，至今已成陈迹，而无讨论之价值。然因发动太过，故有今日之反动力。此反动力虽为必然之现象，然不谨之又谨，亦易太过，而起反动之反动。故吾国当发动太过之后，不能不利用开明专制，只可当做航海之舵。易言之，则开明专制，为当今护持纲纪之要具。然只可当做透达共和之一种手续，断不可视为政体之目的。盖恐其过度而邀成反动之反动也。痴虬①氏曰：“为政不难，为政于共和之时难。”为政于共和之时，而不得不厉行专制为尤难。厉行专制，而实欲养成共和，则难之尤难。民知其难，而遵循法纪，乃可以为民；官知其难，而视民如伤②，乃可以为官。能如是，则秩序能维，进化可期。非

① 通译芝诺。

② 语出《左传·哀公元年》，如伤就是恐惊动之意，谓爱惜人民。

然者，民思革官命，官思革民命，官民多一度消长，则国步多一度艰难，即民主多一度憔悴，其结果不过产出一个贫与弱。多见其共争而沦胥以亡也。共和云乎哉？国人其审诸！

本篇导读（徐志辉）

本篇原载于1914年《金陵光》第6卷第5期、第6期，是陶行知在1914年金陵大学时撰写的毕业论文。

他认为，尽管共和国建立之后，真正的民主并未实现，比之从前，各种忧患反倒更甚。但是，这种状况并不是否定共和的理由。恰恰相反，正因为真正的民主共和尚未实现，所以才更需要人们为之努力。文中他将共和比之金，国家比之金矿，认为“金未获而捐弃者，非金之咎，而矿工之愚昧惰怯耳！共和未建而灰心者，非共和之罪，而人民之惰怯耳！”接着他叙述了共和之三大信条，即自由、平等和民胞，又论述了共和的基本内容以及它对于个人、社会和政治的意义。

为什么共和国建立后真正的民主没有能够实现？陶先生在其论文的“共和之险象”部分列出了四个原因：国民程度不足、伪领袖、党祸和多数之横暴。在这四个原因中，“国民程度不足”是最根本的原因：唯因“国民程度不足”，才会产生“非其人而有居其位者”、“居其位而不忠其职者”、“贪禄不止者”、“惮责重而不肯负荷者”、“居高明之位而有以流俗自况者”等等现象的发生；唯因“国民程度不足”，难以识别真假之领袖，才会使伪领袖当道，导致“稗政难除，善政难兴；公共福利不能谋，公共进化不可期”之恶结果；唯因“国民程度不足”，才会使党祸为害共和政体，才会使伪领袖假多数之名而危害少数之利益。如何才能规避“共和之险象”呢？陶行知得出了这样的结论：“人民贫，非教育莫与富之；人民愚，非教育莫与智之；党见，非教育不除；精忠，非教育不出。教育良，则伪领袖不期消而消，真领袖不期出而出。而多数之横暴，亦消于无形。……同心同德，必养成于教育；真义微言，必昌大于教育。……可见教育实建设共和最要之手续，舍教育则共和之险不可避，共和之国不可建，即建亦必终归于劣败。……故今日当局者第一要务，即视众庶程度，实有不足。但其为可教，施以相当之教育。而养成其为国家主人翁之资格焉。”至此，陶行知通过严密的论证，充分证明了教育民众对实现共和的至为重要的意义，并第一次表明了他的教育救国思想。

我的学历及终生志愿

——致 J. E. 罗素（1916 年 2 月 16 日）

亲爱的罗素院长[①]：

2 月 11 日手示敬悉，欣喜何似。所嘱就自身曾受训练及终生事业之计划向利文斯通奖学金捐助人作一简略报告，自当乐于从命。

余现年二十有二，生于徽州，此乃一鲜与外界交往之地。余之早期汉学教育受业于家父及其他师长，至十四岁始入一中华耶稣内地会学堂，受教于唐进贤师（Mr. Gibbs），彼当时为仅有之西学教员也。两年后，该学堂因唐进贤师返回英国而停办，余乃不得不冒险前往杭州意欲习医。旋以医学堂严重歧视非基督教徒，甚至事关学科问题亦然，余乃撤回注册，而入学仅三日耳。余于失望之余，仍返徽州专习英文，复经一年，然后前往南京入金陵大学，校中基督教徒与非基督教徒均受欢迎，此乃余今日仍乐

① J. E. 罗素　当时任美国哥伦比亚大学师范学院院长。

于称道之事也。三年后，一次革命爆发①余返徽州，任徽州议会干事②甫及半载，回南京复学。蒙学友之助及大学当局之信任，余倡办《金陵光》学报中文报并任主笔。1913 年，余成为一基督信徒③，因得包文博士（Dr. Bowen）、汉克博士（Dr. Henke）之指导，复因詹克教授（Prof. Jenk）讲授“基督教义之社会意义”予余印象至深，有以致之也。1914 年 6 月，亦即余就学于南京之第五年末，余获学士学位。8 月，蒙父母及友人相助，余启程赴伊利诺大学攻读一年，除获可贵之诸多教益外，复得余辛劳之副产物，即硕士学位是也。于伊利诺一年中之下半年期间，余曾任学生俱乐部干事。

三年前，余选就哥伦比亚大学为余在美之最终目标，然因资力不济而未能及时来校就读。余今生之惟一目的在于经由教育而非经由军事革命创造一民主国家。鉴于我中华民国突然诞生所带来之种种严重缺陷，余乃深信，如无真正之公众教育，真正之民国即不能存在。余矢志以教育管理为终生事业，始于去夏，是时正值基督教男青年会于日内瓦湖举行夏季大会，余于此受极大启迪。余曾查阅既知之所有学府，再次发现贵院乃其中最佳去处。然而，选定一学府为一事，有无充足资力进入该学府则为另一事。自 1915 年 1 月家父逝世以还，家庭全部负担即加于我身，余之经济状况乃陷于极大困境。所幸者，在余决定来师范学院之前不多时，蒙我国政府授予“部分奖学金”，连同其他种种援助，至少已予我以作一起步之足够勇气。然而，纽约生活费用之高，竟超出余所预料。留纽约半载，已觉余之准备不足以供顺利完成学业之用，因之，蒙孟禄博士介绍，余乃着手

---

① 一次革命　指 1911 年孙中山领导的资产阶级民主革命，即辛亥革命。

② 任徽州议会干事　据安徽省陶行知纪念馆《陶行知纪念馆五岁》97 页所载，已故休宁县教师程管侯 1954 年亲笔写的《自传》中有“1911 年，31 岁，宣统三年，辛亥，参加余德民、陶行知、汪章瑞、程则裴等在屯溪湖余家庄起义……余德民失败走依黎宗岳”的记载。起义领导人余德民之子，祁门县退休干部余芳提供的书面材料亦说：新中国成立后听父亲余德民口述参加起义的有平民教育家陶行知、金慰农、余家榴先生等。

③ 基督信徒　此系由英文 Christian 翻译过来，可作基督徒、基督教徒、基督信徒以及按基督教义行事的人解。据陶行知的亲属和友人提供的回忆材料（其中有儿子陶宏、陶晓光，老同学、原金陵大学校长陈裕光，同辈亲属、当时曾长时间在一起工作的曹子云等）说明：陶行知曾经信仰基督教义，但他从未参加基督教会组织的教仪活动。

申请利文斯通奖学金，并已蒙慷慨授予。衷心谢领此项厚礼之余，受业愿向您及利文斯通捐助人保证，在斯特雷尔教授及其他科、系教职员之教导下，再经两年之培训，余将回国与其他教育工作者合作，为我国人民组织一高效率之公众教育体系，以使他们能步美国人之后尘，发展和保持一真正之民主国家，因此乃惟一能够实现的正义与自由的理想之国。

如蒙告知居于纽约附近之若干捐助人姓名，俾便设法一一前往拜会，则对余当为一极有意义之事。

谨致最佳祝愿及问候。

陶文濬敬上

1916 年 2 月 16 日于哥伦比亚大学哈特莱学生宿舍 1010 室

本篇导读（徐志辉）

本篇是 1916 年陶行知从伊利诺大学转入哥伦比亚大学后，为答谢为之提供资助的捐赠人而写给该校师范学院院长的一封信。信中除对捐赠者表示谢意和简述自己的经历之外，最重要的是表达了自己未来的抱负——“余今生之惟一目的在于经由教育而非经由军事革命创造一民主国家”。这大概是陶行知教育救国思想的又一次表露。

信中所说的“鉴于我中华民国突然诞生所带来之种种严重缺陷，余乃深信，如无真正之公众教育，真正之民国即不能存在”，应该是指通过辛亥革命而实现了共和。但通过革命而实现的这种共和，其实只是形式上的共和，并非真正的共和。对此，可以参考他在 1914 年所写的《民国三年之希望》及《共和精义》等文来理解。前文中写道：金陵大学为庆祝民国三年的元旦而“爆竹声喧，桃符颂献，旗悬五色，乐奏八音”，“然阅报章，则荆棘满纸；游街衢，则疮痍遍地。逢故旧欲致吉利语，而嗫嚅不能启口。视此国家，对兹社会，皆哀有余，而乐不足”。民国元年、二年之元旦曾经给国人以“大希望”，但“曾几何时，而萁豆相煎，两贤交阨，国会亦专务自杀，如海市蜃楼，霎时没去……”在后文中也写道：“吾国民主告成，以迄于今，生民之涂炭，产业之凋敝，干戈之连结，经济之衰颓，外患之频临，不特无术防御，抑且视昔加甚。共和既不能作人民水深火热之救主，则其转讴歌而为吐弃，易希望而为失望者，亦物极必反之恒情耳！”正是鉴于这样严酷的事实，陶行知才深感只靠“革命”是难以建成共和国的，而培养合格共和国国民之于民主国家却具有至关重要的意义。因此之故，他才坚定了“经由教育而非军事革命创造一个民主国家”的信心和信念。这就是说，陶先生致力于教育的根本目的，就是为了提高国民程度，以为民主共和国的真正实现立一坚实之基础。

师范生应有之观念

鄙人承贵两校之嘱，来与诸君畅谈，不胜快乐。鄙人最喜同学生谈话，因十余年来，无日不做学生；即现在当教员，亦未尝不是做学生，盖不学则不能教。既为学生，则与诸君均为同志，同志相谈，自必非常快乐。诸君均为师范生，所研究者为教育，而鄙人所研究者，亦为教育，尤为同志中之同志，所以更为快乐。诸君平日在校，已受良好之教训，固无庸鄙人多谈。惟是同志相聚，亦不可不有所研究，尚希诸同志加以指正为荷。今日所讲之题，即《师范生应有之观念》。

一　教育乃最有效力之事业

教育能改良个人之天性。人之性情有善有恶，教育能使恶者变善，善者益善。即个人性情中，亦有善分子与恶分子，且善分子中亦含有恶。如爱，乃性情中之善分子也；而爱极生妒，变善为恶矣。恶分子亦含有善。如怒，乃性情中之恶分子也，然文王一怒而安天下，用恶为善矣。教育乃取恶性中之善分子，去善性中之恶分子。如开矿然，泥内含金，金内亦杂有泥。开矿者取泥内之金，去金内之泥，然后成为贵品。教育亦若是矣。

教育能养成共和之要素。共和国有两大要素：一须有正当领袖，一须有认识正当领袖之国民。盖领袖有正当者，亦有不正当者。正当领袖，能引导国民行正当之事业；不正当领袖，能诱致国民行不正当之事业。故又必须养成能认识正当领袖之国民，领袖正当则从之，领袖不正当则去之。由是，正当领袖之势力日张，而不正当领袖之势力日蹙（音cù）。所以教育能巩固共和之基础也。

教育能传播非遗传的文化。人之言语非生而知之者，必由渐习而后能。然亦只能说一国之语，如中国人只能说中国语，而不能言德、美、俄、日等国之语。如欲能言德、美、俄、日等国之语，必由专习而后能。推而言之，世界文化无虑千万，皆父母所不能遗传者，而教育能一一灌输之。鄙人谓教育能造文化，则能造人；能造人，则能造国。今人皆云教育能救国，但救国一语，似觉国家已经破坏，从而补救，不如改为造国。造一件得一件，造十件得十件，以至千百万件，莫不皆然。贫者可以造福，弱者可以造强。若云救国，则如补西扯东，医疮剜肉，暂虽得策，终非至计。若云教育造国，则精神中自有趣味生焉，盖教育为乐观的而非悲观的也。

教育为最有可为之事。古今名人莫不由研究教育而出。如达尔文、杜威、威尔诺刻等，皆由研究教育而出者也。但须有决心、有坚志，则成事何难？惟此尚是第二事。我等第一要知：人是人，我是我。天既生我，则必与我以一种为人所乐能为之能力。不然，既有他何必有我！天既生孔子，万事皆孔子所能为，则又何必生我而为古人之附属物？由此观之，则我等当自立，当自强，为我之所能为，不随人学步，庶不负天生我之意。教育既然如此，则我师范生当作何种之观念？以鄙人看来，男师范生与女师范生之观念，当有不同。欧战发生后，德法发生一莫大之问题。因其平时男教师比女教师为多，一旦战事发生，国内乏男子担任教育事业，影响于儿童者甚大。中国亦如此。但美国、加拿大则不然，其小学教师皆以女子充当，其男子皆任兵役以卫国家，所以战事发生后，教育依然不受影响。再，女子与儿童有天然亲爱之感情，非若男子之爱护儿童出于勉强也。但高等小学则有不同，因此须养成其进取勇敢之精神，激发其军国民之志气，故须利用男教师。此男女教师不同之点也。然其共同之点，则在以教育为专门职业。地理、历史、哲学、医学、生理学等，虽皆为教育家所利用，而教儿童则非修专门之教育的科学不可。今世界上有四种教育家：一、政客教育家，藉教育以图政治上之活动；二、空想教育家，有空想而未能实行；三、经验教育家，以经验自居，不肯研究理论；四、科学教育家，则实用科学以办教育者。中国现在教育家只有政客、空想、经验三种，但教育以科学教育为最重要，故男女师范生当专心致志、抱定主义、以教育为专门职业，则何人不可几，何事不可为耶?

二　教育乃一种快乐之事业

《论语》曰："有朋自远方来，不亦乐乎?"非当日孔子言教育之快乐耶?孔子一生诲人不倦，至于发愤忘食，乐以忘忧，不知老之将至。现任教育者，无不视当教员为苦途，以其无名无利也。殊不知其在经济上固甚苦，而实有无限之乐含在其中。愚蒙者，我得而智慧之；幼小者，我得而长大之；目视后进骎骎日上，皆我所造就者。其乐为何如耶！故办教育者之快乐，当在手续上，而不在其结果之代价。换言之，即视教育为游戏的作业、作业的游戏也。至于劳碌动作，以求结果之代价者，则宜摈弃于教育界外。

三　各种教育之职业皆须视为平等

现在教员一般心理，每以大、中学校之等级高，高小、国民学校之等级低，于是以教大、中学校为荣，而以教高小、国民学校为贱。不知大学要紧，中学要紧，而高等小学、国民小学、幼稚园尤要紧。以鄙人主张，凡大学、中学、小学等教员，国家须有同等之酬劳，社会须有同等之待遇。然常人心理，多不明小学之紧要，师范生亦有不明此理者。由是，他人固不以平等看待，即自视亦觉小学教员不如大学、中学教员之价值。甚至去而不为，放弃其应做之职业。故欲救此弊，先须视各种教育之职业皆为平等，此师范生所当注意者也。

四　教育为给儿童需要之事业

教育者，乃为教养学生而设，全以学生为中心，故开办学校、聘请教师，无一非为学生也。若无学生，焉有学校？既无学校，焉有教师？然则教师与学生，焉可无同情耶？同情谓何？即以学生之乐为乐，以学生之忧为忧；学生之休戚即我之休戚，学生之苦恼即我之苦恼是也。鄙人曾参观一校，终日仅一见教师之笑，不可谓不威严矣！吾人若设身处地为其学生，必也视之为判官、为阎罗，如芒刺之在背矣。此教师不能与学生同情之故也。现中国教师之大弊，即在于此。此又我师范生所当注意者也。

五　教育为制造社会需要之事业

教育为改良社会而设，为教育社会人才而设。故学校非寺院岩穴也，教员非孤僧隐士也。夫既为社会而设，若与社会不相往来，何以知社会之需要？中国前此之弊，即在于此，亦我师范生所宜注意者也。

六　教育为师范生终身之事业

现在为教师者，男则因赋闲无事，遂暂为之；女则因尚未适人，而暂为之。事既得，家既成，则远翔而不顾。视办教育如用雨伞，雨则取以遮盖，晴则置之高阁；视居学校如寓客栈，今日寓此，明日便去，虽有蚊蚤之为害，不过今宿，又何必大事驱除！教育中亦有害虫，教师之责，所宜驱除，岂可以暂为，遂视同秦越而不作整顿之计耶？昔英女皇依里萨伯①终身不嫁，人问之故，辄以英吉利即吾之夫一语以对。意相加富尔终身不娶，人问之故，辄以意大利即吾之妻一语以对。故鄙人今亦有二语告于诸君，即男师范生应以教育为之妻，女师范生应以教育为之夫，有此定力，则赴汤蹈火，在所不辞，鞠躬尽瘁，死而后已。吾身不成，吾子绍之；吾子不成，吾孙绍之；子子孙孙，世世代代，相续无间，海可枯而吾之志不可枯，石可烂而吾之志不可烂。西藏，极西边极穷苦之地也，有须吾办教育者，吾即往西藏而不辞。蒙古，极北边极穷苦之地也，有须吾办教育

---

① 即伊丽莎白。

者，吾即往蒙古而不辞。不要名，不要利，只要教育好；不怕难，不怕死，只怕教育不好。师范生乃负此志者，故与别种学生不同。读书要当作教书读，求学要当作教学求。蚕食桑叶，消化而吐出能为锦绣之丝；师范生求学，亦当融会贯通而吐出有益于人之事业也。

以上所说，皆属泛论。尚有一问题，与诸君商酌，庶上说皆可解决而变为切实。曾子曰："吾日三省吾身。"诸君亦当自省为何不入他校而入师范学校？岂为师范学校豁免学膳费而来乎？抑为求学之故，无他校可入，不得不入师范学校乎？或迫于父母之命，不得已而入师范学校乎？将负大才能、抱大兴味而后入师范学校乎？假如因免学膳费，因无他校可入，及因父母所迫而入，姑且无论。若因负大才能抱大兴味，其将何以自待？吾见今日师范毕业者，有一部分人不办教育，或办教育而不尽心力者，皆由初未能自省也。然则，以上所说均成空谈矣。鄙人此番之话，方为负大才能抱大兴味而入师范学校者言之，望诸君皆注意焉。如有误谬之处，不妨指出纠正，实甚欣幸。

本篇导读（徐志辉）

本篇系 1918 年 5 月陶行知向安徽省立第一师范学校和省立第一女子师范学校师生所作的讲演。未在报刊上公开发表。这是陶行知归国不到一年的时间内为师范生所作的一次讲演。讲演中所表达的观点与他在 1914 年的大学毕业论文《共和精义》和 1916 年写给哥伦比亚大学师范学院院长罗素的信中所表达的思想是完全一致的。

文中，他劝导师范生要将教育作为"终身之事业"，并要求大家做到"不要名，不要利，只要教育好；不怕难，不怕死，只怕教育不好"，"赴汤蹈火，在所不辞，鞠躬尽瘁，死而后已"。他对师范生所寄予的这种希望，体现了陶先生对发展中国教育的拳拳之心，也足见他对中国教育所抱之坚定信念。

陶先生之所以对未来的教师寄予如此之希望，就在于他将教育看做是"最有效力之事业"，因而也是"一种快乐之事业"，值得为之献身的"终身之事业"。对于个人而言，教育能够"改良个人之天性"，"使恶者变善，善者益善"，使人称其为人。对于国家社会而言，教育"能养成共和之要素"，"巩固共和之基础”，能“造文化”、“造人”并从而能“造国”。他认为，欲将中国建成一个真正的民主共和国，最基本的前提就是要有“正当之领袖”和能够识别正当之领袖的国民。领袖自国民中产生，而国民能否选出能代表全体国民利益的正当领袖，全赖他们有无判别正当领袖之能力，有无能够行使公民权利之能力。而此种能力的养成，舍教育无他。所以陶先生才有“教育为改良社会而设，为教育社会人才而设”的结论。但能够达此目的的教育绝不是以书本、课堂和分数为中心的，与生活和社会相隔绝的教育，而是以儿童为中心、以人为中心并自觉融于生活和社会之中的教育。

第一流的教育家

我们常见的教育家有三种：一种是政客的教育家，他只会运动，把持，说官话；一种是书生的教育家，他只会读书，教书，做文章；一种是经验的教育家，他只会盲行，盲动，闷起头来，办……办……办。第一种不必说了，第二第三两种也都不是最高尚的。依我看来，今日的教育家，必定要在下列两种要素当中得了一种，方才可以算为第一流的人物。

（一）敢探未发明的新理

我们在教育界做事的人，胆量太小，对于一切新理，小惊大怪。如同小孩子见生人，怕和他接近。又如同小孩子遇了黑房，怕走进去。究其结果，他的一举一动，不是乞灵古人，就是仿效外国。也如同一个小孩子吃饭、穿衣，都要母亲帮助，走几步路，也要人扶着，真是可怜。我们在教育界任事的人，如果想自立，想进步，就须胆量放大，将试验精神，向那未发明的新理贯射过去；不怕辛苦，不怕疲倦，不怕障碍，不怕失败，一心要把那教育的奥妙新理，一个个的发现出来。这是何等的魄力，教育界有这种魄力的人，不愧受我们崇拜！

（二）敢入未开化的边疆

从前的秀才以为“不出门能知天下事”，久而久之，“不出门”就变做“不敢出门”了。我们现在的学子，还没有解脱这种风气。试将各学校的《同学录》拿来一看，毕业生多半是在本地服务，那在外省服务的，已经不可多得，边疆更不必说了。一般有志办学的人，也专门在有学校的地方凑热闹，把那边疆和内地的教育，都置在度外。推其原故，只有一个病根，这病根就是怕。怕难，怕苦，怕孤，怕死，就好好的埋没了一生。我们还要进一步看，这些地方的教育究竟是谁的责任？我们要晓得国家有一块未开化的土地，有一个未受教育的人民，都是由于我们没尽到责任。责任明白了，就放大胆量，单身匹马，大刀阔斧，做个边疆教育的先锋，把那边疆的门户，一扇一扇的都给它打开。这又是何等的魄力！有这种魄力的人，也不愧受我们崇拜。

敢探未发明的新理，即是创造精神；敢入未开化的边疆，即是开辟精神。创造时，目光要深；开辟时，目光要远。总起来说，创造、开辟都要有胆量。在教育界，有胆量创造的人，即是创造的教育家；有胆量开辟的人，即是开辟的教育家，都是第一流的人物。大丈夫不能舍身试验室，亦当埋骨边疆尘，岂宜随便过去！但是这种人才，究竟要到什么时候才能出现？究竟要由什么学校造就？究竟要用什么方法养成？可算是我们现在最关心的问题。

本篇导读（徐志辉）

本篇原载1919年4月21日《时报·教育周刊·世界教育新潮》第9号，集中体现了陶先生对于理想的教育家的追求。他理想中的教育家既不是“政客的教育家”，也不是“书生的教育家”和“经验的教育家”，而是心系国家前途、民族命运的教育家。只有这样的教育家才能“敢探未发明的新理”、“敢入未开化的边疆”，才能“将试验精神，向那未发明的新理贯射过去”，才能“一心要把那教育的奥妙新理，一个个的发现出来”，才能有“国家有一块未开化的土地，有一个未受教育的人民，都是由于我们没尽到责任”的使命感，才能在教育实践中充满创造精神和开辟精神。但什么样的学校才能造就出这样的教育家呢？这一问题同样值得当代的教育者深思。

新教育

今天得有机会，与诸同志共聚一堂，研究教育，心中愉快得很。现在把关于新教育上各项要点，略些谈谈。

（一）新教育的需要

我们现在处于二十世纪新世界之中，应该造成一个新国家，这新国家就是富而强的共和国。怎样能够造成这新国家呢？固然要有好的领袖去引导平民，使他们富，使他们强，使他们和衷共济；但是虽有好的领袖，而一般平民不晓得哪个领袖是好的，哪个领袖是不好的，也是枉然。所以现在所需要的，是一种新的国民教育，拿来引导他们，造就他们，使他们晓得怎样才能做成一个共和的国民，适合于现在的世界。举例来说，有一个后母给她的儿子洗澡，所用的水，时而太冷咧，时而太热咧，这就是不能合着他儿子的需要。我们所研究的新教育，不应该犯这个毛病，一定要合于现在所需要的。

（二）新教育的释义

先说“新”字是什么意思？某处人家因为要请客，一切设备家伙，都去向别家借用，用过之后，就去还了。这是客来则新，客去便旧了，不得为根本的新。我们中国的教育，倘若忽而学日本，忽而学德国，忽而学法国、美国，那是终究是无所适从。所以新字的第一个意义要“自新”。今日新的事，到了明日未必新；明日新的事，到了后日又未必新。即如洗澡，一定要天天洗，才能天天干净。这就是日日新的道理。所以新字的第二个意义要“常新”。又我们所讲的新，不单是属于形式的方面，还要有精神上的新。这样才算是内外一致，不偏不倚。所以新字的第三个意义要“全新”。

次说“教育”是什么东西？照杜威先生说，教育是继续经验的改造（Continuous reconstruction of experience）。我们个人受了周围的影响，常常有变化，或是变好，或是变坏。教育的作用，是使人天天改造，天天进步，天天往好的路上走；就是要用新的学理，新的方法，来改造学生的经验。

（三）新教育的目的

这目的可分两项来说明：第一对于天然界，要使学生有利用他的能力。例如，我们要使光线入室不需风的时候，就要用玻璃窗。照这样把所有一切光、电、水、空气等，都要被我们操纵指挥。现在中国和外国物质文明的高下，都从这利用天然界能力的强弱上分别出来的。然而其中也有危险的地方，如造出许多杀人的物扰乱世界，是万万不可的。所以第二项目的，是对于群界要讲求共和主义，使人人都能自由守着自己的本分去做各种事业。一方面利用天然界，一方面谋共同幸福。可说一句，新教育的目的，就是要养成这种能力，再概括说起来，就是要养成“自主”、“自立”和“自动”的共和国民。自主的就是要做天然界之主，又要做群界之主。即如选举卖票一事，卖和不卖，到底由自己的主张。果能自主的人，富贵不淫，贫贱不移，威武不屈，人家有什么法子对付他呢？至于自立的人，在天然界群界之中，能够自衣自食，不求靠别人。但是单讲自立，不讲自动，还是没有进步，还是不配做共和国民的资格。要晓得专制国讲服从，共和国也讲服从，不过一是被动的，一是自动的，这就是他们的分别了。

（四）新教育的方法

此番我从南京到上海，再从上海到嘉兴，一直到杭州来，有种种的方法，或是走，或是坐船，或是坐火车，或是坐飞艇。在这几种方法之中，哪几种是较好，哪一种是最好，而且哪一种是最快，这便是方法的考究。要考究这个方法，下列的几条，应该注意的：

（甲）符合目的　杀鸡用鸡刀，杀牛用牛刀，这就是适合的道理；教育也要对着目的设法。现在学校里有兵操一门，是为了养成国民有保护国家的能力而设的。但是照这样“立正”、“开步”的练习，经过几年之后，能否达到应战之目的，却须要研究的。

（乙）依据经验　怎样做的事，应当怎样教。譬如游水的事，应当到池沼里去学习，不应当在课堂上教授。倘若只管课堂的教授，不去实习，即使学了好几年，恐怕一到池里，仍不免要沉下去的。各种知识有可以从书上求的，不妨从书上去得来；有不可以从书上求的，那应该从别处去得他了。

（丙）共同生活　在学校中不能共同做事，一到社会也是不能的。所以要国民有共和的精神，先要学生有共和的精神；要学生有共和的精神，先要使他有共同的生活，有互助的力量。

（丁）积极设施　教人勿赌博，勿饮酒，这都是消极的禁止。至于积极的办法，要使他们时常去做好的事情，没有机会去做那坏的事情。在学校之中，常常有正当的游戏运动，兴味很好，自然没有工夫去做别的坏事了。

（戊）注重启发　在学校里并非一面教人，一面受教，就算了事。要使学生的精神意志和能力，渐渐的发育成长。孔子说“不愤不启，不悱不发”。我更要进一步说，使他不得不愤，使他不得不悱。杜威先生也说，教学生的法子，先要使他发生疑问；查出他疑难的地方，使他想种种方法，去解决这个问题；从这些方法之中，选出顶有成效的法子，去试试看对不对；如其不对，就换个法子，如其对了，再去研究一下。照这方法来解释同类的问题和一切的问题。所以现在的时候，那海尔巴脱①的五段教授法等，觉着不大适用了。

（己）鼓励自治　这便是教学生对于学问方面或道德方面，都要使他能够自治自修。

（庚）全部发育　身体和精神要全体顾到，不可偏于一面。譬如在体育上，耳目口鼻手足统要使他健全；在智育上，既要使他自知，又要使他能够利用天然界的事物；在德育上，公德和私德，都不可欠缺的。

（辛）唤起兴味　学生有了兴味，就肯用全副精神去做事体，所以“学”和“乐”是不可分离的。学校里面先生都有笑容，学生也有笑容。有些学校，先生板了脸孔，学生都畏惧他，那是难免有逃学的事了。所以设法引起学生的兴味，是很要紧的。

（壬）责成效率　凡做一事，要用最简便、最省力、最省钱、最省时的法子，去收最大的效果。做这件事，用这个方法，在一小时所收的效果是这样，用别个方法止须十分钟或五分钟，就有这样的效果，那后法就比前法为胜了。照此把时间、精力、金钱和效果的比较选择，可以得出一个最好的法子。

以上所讲，都是新教育上普通的说明。至于新教育对于学校课程等的设施和教员学生应当怎样的情形，休息几分钟再讲。

新学校

学校是小的社会，社会是大的学校。所以要使学校成为一个小共和国，须把社会上一切的事，拣选他主要的，一件一件的举行起来。不要使学生在校内是一个人，在校外又是一个人。要使他造成共和国民的根基，须在此练习。对于身体方面、道德方面、政治方面，凡国民所不可不晓得的，都要使他晓得，那学校便成为具体而微的社会了。我国学校的弊病，

① 通译赫尔巴特。

不但在与社会相隔绝，而且学校里面，全以教员做主，并不使学生参与。要晓得一社会里的事务，该使大家知道的，就该大家参与；该使少数领袖管理的，就该少数领袖参与。这样不靠一人，也不靠少数人，使每个学生、每个教员晓得这个学校是我的学校，肯与学校同甘苦，那才是共和国社会里的真学校。

新学生

“学”字的意义，是要自己去学，不是坐而受教。先生说什么，学生也说什么，那便如学戏，又如同留声机器一般了。“生”字的意义，是生活或是生存。学生所学的是人生之道。人生之道，有高尚的，有卑下的；有片面的，有全部的；有永久的，有一时的；有精神的，有形式的。我们所求的学，要他天天加增的，是高尚的生活，完全的生活，精神上的生活，永久继续的生活。进一步说，不可学是学，生是生，要学就是生，生就是学。求学的事，是为预备后来的生存呢？还是现在的生存，就是全体生活的一部分呢？既然晓得教育是继续经验的改造，那末对于天然界和群界，自然受他的影响；天天变动，就是天天受教育，差不多从出世到老，与人生为始终的样子。你哪一天生存不是学？你哪一天学不是生存呢？孔子到了七十岁，方才从心所欲不逾矩，他是一步一步上进的。凡改变我们的，都是先生；就是我们自己都是学生。以前只有在学校里的是学生，一到家里就不是学生；现在都做社会的学生，是从根本上讲，来得着实，不至空虚。虽出校门，仍为学生，就是不出于教育的范围。所以每天的一举一动，都要引他到最高尚、最完备、最能永久、最有精神的地位，那方才是好学生。

新教员

新教员不重在教，重在引导学生怎么样去学。对于教育，第一，要有信仰心。认定教育是大有可为的事，而且不是一时的，是永久有益于世的。不但大学校高等学校如此，即使小学校也是大有可为的。夫勒培尔[①]研究小学教育，得称为大教育家。做小学教师的，人人有夫氏的地位，也有他的能力；止须承认，去干就能成功。又如，伯斯塔罗齐[②]、蒙铁梭利[③]都从研究小学教育得名，即如杜威先生，也是研究小学教育的。这都是实在的事，并非虚伪赞扬。我从前看见一个土地庙面前对联上，有一句叫“庙小乾坤大”，很可以来比。况我们学校虽小，里头却是包罗万有。做小学教员的，万勿失此机会，正当做一番事业。而且这里头还有一种快乐——照我们自己想想，小学校里学生小，房子小，薪水少，功课多，辛苦得很，哪有快乐？其实，看小学生天天生长大来，从没有知识，变为有知识，如同一颗种子的由萌芽而生枝叶，而看他开花，看他成熟，这里有极大的快乐。照以上两层——做大事业得大快乐——是为一己的，而况乎要造新国家、新国民、新社会，更非此不行嘛！那不信仰这事的，可以不必在这儿做小学教员。一国之中，并非个个人要做这事的，有的做兵，有的做工，有的做官吏……各人依了他的信仰，去做他的事。一定要看教育是大事业，有大快乐，那无论做小学教员，做中学教员，或做大学教员，都是一样的。第二，要有责任心。不但是自己家中的小孩和课堂中的小孩，我应当负责任；无论这里那里的小孩，要是国中有一个人不受教育，他就不能算为共和国民。在美国一百个人之中，有九十几个受教育。中国一百个人之中，只有一个人受教育。而且二十四个学生中，只有一个女学生。我们要从这少数的人，成为多数的人，要用多少年的工夫？非得终身从事不行。况且我们除了二十岁以前、六十岁以后，正当有为之时没有多少，即使我们自己一生不成，应当代代做去。切不可当教育事业是住旅馆的样子，住了一夜或几夜之后，不管怎么样，就听他去了。那教育事业，还有发达的希望吗？第三，做新教员的要有共和精神。就是不可摆出做官的态度，事事要和学生同甘苦，要和学生表同情，参与到学生里面去，指导他们。第四，要有开辟精神。时候到了现在，不可专在有教育的地方办教

---

① 通译福禄培尔。

② 通译裴斯泰洛齐。

③ 通译蒙台梭利。

育。要有膨胀的力量，跑到外边去，到乡下地方，或是到蒙古、新疆这些边界的地方，要使中国无地无学生。一定要有单骑匹马勇往无前的气概，有如外国人传教的精神，无论什么都不怕，只怕道理不传出去。要晓得现在中国，门户边界的危险，使那个地方的人，晓得共和国的样子，用文化去灌输他，使他耳目熟习，改换他从来的方向，是很要紧的。第五，要有试验的精神。有些人肯求进步，有些人只晓得自划地，除了几本教科书外，没有别的书籍。——诸君已经毕业之后，还在这儿讨论教育，那是最好的。——他人叫我怎样办，我便怎样办，专听上头的命令。要晓得上头的命令，只不过举其大端，其中详细的情形，必定要我们去试验。用了种种方法，有了结果，再去批评他的好坏，照此屡试屡验，分析综合，方才可下断语。倘使专靠外国，或专靠心中所有，那末，或是以不了了之，或是但凭空想，或是依照古老的法子，或是照外国的法子，统是危险的。从前人说“温故而知新”，但是新的法子从外国传到中国，又传到杭州，我们以为新的时候，他们已经旧了。所以望大家注意，不可不由自己试验得出真理，方不至于落人之后哩！

新课程

这要从社会和个性两方面讲。从社会这面讲来，要问这课程是否合乎世界潮流，是否合乎共和精神。学了这课程之后，能否在中国的浙江，或是浙江的杭州，做一个有力的国民。更从个性的一面讲来，谁的事教谁，小孩子的事教小孩子，农人的事去教农人，方才能够适合。我且拿学代数来做个例，看这课程是否为学生所需要。我有一次对学生发问道：“有几多人应用过代数?”那一百人中止有七八个人举手。又问：“不曾用过代数的人举手!”就有九十几个。后再查考那七八个人所用的东西，止须一星期，至多不过一月，就可教了。照这样看来，我们应该有变通的办法。是否为了七八个人去牺牲那九十几个人。那七八个人，或为天文家，或习工业，或学医生，所用代数，不过百分之一罢了。我们不可以为了一个人，去牺牲九十九个人；也不可以为了九十九个人，去牺牲那一个人。总要从社会全体着想，有否其他有用的东西未列在课程里？或是有用不着的东西还列在课程里呢？照这样去取舍才行。

新教材

就教科书一端而论，编书的人，有的做过教员，有的竟没有做过教员。就拿他自己的眼光来做标准，不知道各地方的情形怎么样。用了这种书去教授，哪里能适合呢？所以教科书止可作为参考，否则硬依了他，还是没有的好。又有一种讲义，当看作账簿一般。社会上各种文化风俗，都写在这账簿上。这账簿有没有用处，或是正确不正确，须要仔细考查。譬如富翁，虽然将他所有的财产，写在账簿上，拿来传给他的儿子，若是不去实地指点他，哪几处房子或是田地，是我所有，和这账簿对照一下，他的儿子仍然不晓得底细。也许有几处田地房产，已经卖出；也许有几处买进的，还没有登记上去，总要使他儿子完全明了，那账簿方才有效。要拿教科书上的情形引导把学生看，或是已经变迁的情形，指点他明白。几年前的朝鲜和现在不同；俄国已经分做十几国①，更不可以拿从前的来讲。总要明白实际的事情，因为账簿是死的，人是活的，要拿账簿来为我所用，不要将活泼泼的人为死书所用。要晓得账簿之外，还有许多文化在那里，要靠教科书是有害的。

新教育的考成

我到店里去要一件东西，他拿了别的东西给我，我就不答应了，怎么我要这件，你偏与我那件呢？教育的事，也是这样。要按照目的去考成，方才不会枉费了精神和财力。譬如从农业、工业或商业学校里毕业出来的学生，有几多人在那里做他应当做的事。若是不问他的结果，一味的办去，正如做母亲的人把他的女儿出嫁，不将他长女出外的情形，来加以参考，以至于第二第三个女儿吃着同样的苦头，这是因为不考成的缘故。

再有几层，我在别处已经讲过，暂且不说。总之，大家觉得要教育普及，先要认定目的。做若干事，须得若干的代价，决不是天然能成功的。

① 指苏联的十几个加盟共和国。

即就小孩子而论，美国一人需费四元四角五分，中国每人止有六分。试问没有代价的事，能办得好办不好？但这事人人负有责任。我们做教员的，不但教学生，又要想法子使得社会上的人对于教育认为必要。譬如有钱的人，可以教自己的孩子，同时他邻舍的小孩子，因为没得钱受教育，和这小孩子一块儿玩，就把他带坏了。所以单教自己的儿子，还是不中用的。把这种情形使他们觉悟，人非木石，断没有一定不信的。虽然有些困难的地方，我们总可以用自己的力量去战胜他的。

本篇导读（徐志辉）

本篇原载1919年9月《教育潮》第1卷第4期，是陶行知1919年7月22日在浙江第一师范学校毕业生讲习会上的讲演记录稿。

在这个演讲中，陶行知认为，新教育是与传统教育全然不同的教育，从教育目的、教育方法，到学校、学生、教师、课程、教材等等，一切都应是新的。但无论如何追求教育的“新”，这种教育都必须是适合中国国情的，教育的改革也是为着使其适合中国实际。若是不顾国情，“忽而学日本，忽而学德国，忽而学法国、美国”，其结果只能使我们的教育改革像大海上失去方向的航船一样无所适从。

新教育首先是一种国民教育，是用来引导和造就民众，“使他们晓得怎样才能做成一个共和的国民，适合于现在的世界”。新教育既要使学生有利用自然界的能力，又要有在社会中谋共同幸福的能力，就是要使学生成为“自主”、“自立”和“自动”的共和国民。

要实现新教育的目的，陶先生认为必须有新的方法。他一下子提出了九种方法。这些方法中虽然也注重如何提高学生获得知识的效率，但更重要的却在于如何使学生在身体和精神上“全部发育”。换言之，新教育不是以获得知识为目的的，而是以造就新国民为目的的。即是说，方法是依据目的而设的。若方法与目的背道而驰，只能造就片面发展的人。他认为，新学校应是一个“小共和国”，其设立就是为了打好学生做共和国民的根基。新教师要有信仰心、责任心、共和精神、开辟精神和试验精神，唯有这样的教师才有可能去造新国家、新国民、新社会。新课程既要考虑它是否符合养成学生共和精神和世界潮流，又要考虑它是否有利于学生个性的发展，“不可以为了一个人，去牺牲九十九个人；也不可以为了九十九个人，去牺牲那一个人”。

陶行知91年前所作的这个讲演中所提出的思想，对于我们当今的教育改革与发展仍然具有指导价值吗？我们办教育的目的到底是为了什么？我们的教育对于个人、国家、民族、社会的发展究竟起了什么作用？课程、教材、教学方法、考试方法等等，对于实现我们的教育目的到底起了怎样的作用？所有这些问题，难道不值得我们所有从事教育工作的人去反思吗？

教育者之机会与责任

今天我讲题是《教育者之机会与责任》，但是今天到会的，除教育者外，又有受教育的学生，提倡教育的办学者。我这题目，和上面种种人有什么关系呢？我想，学生对于教育发生的影响，自己首当其冲，自然要去看看教育者是否已经利用他的机会，尽了他的责任。办学者是督察教育者的人，更有急需了解教育者的机会与责任的必要。所以我这演讲，实在是以上三种人都应当注意的。

先从机会方面讲。教育者应当知道教育是无名无利且没有尊荣的事。教育者所得的机会，纯系服务的机会，贡献的机会，而无丝毫名利尊荣之可言。他的机会，可分四种：

（一）有可教之人；

（二）可教者而未能完全教；

（三）可教者而未能平均教；

（四）已受教而未能教好。

以上四种，都是予教育者以实施教育的机会。且先就第一种讲：

第一种是因为社会上有许多可教之人，所以教育者才能实行他的教育，倘若无人可教，则教育者就失其机会而无用武之地了。孔子曰：“生而知之者，上也。”美国某哲学家对于他这句话很有怀疑，他反驳孔子说：“生而知之者，下也。”可是他的话确乎也有根据，譬如最下等的动物——细胞，彼从母体脱离后，凡彼母亲会做的事，彼都会做。再推到小牛，彼虽然不似细胞那样快，但是不用隔多时，举凡彼母亲的事，彼也会做了。小猴子却又不同，彼有几个月要在彼母亲的怀里，因为彼又是较高于小牛的动物。人又不然了，人在小孩子的时期，最早要候二三年后，始能行动，后来又慢慢由幼稚园至于大学，去学他的技能，以做他父亲会做的事。总之，幼稚时间长，所以可教；教育者的机会，也是因为有可教的小孩子啊！

第二种是说可教的人没有完全受教。如中国有四万万之众，照现在统计表计算，只有五百四十万个学生。换言之，只有一百分之一点五是学生；一百人之中，能受教育的只有一个半人。这一百分之九十八点五的不能受教育者，都打着我们教育者的门，并且告诉我们说：“现在是你们的机会到了，有一个人不入学校，就是你们还没有实行你们的机会。”

第三种是就受教的人说的。中国现在受教育有三桩不平均的地方：（一）女子教育；（二）乡村教育；（三）老人教育。

第一桩，女子教育在中国最不注重。中国全国有一千三百余县没有女子高等小学，又有五百余县没有一个女学生。若照百分法计算起来，男学生占学生中百分之九十五，女子却只占百分之五；以家庭论，一百个家庭，只有五个是男女同受教育——好家庭了。所以为家庭幸福计，男女都应受同等的教育。女子教育的重要有三：

甲、女子同为人类，自应有知识技能，去谋独立生活。譬如四万万根柱子擎着大厦，设若有二万万根是腐朽不能用的木材，则此大厦必将倾倒，这是很明显的例子。所以女子必须受教育，去共同担负社会的责任。

乙、女子富于感化性，能将坏的男子变好，并且可以溶化男子的性情与人格。诸位不信，请看看你们的亲友，定可得着个很显著的证明。所以欲使男子不致堕落，非从女子教育着手不可。

丙、女子受教育，必定十分顾及她子女的教育，不似男子的敷衍疏忽。所以普及女子教育，不但可以收到家庭教育的好果，并且可以巩固子孙的教育哩！

第二桩，不平均是城乡学校的相差，城里学校林立，乡下一个学校都没有。以赋税论，乡下人出钱，比城里人多些；他们的代价，至少也应当和城里平均，才是公允的办法。故乡村教育，应为教育者所注意。

第三桩，是小孩子可以受教育，而老年人则无受教育之机会。一般教育者，也只顾及小孩子的教育，对于老年人很少加以注意，这也是件不平均的事。中国现在内外交困，社会多故，如若候着那班小孩子去改造，非待二三十年后不能奏效。所以欲免除目前的危险，必须兼顾着老幼的教育。

许多女子、乡村人、老年人都打着我们教育者的门，如求雨一般地哀求我们放他们进来。这也是我们的机会到了！

第四种机会，是因为小孩子虽然受教，但是没有教好。如已教好，我们教育者又无机会了。没有教好者，可分四层讲：

甲、人为物质环境中的人，好教育必定可以给学生以能力，使他为物质环境中的主宰，去号召环境。如玻璃窗就是我们对于物质环境发展的使命之一。我们要想拒绝风，欢迎日光，所以就造一个玻璃窗子去施行我们拒风迎光的使命，教讨厌的风出去，可爱的日光进来。又如我们喜欢日光和风，但是想拒绝蚊蝇，所以又造了一种纱窗去行我们的使命。这种使命，并非空谈，因为我们有能力，确可使这些自然的环境听我们调度。故学校应给学生使命环境的能力，去作环境的主宰。以上不过是表明人对付环境的两个例子。

水也是自然环境之一，但是人不能对付彼，常常为彼所戕杀，如去年门罗博士①到苏州参观教育，同行有四位女学士。过桥的时候，女学士的车子忽然翻落桥底；当时船家和兵士都束手无策，等到想法捞起，已经死了一个。我们从这件事得着一个教训，就是“学生、船夫、兵士都不会下水”，以致人为自然环境的“水”所杀。

① 即孟禄。

人在青年时发育最快，身体的发育犹如商人获利一样，可是商人获利是最危险的事，偶一不慎，当悖出如其所入。我们青年生长时，亦有危险，学校讲求体育，应问此种体育是否增加学生的体健，使他们不致有种种不测之事发生？

这种学生的父兄，也带了他瘦且弱的子弟，打我们教育者的门，厉声问我们教的是什么教育？

乙、人不但是物质环境中之一人，也是人中之一人。人有团体，有个人，在这团体和个人中，便发生相对的关系。此种关系，应互相联络，以发展人性之美感。在此阶级制度破产时，我们绝不承认社会上还有什么“人上人”、“人下人”，但是“人中人”我们是逃不掉的。我们既然都是人中之一人，那末，人与人自然会有相互的关系了。这种关系能否高尚优美，尚属疑问。且就现在的选举说吧，被选人手里执着些洋钱，选举人手里执着一张票，他们所发生的关系，是洋钱的关系，选举的关系罢了！这种关系能合乎高尚的条件吗？

再看留学生的选举如何？记得从前中央学会选举时，自称为博士、硕士的留学生，不也是一样的舞弊吗？其他如大学毕业生、中学生毕业生以及未毕业的中学生，他们又是怎样？他们为什么拿着清高的人格去结交金钱？去结交政客？作金钱的奴隶？作政客的走狗？这样的学生对得起国家社会吗？对得起父母吗？对得起自己的人格吗？

国家、社会、父母，都带着他的子孙，打我们教育者的门，骂我们为何太不认真以致教出这种子弟！

丙、好教育应当给学生一种技能，使他可以贡献社会。换言之，好教育是养成学生技能的教育，使学生可以独立生活。譬如社会上的农夫、裁缝、商人、工人、教员……他们都有贡献社会的技能，他们各人贡献他们所做的事，可以使社会得着许多便利。倘若有一个人没有能力，则此人必分大家的利，而造成社会的恐慌了！所以教育的成绩，就是“技能”；教育就是“技能教育”。且拿现在的师范生做个譬喻，现在师范毕业的学生只有十分之八可以服务，十分之一可以升学，其余的十分之一，却做了高等游民了。再看中学毕业生，也只有三分之一可以服务，三分之一可以升学，其余三分之一，也就做了游民了！但是他们虽然不能服务，倒不惯受着清闲的日子，反做出许多不正当的事业，实在危险啊！

这种游民式学生的父兄，也打着我们教育者的门，问我们何以教出这种不会做正当事的子弟？并且教我们重新改过课程，使毕业的学生皆可独立。

丁、人不能没有休息，但休息是人最险之时。人无论怎样忙，都没有损害，倘若休息，则魔鬼立至。我们可以看出社会上许多恶事，都是在休息时候做的。所以学校里有音乐，便是给学生以正当的娱乐，使学生不致在休息时间做出恶事。可是学生回到家里，既无教员同学和他盘桓，又没有经济设置音乐去助他的娱乐，难免不发生其他的事来。所以学校应当使学生在休息时有正当的愉快。

这又是我们教育者的机会了！

总之，以上皆是我们教育者的机会。平常人对于机会怎样对待呢？大约可以看出四种情形来：

（A）**候机会**　有一班教育者天天骂机会不来，好像穷妇人想发财一样，但是机会不是观望的，所以等着机会是极愚拙的事，可以料定永远不会收着成效的。

（B）**失机会**　又有一班教育者，他明明看见机会来了，等到用手去捉彼，彼又跑掉了。如此一次，二次，三次……仍旧不能得着机会。因为机会生在转得极快的圆盘子上，倘如没有极敏捷的手去捉彼，总会失败的。

（C）**看不见机会**　机会是极微细的东西，有时且要用显微镜和望远镜去找彼。一班近视眼的教育者，若不利用那两种镜子，是很难看见机会的。

（D）**空想机会**　还有些教育者，机会没有来，到处自炫，就像得着机会一样。犹如两个近视眼比看匾，在匾没挂起来的时候，都去用手摸了匾。后来共请一位公证人去批评，他们各人述了自己的心得，公证人忍不住笑了，因为这匾还没有挂上，他们都是“未见空言”咧！

这类“未见空言”的教育者，他们一味的空想，结果总没有机会去枉顾他一次。

现在再谈谈好的教育者。我以为好教育者，应当具有灵敏的手去抓机会，并且要带千里镜去找机会，机会找着了，就用手去抓住彼，不断地抓住彼，还要尽力地发展彼。

再说一说教育者的责任。简单一句话，教育者的责任就是“不辜负机会；利用机会；能用千里镜去找机会；会拿灵敏的手去抓机会”。

办学者和学生都应当看看教育者是否利用他的机会；如果没有利用他的机会，便是他没有尽责。尽责的教育者，可以使学生发生“快乐”与“不快乐”两种感想；但是不尽责的教育者，也可以得着这两种情形，这是什么缘故？

因为教育者尽责，可以使学生在物质环境中做好人，教他学习一种技能去主宰环境。这种教育者，学生对于他有合意的，有不合意的。合意者不生问题，不合意的学生只请他认定教育者是否教我们做一个好人。如是，那我们就应当忍耐着成全这教育者的机会。设若教育者不负责，辜负了机会，不使学生求学，我们这时候，应当知道学生有好有坏，教育者也有尽责与不尽责，不尽责的教育者常为坏学生所欢迎，同时也被好学生唾弃。做好学生、好教育者，更应当对于坏教育者、坏学生加以严厉的驱逐，使这学校成为好的学校。

这桩事，无论是教育者、学生、办学者，皆当注意。我们不能辜负这机会与责任，自然要奋斗。攻击坏教育者、坏学生，是我们不可不奋斗的事，尤其是安徽不可不奋斗的事！

本篇导读（徐志辉）

本篇原载1922年7月7日《民国日报·觉悟》，是陶行知1921年夏在安徽安庆暑期演讲会上的演讲记录。

在这次演讲中，陶行知将机会与责任联系在一起，把救国兴国的使命赋予全国的教育者。他在此所讲的教育系平民教育。抓平民教育就是要抓住四种机会，而能够真正抓住这四种机会的人就是担负起四种责任。在这四种责任中，第二种和第三种责任涉及的是平民教育的普及和教育公平，第四种责任涉及的是教育目的和功能。

就平民教育的普及而言，只要有一个人没有接受教育，就是教育者没有尽到自己的责任。就教育公平而言，无论是妇女还是老人（成人），无论是城市还是乡村，都应享有平等的受教育权利，都应接受同等的教育。只有这样，才能使大众“共同担负社会的责任”。就教育目的和功能而言，平民教育不仅是要所有人都能够接受教育，都能够接受平等的教育，而且要接受“好教育”。“好教育”不是只教给学生知识，不是以牺牲学生健康为代价换取成绩和分数，更不是将学生培养成金钱的奴隶、政客的走狗、一无所能的“高等游民”，而是要“给学生以能力，使他为物质环境中的主宰”，“给学生一种技能，使他可以贡献社会”，“可以独立生活”，使他可以促进社会关系“高尚优美”。如果我们的教育和教育者做不到这些，人们当然会“打着我们教育者的门”，质问我们“教的是什么教育”，质问我们何以会教出只知道钱、权以及享乐的子弟，质问我们“何以教出这种不会做正当事的子弟”……类似的质问越多，越说明教育和教育者的无能。

陶行知这个演讲似乎在告诫我们，教育者不仅要善于抓住机会，利用机会，而且要能够不辜负机会。但这种机会绝不是将教育当做赚钱的工具的机会，绝不是彰显政绩的机会，而是既能促进学生个性的发展、生存技能的获得、个体人格的完善、服务社会和大众精神的养成，又能促进社会文明、和谐、进步的机会。抓住了机会也就担起了责任；担起了责任也就是利用了机会！

师范教育之新趋势

教育是立国的根本。不过因为国体的不同，教育的趋势也就不一。共和国立国的要素，在国民有共同的目的，共同的了解，谋共同的利益。但是人们幼时的动机，常偏于自私自利一方面，吾们当怎样利用他，养成互助、团结、同情等好习惯和共同了解的机会，那就全靠教育。有人说："吾国无国民。"这话未免太过。但细想，实际上有国民的资格的确是不多，所以教育在中华民国里更加重要。师范学校负培养改造国民的大责任，国家前途的盛衰，都在他手掌之中。既有这种责任，那得不观察教育的新趋势，谋进步的教育！

要造成适当的国民，须有适当的教员。譬如裁缝制衣，一定要估量身材的长短肥瘦，还要知道人们的心理，然后配以适当的颜色。所以不但和身体有关，和精神亦很有关系。相传明朝有个御史，请裁缝做衣，裁缝问："你是第一年的御史，是第二年的御史，还是第三年的御史？"他为什么要这样问？因为第一年趾高气扬，衣服必定要前长后短，方始合度；第二年稍知事故人情，要前后等长；第三年更进步了，格外虚心静气，背也曲了，所以要后长前短。办师范教育，也当作如是观。换言之，就是要合社会的应用。不过从“用”上面，就有两个问题发生：甲、够用不够用，是讲他的数量；乙、合用不合用，是讲他的性质。

甲、够用不够用的问题

就是议论师范学校究竟要造就多少人才方才够用。这可分两层讲：

（1）假定我国人口是四百兆，有八十兆是学龄儿童，就当有二百万教员（每人教四十个学生）。现在只有十八万五千，不过占十三分之一。缺少的数目很大，就应该怎样去增加呢？

（2）人口依几何级数增加，教员也当增加。还有因病而死的，因他种关系而改业的。如女子出嫁，教员便做不来。这样的变换，教员的数目，也就要减少。据日本人调查，十七个教员中须有一人补他的缺，要达“够”的目的，真是不容易呵！但这不是师范学校单独的责任，社会、国家和教育机关都应负责的。

乙、合用不合用的问题

师范教育的趋势，在能改进不合用的变成合用的；改进合用的，变成更合用的。这种向着合用走的几个趋势，就是新趋势。现在分条来说明：

（1）乡村教育和城市教育　乡村教育不发达，可说已达极点。我国人民，乡村占百分之八十五，城市占百分之十五。就是有六千万人居城，三万万四千万人居乡。然而乡村的学校只有百分之十。这种城乡不平均的现象，各国都不能免，但是我国的乡村，未免太吃亏了。恐怕也非城市人的福哩；至于教材方面，乡村和城市也大不同。例如电灯、东洋车等，在城市是常见的，但在乡村的学校里要教起这许多材料来，就很困难了。还有放假一层，乡村和城市也不同。什么蚕假、稻假咧，那里能够把部定章程来束缚他！现在的师范学校都设在城市，连教授方面，也是重城轻乡。此后亟当想法，怎样才可以使乡村的儿童受同等的知识，享同等的待遇，这就是师范教育的一个新趋势。

（2）研究小学教材　现在的师范学校，大都是中学校的变形，不过稍加些教育学、教授法罢了。毕业以后，就拿这些教材去教学生，恐怕还是门外汉呢！所以师范生在观察要用怎样的小学教材，就怎样去学。一方面要学“学”，一方面要学“教”。这又是一个新趋势。

（3）培养特长的人才　现在的人以为师范生要件件都能。这却不对。高等科和国民科不同，普通科和特殊科又不同。师范教育，当发展各人的特长，以适合社会上的需要。例如江苏省立第三师范学校的分科研究制，是很好的师范教育。

（4）扩充师范学校　现在师范学校，平均每校二百人左右。教育部规定至多不得过四百人。但是在欧美诸国，大都每校在千人以上。可见“大师范学校”是吾国很需要的。

（5）添加新功课　社会上有新的需要，就当添加新的功课去适合他，指导他。现在社会问题很纷乱，社会学应当增加了。又因为科学的发达，各种学问，注重分析。所以虚泛的、理论的心理学不够用，儿童心理学和心理测验一定要增加了。仅讲些教育史、教育哲学也不够了，教授法、管理法……一类的实际学问，也须重新研究了。总之，社会的新需要没一定，增加的新功课也当随之而异。

（6）师范和附属小学宜格外密接　附属小学不但是实习的地方，简直是试验教育原理的机关。教育原理不是一成不变的，天天去研究，就天天有进步，天天有变革。所以附属小学是“教育学的实验室”，和别的实验室一样的。

（7）师范学校有继续培养的责任　内地有许多师范学校，对于毕业生毫不关心。这是最不好的现象。当知毕业是局部的、暂时的。学生固不可从此不学，教员也不当从此不教。所以学校对于毕业生有继续培养的责任。例如调查、讲演会、巡回指导等事情，更当注意。

（8）培养校长和学务委员等专门人才　一学校的好坏，和校长最有关系。一地方的好坏，和学务委员最有关系。但是现在却不注意到这两层。例如南京有人口四十万，当有学龄儿童七万，教员二千人。对于学务委员，一些人没有相当的重视。物质上的酬报，每年多至四百元！吾们固不当做金钱的奴隶，但事务和代价，当然要求个相值。广州大于南京二倍余，而教育局长的薪水，每月在四百元以上，所以教育也有进步了。像广州这样优待，固然不必效法，但是今后教育界应有一种觉悟。对于一般学务委员当有相当的重视，而师范学校里，也不得不培养特长的专门的人才。这种趋势，在欧美早已现诸事实上了，我们中国的教育岂可忽视了么？

以上几种趋势，决不是一二年内所能办到的，但是现在不可不向那一方面进行。

本篇导读（徐志辉）

原载1921年10月22日《时事新报·学灯》。“教育是立国的根本。”而师范教育“负培养改造国民的大责任，国家前途的盛衰，都在他手掌之中”。这决不是危言耸听，而是对师范教育发出的严正警示！教育的直接责任就是造就国民，而教师就是造就国民的人；师范教育又是造就教师的，所以师范教育就必须考察它的新趋势以适应造就国民之责。

陶行知在讲到师范教育“合用不合用的问题”时，提到了师范教育的八个新趋势。其实这八个新趋势既含有师范教育当努力追求的方向的意思，也含有师范教育改革的意思。其中第一个趋势——“怎样才可以使乡村的儿童受同等的知识，享同等的待遇”，涉及的是教育的公平问题，也指出了城乡教育应该分别对待，绝不能用一个“章程”来“束缚”它。其余各条也仍然值得当今的师范教育认真思考并谋求解决。

创造一个四通八达的社会

——给文渼的信

渼妹：

前在安庆接到家书，承嘱于修改后奉还，此事拟于到武昌后办理，一二日之内即可寄出。家中所需物品可以带京，请函冬弟[1]购办。

知行一点钟内可以抵汉，拟于二十三日回安庆，二十四日赴芜湖。回京日期当在十二月初。

知行近日买了一件棉袄，一双布棉套裤，一顶西瓜皮帽，穿在身上，戴在头顶，觉得完全是个中国人了，并且觉得很与一般人民相近得多。

我本来是一个中国的平民。无奈十几年的学校生活，渐渐地把我向外国的贵族的方向转移。学校生活对于我的修养固有不可磨灭的益处，但是这种外国的贵族的风尚，却是很大的缺点。好在我的中国性、平民性是很丰富的，我的同事都说我是一个“最中国的”留学生。经过一番觉悟，我就像黄河决了堤，向那中国的平民的路上奔流回来了。

---

① 即曹子云。

平民教育的宗旨是要叫种种人受平民化。一方面我们要打通层层叠叠的横阶级。如贫富、贵贱、老爷小的、太太丫头等等，素来是不通声气的，我们要把他们沟通。又一方面我们要把深沟坚垒的纵阶级打通。纵阶级的最昭著的是三教九流七十行，江南江北、浙东浙西、男男女女等等都有恶魔把他们分得太严。这种此疆彼界也非打通不可。民国九年，南京高师办第一次暑期学校的时候，胡适之、王伯秋、任鸿隽①、陈衡哲、梅光迪诸先生和我几个人在地方公会园里月亮地上彼此谈论志愿，我说我要用四通八达的教育，来创造一个四通八达的社会。我这几年的事业，如开办暑期学校、提倡教职员学生之互助、提倡男女同学、服务中华教育改进社，都是实行这个目的。但是大规模的实行无过于平民教育。我深信平民教育一来，这个四通八达的社会不久要降临了。

我这一个多月来随便什么地方都去宣传平民教育。四天前，我到南昌监狱里去对四百个犯人演讲，我说人间也有天堂地狱。若存好的念头，心中愉快，那时就在天堂；若存坏的念头，心里难过，那时就在地狱。我说到这里，忽然得到一个意思。这个意思就是天堂地狱也得要把他们打通。后来我想了一句上联送自己："出入天堂地狱"。下联没有想出来，请你给我对起来罢！

这次在轮船上觉得很安逸。记得前年我们到牯岭去，轮船上一夜数惊。我们生在此时，有一定的使命。这使命就是运用我们全副精神，来挽回国家厄运，并创造一个可以安居乐业的社会交与后代。这是我们对于千万年来祖宗先烈的责任，也是我们对于亿万年后子子孙孙的责任。

这时我在汉口南洋宝酒楼。这是个徽州馆。我在这里吃牛肉面，吃的饱得很，只费了一角五分钱。

再过半点钟，我就要渡江到武昌去了。我现在康健快乐。敬祝你和全家康健快乐！

十二年十一月十二夜写起，十三日早晨写了。

---

① 即任叔永。

本篇导读（徐志辉）

本篇是陶行知在普及平民教育的征途中写给妹妹陶文渼的一封信。陶行知认为，“平民教育的宗旨是要叫种种人受平民化”。这个“平民化”其实就是“平等化”。何以见得？他要“打通层层叠叠的横阶级”，又要“把深沟坚垒的纵阶级打通”，这不是追求社会平等又是什么？而实现这样的社会平等所依靠的便是平民教育。他多次表示要用“四通八达的教育”来创造一个“四通八达的社会”。但什么是“四通八达的教育”和“四通八达的社会”，却未见他有何种解释。联系陶行知关于平民教育的一贯思想来看，这“四通八达的教育”就是指平民教育的普及，就是让所有的民众都能够受到平等的教育，就是“教人读书做国民”。而“四通八达的社会”就是现代化的民主共和国，就是消除了“层层叠叠的横阶级”和“深沟坚垒的纵阶级”、每个人都是共和国主人的平等的社会。正是为了实现这个理想，他才把通过平民教育“挽回国家厄运，并创造一个可以安居乐业的社会交与后代”当做自己的使命，当做是“对于亿万年后子子孙孙的责任”，也才会以“出入天堂地狱”的精神投入到普及平民教育的洪流之中。

教人读书　做国民

吾国号称四万万人，但是四万万人，简直有四万万条心。我国自命为五族共和，但是五族的人，简直有五条心。南北不统一，岂止南北不统一。现在要把破破碎碎、散散漫漫的中华民国，造成一个万众一心、五族一心的中华民国，且有两种根本办法，一是四通八达的交通，二是四通八达的教育。现在平民教育的最高无上的目的，就是教人读书，做国民，就是用教育的精神和方法，创造一个万众一心、五族一心的中华民国。懂得这条大道理才能放手向前去做。否则，芦柴丛中，钻来钻去，曾费尽心血，终于国家大局无补。办平民教育，要不要学问？要。学问少的人能不能办平民教育？能、能、能。我家五岁的孩儿，能教五十七岁的祖母读第一本“千字课”。办平民教育要不要经费？要。钱少的人能不能办平民教育？能、能、能。山东乞丐武训，开三个学堂。学问和钱是要，要的是有一分学问，就可做一分事，有一文钱，就可做一文钱的事。平民教育，是平常人的教育，平常人办、平常人学的教育。平常人啊，只要你们各尽各的本分，平民教育不怕不普及。万众一心、五族一心的中华民国，不怕造不出来。

本篇导读（徐志辉）

本篇原载1924年2月27日长沙《大公报》第6版，题为《陶知行缄示方针》。现标题系川版《陶行知全集》编者所拟。

在陶行知看来，国人不团结，一人一心，各自只为自己打算，导致国家四分五裂。长此下去，国将不国。要想彻底改变这种状况，一是靠四通八达的交通将全国连成一体，二是靠四通八达的教育，教人读书，做国民。这“四通八达的教育”不是“小众教育”，而是“大众教育”，即平民教育。只要能将平民教育真正普及开来，用平民教育的精神和方法来教育民众，必能创造一个“万民一心”、“五族一心”的国家！陶行知在此讲的是平民教育应当教人读书做国民，其他教育是否也应当以此为目的呢？

五族共和与教育者之责任

我国号称为五族[①]共和国，但五族共和是不是真正有了这一回事？我们悬了这五族共和的理想，曾否想过法子实现他？五族共和的招牌挂起来了，我们曾否去干五族共和的事？五色的国旗[②]明明是代表五族共和的精神，但五族的人是否已经觉得这是他们公共的代表？五族的人，人人都晓得有个中华民国吗？人人都爱护中华民国吗？人人都以中华民国为他们共有、共治、共享的国家吗？人人都承认他是中华民国的国民吗？我们想到这些问题，可以醒了。

我现在要描写五色国旗下的各种民族的活动只有四个字，这四个字就是“各干各的”。五族共和是名，各干各的是实。我们应当觉悟这两件事是有冲突的。我们要有五族共和，就不能各干各的，要各干各的，就不能五族共和。如何从各干各的做到一个和衷共济的地位，是我们国民最应当关心的一个问题。

---

① 指汉、蒙、满、回、藏五族。

② 指民国成立后至 1927 年这一时期使用的国旗。旗面为红、黄、蓝、白、黑五色横列，象征五族共和。

我们关心五族共和，不是空谈所能收效的。民国初年的时候，国内的人对于这个问题曾经有过一度的讨论，但不进求具体办法，所以结果毫无。五族共和也不是武力所能建设的。徐树铮出兵外蒙的失败，稍习边事的人都能明白。那次汉兵和蒙民所伤的感情，真不晓得要多少时候才能恢复呢！我们要觉得武力不但不能团结五族的精神，并能发生民族间最大的障碍。拿武力来统一南北或统一五族都是不可能的。倘使可能，他的时期必定是很短的。还有殖边一派也是所谓关心边事的。我们试为边民一想，他们喜欢不喜欢殖边这件事？我敢替他们说，殖边这种名词也是他们所痛恨的。别人正在那里要做他们的解放者，而我们做同胞的人，还说你们那里草绿牛羊肥，让我们来做主人吧。

武力派和殖民派有一个根本的错误，这错误就是他们忘记了中华民国是一个五族共同的国家。他们不把五族通盘打算，只是在那里为一个民族打算。他们都是站在一个民族的地位上着想。凡是只为自己而不为别人打算的，一定走不通；推到极点，不到五族共争不止。

我们要想建设一个真正的五族共和，最要紧的方法有两种：一是建筑四通八达的道路，二是实行四通八达的教育。道路可以沟通物质上的需求和供给；教育可以沟通精神上的贡献和缺乏。这两件事互相为因，互相为果，实在是要同时并进，才能充分达到五族共和的目的。我们一方面希望交通界的同志对于此事加以特殊注意；一方面急于要问问自己对于五族共和的建设，应负何等责任，并宜用何种方法来担负这种责任。

我们五族同在一个国旗之下做国民，必定要有必不可缺少的精神，才能图存。我觉得这种精神，有共同不可少的，有相互不可少的。

说到共同不可少的精神，大家对于中华民国都要有彻底的了解，坚决的爱护；大家都要明白自己是中华民国的国民，有应享的权利，应尽的责任；大家都要觉得五族有共同利害，有存则共存、亡则共亡的关系。这种精神，现在十分薄弱，固无可讳言。我只要举一个例来证明。中华民国四个字译成蒙古文为：

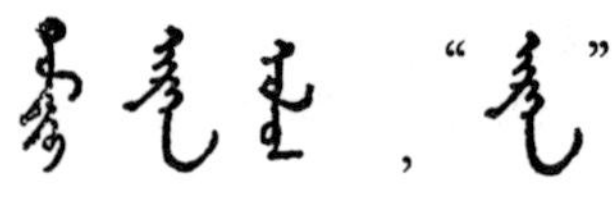

这个字汉音为以勒根，就是“民”字的意思。但几百年来蒙人以民看待汉人，所以“汉人”与“民”在蒙文里是分不开的。汉人即民，民即汉人。中华民国这个名词，译了蒙文，就有“中华汉人国”的误会。这种国名，本应译音，不应译意。现因翻译的人不小心，弄出这种不祥的误会，真是可叹。即此一件事，可以晓得五族对于中华民国不能了解之程度。有好多地方实出我们意料之外。我们应当研究如何可以叫五族的人对于中华民国发生一个共同观念。换句话说，就是如何使五族的人同受中华民国化，同受五族共和化。我的意思不是叫一民族去同化别的民族，乃是要满汉蒙回藏同受一个理想精神的支配。满蒙回藏人之应受中华民国化，也是如同江苏人、浙江人、广东人……应受中华民国化。拿教育的精神方法来创造一个五族一心的中华民国，是我们五族教育界同志的责任。

我们五族不但对于中华民国要有共同的精神，并且彼此相待要有一种正当的精神。我们五族好比是一家五个兄弟，彼此应当相知、相爱、相敬。现在的情形是彼此隔膜，彼此仇视，彼此轻慢。这种景况断不能长久，有心人断不忍长久让他如此。拿教育的精神和方法来把五族的同胞都培养到一个相知、相爱、相敬的地位，都培养到一个亲兄弟的地位，也是我们五族教育界同志的责任。

总而言之，五族共和不是一跳就到的，中华民国也不是一呼就来的。如同一个婴儿出世一样，仅仅取了一个名字是不够的。要想婴儿成家立业，必定要用尽心血去教他、养他才行。我们教育界的同志对于五族共和的建设，是不能不参与的。这件事听来很迂阔，看来很难做，但国体如此，利害如此，我们是断断乎不能推诿的。

本篇导读（徐志辉）

本篇原载1924年3月17日申报馆《教育与人生》第22期。文中所述是讲教育者对于实现五族共和所担负的责任，其实也就是讲教育与实现真正共和之关系。在陶行知看来，一个真正的民主共和国的建立绝不只是制度上的，不是“一跳就到”、“一呼就来”的，而是必须以国民有“共同不可少的精神”

为基础和前提。这种精神，就是对于共和国“要有彻底的了解，坚决的爱护”；就是都能够自觉到自己是这个共和国的国民，都能够自觉到他对于共和国所“应享的权利，应尽的责任”。这也就是提高国民性的问题。没有国民性的真正提高，共和就终究只能是形式上的。因此，用教育的方法和精神来提高国民程度，便是教育界“断断乎不能推诿”的责任。但愿我们今日教育界的同志也能够问问自己对于共和国的建设，对于民族的发展，对于国民素质的整体提高等等“应负何等责任，并宜用何种方法来担负这种责任”。

义务教育的根本在平民教育

今天湖南平教促进会召集省埠各平校学生，欢迎本届全国教育联合会各省区代表先生，知行适逢其会，非常欣幸。外人常说："中华有民国而无国民"，这话实在不错。因为中国的国民，大多数不识字，知识不充足，没有管理国家的能力；一切政权，操在少数军阀、官僚……或竟可说是一般强盗和变形的专制魔王手里。故虽然挂了十多年"中华民国"的假冒招牌，实在找不出若干的真正的主人翁！这就叫做有"中华民国"而无"中华国民"。我们要怎样才能够使中华民国有真正的国民呢？不外两个办法：一个是普及义务教育，一个是普及平民教育。普及义务教育，使一般小孩都有国民应具有的知识和技能；普及平民教育，使一般失学的成人都得到国民应有的知识和技能。二者缺一不可的。但是有好些人疑惑提倡平民教育，足以妨害义务教育，这实在是大大的误解。殊不知要想普及义务教育，必先普及平民教育；换句话说，就是要办好义务教育，先要教好受义务教育的父母。现在大多数做父母的都不识字，不知道受教育的好处，不知道他们的孩子是应该要受义务教育的，就使施行强迫，规定不教育子女的要抽税示罚，还恐难以达到目的，何况纸上空谈呢？如果推广平民教育，使一般平民都认识字，都晓得读书种种的好处，他们自然会勉力送子女到学校里去求学，那末义务教育不愁不普及了。所以义务教育的根本，是在平民教育。

这样看来，平民教育实在是造成中华民国国民的根本教育。长沙为平民教育发祥之地。普通一般都只知道“武昌起义”，殊不知道有个“长沙起义”。“武昌起义”，造成“中华民国”；“长沙起义”，造成“中华国民”。我们应该把长沙提倡平民教育的那一天，和双十国庆同一纪念！

各位代表诸君，对于湖南应该注意的地方，就是他那一种特别的教育精神。怎见得特别呢？他们一般办理教育的人，不因种种灾祸及经济困难而稍行束手，如平教经费虽然无着，依然进行不懈，成绩斐然。这种特别的精神，我们都应该带回去！

本来，“金钱为事业之母”，办理教育非钱不行；然而办教育者若不努力进行，则通神的金钱也属死物。死钱死用，教育亦成为死教育。所以必须“活钱活用”，才能办成“活教育”，才能使教育普及。

现在一般人感觉平民教育经费的困难，都希望分配庚款。庚款固然是要力争的，但是非根本的经费。根本的经费，应该由政府有正式的支付：县、省、甚至于国家，都该把平教经费规定，列入正式预算。我们大家再运用湖南这种特别教育精神，把“活钱活用”，“百折不渝”，平民教育庶几可望普及。平教普及了，全国人民都识字了，那末“中华民国”，就有“中华国民”了，那块中华民国的招牌，就非假冒，乃是一块“金子招牌”！

时间不早，不多说了，敬祝大家努力！

本篇导读（徐志辉）

本篇系陶行知1925年10月17日在湖南平教促进会欢迎大会上的讲演，原载1925年10月18日长沙《大公报》的《教育临时增刊》第七号。标题系川版《陶行知全集》编者所拟。

自从辛亥革命推翻封建专制，建立“中华民国”，直到陶行知做这个讲演为止，虽说“中华民国”建立已经有十多年（1912年1月1日中华民国临时政府在南京成立），但依然是“挂了十多年‘中华民国’的假冒招牌，实在找不出若干的真正的主人翁！”依然是“有民国而无国民”。在陶行知先生看来，之所以出现这种状况，根本原因还在于国民程度不足。要改变这个现状，最根本的途径就是必须普及平民教育，因为“平民教育实在是造成中华民国国民的根本教育”。毫无疑问，这里表达的还是陶先生教育救国的理想。

值得注意的是，陶先生在讲演中指出：“‘武昌起义’，造成‘中华民国’；‘长沙起义’，造成‘中华国民’。我们应该把长沙提倡平民教育的那一天，和双十国庆同一纪念！”“武昌起义”即“辛亥革命”；“长沙起义”指平民教育。中华民国是靠军事革命实现的，但这种革命只是实现了形式上的民主，真正民主的实现则必须通过教育。军事革命重要，但教育革命似乎更重要。关于这一点，我们可以参考陶先生1916年写给哥伦比亚大学师范学院院长的信中所表达的思想：“余今生之唯一目的在于经由教育而非经由军事革命创造一民主国家。”

平民教育之重要与办法

知行在讲演平民教育之前，有两层意思要向大家声明的：

第一，平民教育像饭菜一般；人的口要吃饭菜，人的脑筋也要吃东西的，所吃的东西就是“知识”。总会所编《平民千字课》，是输入平民的知识的，可以说它就是平民脑筋所要吃的饭菜。但究竟合不合全国平民的口味，还不知道的。

第二，知行好游，足迹颇广，到处喜欢考察平民教育施行的状况，随时所得到的经验，由此处带到彼处，好像送礼物一般，没有其他贡献。湖南的平民教育，当然办得很好，因为是平民教育发祥之地。凡事必经过试验时期而达于运动成功时期。平教的试验时期，第一就是长沙。后来朱其慧先生等大发宏愿，要把平教推行到全国，将来定可运动成功的。我也是极力作平教运动的一个，今幸有机会得到平教发祥试验卓有成效之地，定可以有许多经验给我带回去，辗转送到别处作参考。

今天所要说明的，就是平民教育之重要和办法。平民教育重要之点有三：

（一）关于个人方面之重要　人和禽兽最大的分别，就在：人能读书写字，禽兽不能读书写字。人类因为能够读书写字，所以虽离开几千几万里的地方，可以彼此通消息，虽远隔几千年前或几万年后的时间，可以使思想经验不断的流传影响，而演进世界的文明。这种特别的处所，便是“人之所以为人”。若不能读书写字，便非完全的人，简直和禽兽无甚区别！然则我们要用什么法子使不能读写的非完全的人而成为能读能写、智力完全的人呢？惟一的方法，就是平民教育。

（二）关于国家方面之重要　我曾经说过：“中华有民国而无国民。”所以招牌挂了十多年，只闹得一塌糊涂，快要倒闭！那末我们要如何才能够使四万万同胞都成为“民国的国民”？要如何才能够使中华九万里河山，确成为“国民的民国”？——简单一句，要仗平民教育。四万万同胞中，除却太老的太少的和已经读过书的成人外，其余都该赶紧施以平民教育。因为他们本是壮健中坚的国民分子，却不知道中华民国是什么；或存或亡，与自己有何关系；换句话说，简直不知道自己是“民国的国民”，中华是“国民的民国”！如果读过千字课，了解这一些，那末四万万同胞完全具有主人翁的知识能力，民国的基础就稳固了。

（三）关于世界和平之重要　欧战以后，世界各国都感莫大的痛苦而渴望永久的和平。世界教育会，要想用教育方法来减少世界的战争以促进和平。因为社会上不曾读书明理的人容易打架，一国有多数这类的人，便容易酿成一国的纷乱；国际间便也容易因之而惹起无谓的交涉；如是有好多免得了的战争也免不了！各国名流既欲用教育方法来促进世界和平，而尤趋重于平教方面。这种趋重平教的态度，我可以举两个事实作证：

（1）爱尔兰世界教育会议——今年世界教育会在英国爱尔兰开议。中国派了五个代表，——日本十个，其余各国的代表都较中国多，却替中国很得了荣誉。为什么呢？他们五人把中国一年有二百万不识字的平民得受了平民教育的经过情形报告大会，各国代表都觉得“难能可贵”，很表示钦佩和愉快。这是各国代表认为我们中国快有平教普及的希望，于中国于世界的和平都有莫大关系的原故。

（2）檀香山会议——这次会议，中国派去代表二人；平教总会晏阳初君系派去代表之一。各国代表，初以为中国内乱频仍，危及外人的处所很多，没有代表列席的资格。后经晏先生等对各国代表演说，略谓“中国内乱日多固应负一责任，但是各国往往有无聊政客，用种种手腕去挑拨中国的内乱，甚至有暗助枪械以助长内乱者，也应该负一部分责任”。他更把施行平教的详情报告，又演放长沙、南京等处平教运动以及对于商店、工厂、军队、监狱、尼庵、僧寺……等处实施平教的影片。大家听了看了，都很惊异，次日会议便一致欢迎中国代表列席。而对于中国所提“废除一切不平等条约”“关税自主”……等案，都表示赞成。各国对于中国平教的信仰何以如此？因为中国国民若无管理国家的知识能力，则“庖代”“瓜分”之祸难免，而世界大战将又发生矣。反是，则中国独立不倚，于维持本国和中外，并可与各国互相维持世界和平。这可见平教与世界关系的重要了。

平民教育，据我个人的观察，大约有以上三个重要之点。现在再把这三个重要之点简括来说说：（一）关于“个人”，使“完成其人之所以为人”；（二）关于“国家”，使中华四万万同胞，都成为“民国的国民”，九万里河山，确成为“国民的民国”；（三）关于“世界”，可以使国际战争减少，促进永久和平。

平教既如此其重要，我们便要研究他的办法，使他容易普及才好。但究其实，并不繁难，通常的办法，不外两种：

（一）平民学校——这个办法，想在坐诸君大概都是个中人，经验丰富，无须我来多讲。

（二）平民读书处——这个办法，和平校不同：平校是集合几十个学生随班上课，有一定的地方、教员和钟点，等等的；读书处便不然，并无一定，随便拿一个家庭作单位，拿一个工厂、军队、商店，以及露天的场所等等都无不可以作单位。范围可大可小，时间可早可迟，人数或少至两三人，或多至两三千人，都可。例如：一家有一人读了书，便可作施行平教的根本人物，认得字而不大通的，也可以当教员……只要他眼睛认得字，看懂了，便一个一个读起了，使大家听得懂，就行了。例如千字课第一句“一个先生”——通的人一看，就明了他的意思；那不通的人，起初一个一个的分开读，“一”“个”“先”“生”，这声音入到耳里，自会恍然有悟，也明白是“一个先生”的意思了。——这叫做“以眼教口”，“以口教耳”；“耳”作“先生”。是读书处办法中一个根本的原则。第二个原则，便是：“社会有此需要”。——平校有一定的例规，有好些人不能如愿去读书，如作工的，喂乳的，看门的，作夜工的……都不能按时上课，那就全仗平民读书处来补救他，随随便便可以施教。一人教两人，两人教四人，如此施教，马上可以教育许多人。比方七口之家，有一个半通半不通的人，偶然闲着，便拿一本千字课叫姊姊站那边，妹妹站这边，也各拿一本千字课。自己读一句“一个先生”，姊姊妹妹也齐声跟读一句，以下“十个学生……”一路读去。读的时候，两边都可看见，指点。一字、一句、一本的陆续熟念，他俩也全懂了。并可以“如法炮制”的各教两人。且他俩不必读完之后才可教人，跟着熟读一点钟之后，下一点钟就可以当教员。这样办法，七口之家，可于四个月或八个月至多十二个月内读完四本《平民千字课》。这是平民读书处补救平民学校的最大功用。大凡能进平校的固好，否则可走这一条路。

……

本篇导读（徐志辉）

本篇原载1925年10月21日长沙《大公报》的《教育临时增刊》第10至13号，题为《陶知行先生讲演平民教育》。本篇从三个角度阐述了平民教育的重要性——关于“个人”，使“完成其人之所以为人”；关于“国家”，使中华四万万同胞，都成为“民国的国民”，九万里河山，确成为“国民的民国”；关于“世界”，可以使国际战争减少，促进永久和平。平民教育的重要性如此，值得我们从事教育的人深思。从整个教育而言，立足于“人之为人”而不是沦为工具，况这种“人”决不是孤立的、个体的人，而是作为共和国国民的“人”。他是从个人与国家、与社会的关系的角度来理解教育的功能的。教育的功能如是，值得从事教育者反复思考。

试验乡村师范学校答客问

乡村师范学校是什么？

乡村师范学校是依据乡村实际生活，造就乡村学校教师、校长、辅导员的地方。

为什么要加上试验两个字？

中国乡村教育走错了路，现在已经到了山穷水尽，不得不另找生路。试验就是用科学的方法去采新的生路。我们在前面已经看着一线光明，不能说是十分有把握，但深愿“试他一试”。

这个学校是谁办的？

这个学校是中华教育改进社结合少数乡村教育同志办的。

中华教育改进社为什么要发这种宏愿？

中华教育改进社三年以来对于乡村教育素所注意，近来更觉得这件事是立国的根本大计。估计起来，中国有一百万个乡村，就须有一百万所学校，最少就须有一百万位教师。个个乡村里都应当有学校，更应当有好学校。要有好的学校，先要有好的教师。好的教师有生成的，有学成的。生成的好教师如同凤毛麟角，不可多得，恐怕一百万位乡村教师当中，九十九万九千九百位是要用特殊的训练把他们培养成功的。这是一件伟大的事业，要全国同志运用心力财力才能办到。本社不忍放弃国家一分子的责任，所以很情愿在万难中设立这个小小的试验乡村师范，为的是要造就好的乡村教师去办理好的乡村学校。

乡村教师要怎样才算好？

好的乡村教师，第一有农夫的身手，第二有科学的头脑，第三有改造社会的精神。他足迹所到的地方，一年能使学校气象生动，二年能使社会信仰教育，三年能使科学农业著效，四年能使村自治告成，五年能使活的教育普及，十年能使荒山成林，废人生利。这种教师就是改造乡村生活的灵魂。

乡村学校要怎样才算好？

有了这样好教师，就算是好的乡村学校；好的乡村学校，就是改造乡村生活的中心。

现在中国有没有这种学校？

现在中国有少数乡村学校确是朝着这条路走。他们的精神确系要令人起敬。如同燕子矶小学、尧化门小学、开原小学，都是著有成绩的乡村学校。最近改造的江宁县立师范学校、明陵小学、笆斗山小学，成绩也有可观。别的地方一定也有这种学校，因为不晓得清楚，不能列举。这几个学校假使再给他们五年或十年的时间，当能使这些乡村得到一种新生命，开创一个新纪元。

这些学校为什么办得这样好？

因为他们的教职员有办理乡村教育的天才，并且有虚心研究学问的精神。

这些学校与试验乡村师范要发生什么关系？

因为地点接近燕子矶小学和尧化门小学，已经特约为试验乡村师范学校的中心小学，其他学校就辅助分工研究关于乡村小学的种种问题。

何谓中心小学？

中心小学以乡村实际生活为中心，同时又为试验乡村师范的中心。平常师范学校的小学叫做附属小学，我们要打破附属品的观念，所以称他为中心小学。中心小学是师范学校的主脑，不是师范学校的附属品。中心小学是师范学校的母亲，不是师范学校的儿子。中心小学是太阳，师范学校是行星。师范学校的使命是要传布中心学校的精神、方法和因地制宜的本领。

试验乡村师范学校依据中心小学办理，已经听得明白，但究竟采用什么方法使他实现呢？

我们的一条鞭[①]的方法就是教学做合一。

什么是教学做合一？

教学做合一是：教的法子根据学的法子，学的法子根据做的法子。事怎样做就怎样学，怎样学就怎样教。比如种田这件事要在田里做，就要在田里学，也就要在田里教。教学做有一个共同的中心，这个中心就是“事”，就是实际生活，教学做都要在“必有事焉”上用功。

试验乡村师范的课程与平常学校有什么不同的地方？

试验乡村师范的全部课程就是全部生活，我们没有课外的生活也没有生活外的课。约略分起来，共有五门：一、中心小学生活教学做；二、中心小学行政教学做；三、师范学校第一院院务教学做；四、征服天然环境教学做；五、改造社会环境教学做。

什么是第一院？

我们的师范学校将来要分两院：第一院是招收他校末一年半学生及相等程度之在职人员，加以一年半的训练；第二院是完全师范制，一切训练，都由本校始终其事。因为第一种办法较为轻而易举，所以先办第一院。

什么是院务教学做？

我们第一院里面种种事务都是要学生分任去做的，什么文牍、会计、庶务、烧饭、种菜，都是要学生轮流学习的。全校只用一个校工担任挑水一类的事，其余一切操作，都列为正课，由学生躬亲从事。

---

① 明代政治改革家张居正所推行的一项经济政策，他把各项赋役合并为一，按亩征收。这里借用其名，以喻“教学做合一”。

师范生要学习烧饭种菜，这是什么道理？

乡村里当教师，不会烹饪，就要吃苦。我们晓得师范生初到乡间去充当教师，有的时候，不免饿得肚皮叫，就是因为他们不会炊事。从前科举时代文人因过考需要，大多数都会烹饪。现在讲究洋八股反把这些实用的本领挥之门外，简直比科举还坏。所以我们这里的口号是："不会种菜，不算学生"；"不会烧饭，不得毕业"。

教师处于什么地位？

本校各科教师都称为指导员，不称为教员。他们指导学生教学做，他们与学生共教、共学、共做、共生活。不但如此，高级程度学生对于低级程度学生也要负指导之责。

什么资格的学生可以进来呢？

初级中等学校、高级中等学校、专门大学校末了一年半的学生和在职教职员有相等程度的都可以投考。但是他们必须有农事或土木工经验方才有考取的把握。这是顶重要的资格，这两个条件完全没有的人，不必来考。凡是小名士、书呆子、文凭迷的都最好不来。如果有人想办乡村小学，为预储师资起见，保送合格学生来学，学成就去办学，这是我们最欢迎的。

考些什么功课？

我们所要考的有五样东西：一、农事或土木工操作；二、智慧测验；三、常识测验；四、作国文一篇；五、三分钟演说。

收录多少学生呢？

我们现在暂定为二十名。倘使我们在这两个月当中经费可以多筹些，如果合格学生很多，我们也可以多收几名。倘使合格学生很少，我们就少取几名；只要有一个合格学生，我们都是要开办的。我们教一个学生和教一千个学生一样的起劲，因为如果这个学生是个人才，他对于乡村教育必有相当的贡献。一个人是千万人的出发点。倘使我们这次招生只能得到一个真学生，我们也就心满意足了。

毕业年限怎样？

我们的修业年限暂订为一年半，但不是一定不移的，可以按照实在情形酌量伸缩。不过修业后必须服务半年，经本校派员考查，确有精神表现，才发给各种毕业证书。

费用要多少呢？

本校学费一概不收，膳费每月暂以五元为最高额，由师生共同经管。杂费依最节省限度另订。学生种田，照佃户租田公允办法，每年赚钱多少，看自己运用心力的勤惰巧拙，统归本人所用，账目完全公开。

试验乡村师范学校设在何处？

这个学校设在南京神策门外迈皋桥，离燕子矶、尧化门都很近。我们准备了田园二百亩，供师生耕种；荒山数座，供师生造林；最少数经费，供师生自造茅草屋居住。

茅草屋怎样布置？

每个茅草屋住十一个人：十位学生，一位指导员。里面有阅书室、会客室、饭厅和盥洗室、厕所。屋外后面附一个小厨房，厨房之后有一个小菜园。

茅草屋没有造成住在何处？

住在帐篷里。谁的茅草屋没有造好，谁就要住在帐篷里。十一个人都要受茅草屋指导员的指导，按照图样建造一个优美的、卫生的、坚固的、合用的、省钱的茅草屋。个个人都要参加，都要动手。教师不但是教书，学生不但是读书，他们是到这里来共同创造一个学校。从院长起以及到学生，谁不造成茅草屋，谁就永久住在帐篷里。

宿舍之外还有什么？

本校一切建筑都是茅草屋。除宿舍外，我们要有图书馆、科学馆、教室、娱乐室、操室、温室、陈列所、医院、动物园。指导员家属住宅，都要逐渐使他们成立，但总依据茅草屋的形式建筑。

简括些说起来，试验乡村师范的精神究竟何在？

本校的精神可以拿本校校旗之意义来代表。旗之中心有一个小圆圈，里面有个“活”字代表所要培养之生活力。圈外有个等边三角，代表学教做三者合一。三角上面有一个“心”放在当中，表示关心农民甘苦之意。左边有一支笔，右边有一把锄头。三角之外有一大圆圈放射光芒，好比是太阳光。四面有一百个金色星布满全旗，代表一百万个学校，改造一百万个乡村，使个个乡村都得到光，合起来造成中华民国的伟大的光。

民国十五年十二月二十八日黎明

本篇导读（徐志辉）

试验乡村师范学校开始招生时，总不免要有很多人前来问询。本篇即是对于问询者做出的答复。本篇最先在1926年12月30日的《申报》刊出，继又在1927年1月16日《乡教丛讯》第1卷第2期上刊出。本篇就试验乡村师范学校的办学目的、办学方法、办学特色、考试方式、教学方法、与中心小学的关系等问题作了详细的阐释。这其中，办学目的最为重要。这所学校不是要培养“小名士”、“书呆子”、“文凭迷”的，而是要“造就好的乡村教师去办理好的乡村学校”，要通过所培养的学生去创办“一百万个学校，改造一百万个乡村，使个个乡村都得到光，合起来造成中华民国的伟大的光”。为达到此目的，这所学校就必须完全不同于建在城里的师范学校。其课程是“全部课程就是全部生活”，“没有课外的生活也没有生活外的课”，具体体现在中心小学生活教学做、中心小学行政教学做、院务教学做、征服天然环境教学做、改造社会环境教学做；其培养标准是有“农夫的身手”、“科学的头脑”、“改造社会的精神”；其考试是“农事或土木工操作、智慧测验、常识测验、作国文一篇、三分钟演说”。所有这些，都旨在使乡村学校与乡村社会和生活融为一体，使学校真正成为改造乡村生活的中心。换言之，存在于乡村中的学校如果与乡村生活全然无关，对乡村社会的发展毫无贡献，甚至培养出厌恶乡村生活的高等游民，这样的乡村学校还有存在的必要吗？

中国乡村教育之根本改造

——在上海青年会的演讲

今天所要讲的，是关于我们中国的根本问题，便是中国乡村教育之根本改造。中国估算有一百万个乡村，如欲教育普及，一个乡村至少有一个学校，一个学校至少要一位教员，而且要好教员。但是，中国向来所办的教育，完全走错了路：他教人离开乡下向城里跑，他教人吃饭不种稻，穿衣不种棉，盖房子不造林。他教人羡慕繁华，看不起务农。他教人有荒田不知开垦，有荒山不知造林。他教人分利不生利。他教人忍受土匪、土棍、土老虎的侵害而不能自卫，遇了水旱虫害而不知预防。他教农夫的子弟变成书呆子。他教富的变穷，穷的格外穷；强的变弱，弱的格外弱。像这种教育，大家还高唱着要教育普及，真是痴人说梦。其实，这种教育决不能普及，也不应该普及。前面是万丈悬崖，同志们务须把马勒住，另找生路。生路是什么？就是建设适合乡村实际生活的活教育！

不过，活的乡村教育，必须要有活的乡村教师。活的乡村教师必须有三个条件：第一有农夫的身手；第二有科学的头脑；第三有改造社会的精神。他的功效：一年能使学校气象生动，二年能使社会信仰教育，三年能使科学农业著效，四年能使村自治告成，五年能使活的教育普及，十年能使荒山成林，废人生利。这样，教师就是改造乡村生活的灵魂。活的乡村教育要有活的方法，活的方法就是教学做合一：教的法子根据学的法子，学的法子根据做的法子；凡事怎样做就怎样学，怎样学就怎样教。比如种田这件事，要在田里做，就要在田里学，也就要在田里教。活的乡村教育要用活的环境，不用死的书本。他要用环境里的活势力，去发展学生的活本领——征服自然、改造社会的活本领。他其实要叫学生在征服自然、改造社会上去运用环境的活势力，以培养他自己的活本领。活的乡村教育要教人生利，他要叫荒山成林，叫瘠地长五谷。他教人人都能自立、自治、自卫。他要教乡村变为西天乐国，村民都变为快乐的活神仙。

以后看学校的标准，不是校舍如何，设备如何，乃是学生生活力丰富不丰富。村中荒地都开垦了吗？荒山都造成了林吗？村道已四通八达了吗？村中人人都能自食其力吗？村政已经成了村民自有、自治、自享的活动了吗？这种活的教育，不是教育界或任何团体单独办得成功的，我们要有一个大规模的联合，才能希望成功！那应当联合中之最应当联合的，就是教育与农业携手。中国乡村教育之所以没有实效，是因为教育与农业都是各干各的，不相闻问。教育没有农业，便成为空洞的教育，分利的教育，消耗的教育。农业没有教育，就失了促进的媒介。倘有好的乡村学校，深知选种调肥、预防虫害种种科学农业，做个中心机关，农业推广就有了根据地、大本营，一切进行，必有一日千里之势。所以第一要教育与农业携手！那最应当携手的虽是教育与农业，但要求其充分有效，教育更须与别的伟大势力携手。教育与银行充分联络，就可推翻重利；教育与科学机关充分联络，就可破除迷信；教育与卫生机关充分联络，就可预防疾病；教育与道路工程机关充分联络，就可改良路政。其他不胜枚举。

总之，乡村学校是今日中国改造乡村生活之唯一可能的中心！他对于改造乡村生活的力量大小，要看他对于别方面势力联络的范围多少而定。乡村教育关系三万万六千万人民之幸福！办得好能叫农夫上天堂，办得不好能叫农夫下地狱。

现在我们在南京已经开始进行了，决定创办一所试验乡村师范学校。

他的目的，是依据乡村实际生活造就乡村学校教师、校长、辅导员的地方。因为要有好的学校，先要有好的教师。好的教师有生成的，有学成的。生成的天才不可多得，简直是凤毛麟角，恐怕一百万位乡村教师当中，有九十九万九千九百位是要用特殊的训练把他们培养成功的。有了好教师，就算是好的乡村学校；好的乡村学校，就是改造乡村生活中心。现在中国有极少数乡村学校确是朝着这条路走，他们的精神，确是要令人起敬。如南京燕子矶小学、尧化门小学、明孝陵小学和无锡开原一校①等，都是著有成绩的乡村中心小学。中心小学以乡村实际生活为中心，同时又为试验乡村师范的中心。平常师范学校的小学叫做附属小学，我们要打破附属品的观念，所以称他为中心小学。中心小学是师范学校的主脑，不是师范学校的附属品；中心小学是师范学校的母亲，不是师范学校的儿子；中心小学是太阳，师范学校是行星。师范学校的使命是要传布中心学校的精神方法和因地制宜的本领。我们这个学校正在积极筹备，决定三月十五日开学——开学期即为开工期——所要考的有五样东西：（一）农事或土木工操作一日；（二）智慧测验；（三）常识测验；（四）作国文一篇；（五）三分钟演说。该校各科教师都称为指导员，不称为教员，他们指导学生教学做，他们与学生共教，共学，共做，共生活。不但如此，高级程度学生对于低级程度学生也要负指导之责。我们准备了田园二百亩供师生耕种，荒山十里供师生造林，以最少数经费供师生自造茅草屋居住。每个茅草屋居住十一个人——十位学生和一位指导员。里面有阅书室、会客室、饭厅、盥洗室、厕所，屋外后面附一个小厨房，厨房之后有一小菜园。但是，茅草屋没有造成之前，大家都住在童子军式帐篷里，谁的茅草屋没有造好，谁都要住在帐篷里。十一个人都要受住茅草屋指导员的指导，按照图样建造一个优美的、卫生的、坚固的、合用的，省钱的茅草屋。个个人都要参加，都要动手。教师不但是教书，学生不但是读书，他们是到这里来共同创造一个学校。从院长起以及到学生，谁不能造成茅草

① 南京燕子矶小学、尧化门小学、明孝陵小学和无锡开原一校等均为中华教育改进社特约试验乡村学校。

屋，谁就永久住在帐篷里。所有一切建筑都是茅草屋，除宿舍外，还有图书馆、科学馆、教室、娱乐室、操室、浴室、陈列所、医院、动物院以及指导员家属住宅，都要逐渐使他们成立，但总依据茅草屋的形式建筑。简括说起来，试验乡村师范的精神，可以拿本校校旗之意义来代表：旗之中心有一个小圆圈。里面有个“活”字代表所要培养之生活力；圈外有个等边三角，代表教学做三者合一；三角上面有一个“心”字放在当中，表示关心农民甘苦之意；左边有一支笔，右边有一把锄头；三角之外有一大圆圈放射光芒，好比是太阳光；四面有一百个金色星布满全旗，代表一百万个学校，改造一百万个乡村，使个个乡村都得到光明，合起来造成中华民国的伟大的光明！

总之，乡村教育的生路是：我们要从乡村实际生活产生活的中心学校，从活的中心学校产生活的乡村师范，从活的乡村师范产生活的教师，从活的教师产生活的学生、活的国民。

临了，我还要把我们上月在南京开会①所议决通过的信条也顺便说一说：（一）我们深信教育是国家万年根本大计；（二）我们深信生活是教育的中心；（三）我们深信健康是生活的出发点，也就是教育的出发点；（四）我们深信教育应当培植生活力，使学生向上长；（五）我们深信教育应当把环境的阻力化为助力；（六）我们深信教法学法做法合一；（七）我们深信师生共生活共甘苦为最好的教育；（八）我们深信教师应当以身作则；（九）我们深信教师必须学而不厌才能诲人不倦；（十）我们深信教师应当运用困难，以发展思想及奋斗精神；（十一）我们深信教师应当做人民的朋友；（十二）我们深信乡村学校应当做改造乡村生活的中心；（十三）我们深信乡村教师应当做改造乡村生活的灵魂；（十四）我们深信乡村教师必须有农夫的身手，科学的头脑，改造社会的精神；（十五）我们深信乡村教师应当用科学的方法去征服自然，美术的观念去改造社会；（十六）我们深信乡村教师要用最少的经费，办理最好的教育；（十七）我

① 指1926年12月25日中华教育改进社在南京尧化门小学召开的特约乡村试验学校第二次研究会。这次会议将同年11月21日第一次研究会通过的《我们的信条》列为誓词，举行了立志乡村教育的宣誓典礼。

们深信最高尚的精神是人生无价之宝，非金钱所能买得来，也就不必靠金钱而后振作，尤不可因钱少而推诿；（十八）我们深信如果全国教师对于儿童教育都有鞠躬尽瘁死而后已的决心，必能为我们民族创造一个伟大的新生命。这十八则就是“我们的信条”。

我已经随便的讲了不少，如今再具体的作一结束如下：我们教育同志，应当有一个总反省，总忏悔，总自新。我们的新使命是要征集一百万个同志，创设一百万个学校，改造一百万个乡村。我们以极诚恳的意思，欢迎全国同胞一齐出来，加入这个运动，赞助他发展，督促他进行，一心一德的来为中国一百万个乡村创造一个新生命，叫中国一个个的乡村，都有充分的新生命，合起来造成中华民国的伟大的新生命！

本篇导读（徐志辉）

本篇是陶行知1927年1月3日在上海基督教青年会所作的演讲，原载1927年4月《中华教育界》第16卷第10期，可视为中华教育改进社改造全国乡村教育的总计划。

陶行知起首即指出：“中国向来所办的教育，完全走错了路：他教人离开乡下向城里跑，他教人吃饭不种稻，穿衣不种棉，盖房子不造林。他教人羡慕繁华，看不起务农。他教人有荒田不知开垦，有荒山不知造林。他教人分利不生利。他教人忍受土匪、土棍、土老虎的侵害而不能自卫，遇了水旱虫害而不知预防。他教农夫的子弟变成书呆子。他教富的变穷，穷的格外穷；强的变弱，弱的格外弱。”这无疑是对传统乡村教育的总批判和总反省。

中国以农立国；乡村人口占了全国人口的绝大多数；乡村社会是整个中国社会的重要组成部分。这几个因素决定了没有乡村的复兴就没有整个中国社会的复兴，没有乡村的发展即没有整个国家的发展，没有农民生活的现代化就没有整个中国的现代化。正是基于这样的认识，陶行知才将改造乡村社会，看做是乡村教育的不容推卸的责任和使命。他指出：“乡村学校是今日中国改造乡村生活之唯一可能的中心！”因为只有依靠乡村教育，才能逐步提高农民的“生活力”和“活本领”，才能使“人人都能自立、自治、自卫”，使“乡村变为西天乐园，村民都变为快乐的活神仙”。

但能够达此目的的乡村教育绝不是鼓励学生往城里跑的教育，绝不是让学生成为书呆子的教育。他给乡村教育指出的生路，就是要与“伟大势力携手”，就是要“从乡村实际生活产生活的中心学校，从活的中心学校产生活的乡村师范，从活的乡村师范产生活的教师，从活的教师产生活的学生、活的国民”。也只有这样的教育才能担负起“为中国一百万个乡村创造一个新生命，合起来造成中华民国的伟大的新生命”的历史使命！

此外，目前教育界一些学者提出了培养学生“学习力”的观点。我以为，培养学生“学习力”固然重要，但与陶行知提出的“生活力”、“活本领”概念相比，却显得“低级”了许多。因为“生活力”、“活本领”不仅包含了“学习力”，而且更是指向学生未来更广阔的生活世界，它与学生的生活直接相关，也与社会的发展直接相关；而“学习力”不仅只局限于学习能力的培养，而且它所关注的只是知识的获得，至于改造社会、促进社会发展、文明进步等等却可能因此而处在教育者和学生的视野之外。

师范教育之彻底改革
——答石民佣等的信

民佣、锡胤、峻宪、小山、仁寿诸先生：

接读诸位先生十二月二十六日之油印信，晓得诸位先生对于我的言论有些不能苟同的地方。这封信给了我一个反省的机会，我是非常感激的。但经过此番反省之后，我并不能作根本修正。实在是抱歉之至。我的言论是根据自己直接的观察，不敢武断，也没有一概抹煞。我尊重诸位先生的态度；但是仁者见仁，智者见智，遇到不能苟同时，当然不必苟同。

师范学校为事造人，造一人必得一人之用。现在倒要借教育行政之力，为师范生谋出路。即此一端，已经给了我们办师范教育的人一个绝大的警告。我应当郑重的说：倘使师范学校里造的是真人才，他的出路断非区区一句话所能塞得住；倘若不然，天才的本领也开不通出路，何况现在一般的教育行政！

来函又以我的言论致疑于我对于师范教育的态度。我从前曾经为师范教育努力，现在正是为师范教育努力，以后仍是继续为师范教育努力。但是师范教育可以兴邦，也可以促国之亡。好些师范学校只是在那儿教洋八股，制造书呆子。这些大书呆子分布到小学里去，又以几何的加速率制造小书呆子。倘使再括〔刮〕一阵义务教育的大风，可以把书呆子的种子布满全国，叫全国的国民都变成书呆子！中华民国简直可以变成中华书呆国。老实说：二十世纪的舞台上，没有书呆子的地位，称它为国，是不忍不如此称呼啊！想到这里，真要令人毛骨悚然。为今之计，我们要从四方面进行：一、愿师范学校从今以后再不制造书呆子；二、愿师范生从今以后再不受书呆子的训练；三、愿社会从今以后再不把活泼的儿女受书呆子的同化；四、愿凡是已经成了书呆子的，从今以后要把自己放在生活的炉里重新锻炼出一个新生命来。我们爱师范教育，我们更应爱全国的儿童和民族的前途。惟独为全国儿童和民族前途打算的师范教育才能受我们的爱戴。中国师范教育之所以办到这个地步，原因也很复杂，大家都在那儿摸黑路，谁也不能怪谁。但是此路不通，过去且有危险。我们今后的责任是群策群力，摸出一条生路来。我所说的话，好像是责人，其实是责己。我也是师范教育罪案中之一人，纵有孙悟空的本领也是脱不掉的。如今只有戴罪立功。同志们，我们一同来干罢！我在《无锡小学之新生命》里所说的那段话，是指我自己一般观察而言，毫无影射第三师范之意。贵校是我平日最钦佩的学校之一，我很希望贵校同志挺身出来，作一个师范教育彻底改革的先导。

十六年二月三日

本篇导读（徐志辉）

本篇原载 1929 年 7 月《知行书信》。

丰子恺先生早年曾经画过一幅名为“教育”的漫画。画面上有一个做泥人的师傅，正在非常认真地把一个个泥团往模子里按，旁边摆着一个个从模子里脱出来的泥人。我不知道这幅漫画创作的具体时间，更不知道陶行知是否看到过这幅漫画。但他指出的好些师范学校都在“制造书呆子”，且“大书呆子分布到小学里去，又以几何的加速率制造小书呆子”，致使“全国的国民都变成书呆子”，让中国变成“中华书呆国”，这种现实，不正如子恺先生的漫画所隐喻的吗？其实，这样的教育还不如民间艺人捏泥人。民间艺人捏泥人还能够捏出形态各异的泥人来，它尽管没有生命，但至少还有些“个性”。可要是按照某种“模子”来批量塑造泥人，这些泥人不独没有生命，连形态都变成一模一样的了，难怪陶行知会觉得“毛骨悚然”了！而他之所以会“毛骨悚然”，是因为他深知“二十世纪的舞台上，没有书呆子的地位”。若一国人都被塑造成“泥人”，那每个人的命运将会如何？中华民族的命运将会如何？想到此，岂能不令人“毛骨悚然”？

正因为他感到“毛骨悚然”，所以才提出了四个热切的愿望：“愿师范学校从今以后再不制造书呆子”；愿我们的学生“从今以后再不受书呆子的训练”；愿我们的社会从此不再制造书呆子；愿已经成了书呆子的“把自己放在生活的炉里重新锻炼出一个新生命”。

民族的新生命就在每个人的新生命之中。愿我们的教育真正成为锻造个体新生命和民族新生命的熔炉吧！“二十世纪的舞台上，没有书呆子的地位！”让我们一而再、再而三地去深思这句话的深刻含义吧！

晓庄学校之使命

——给全体同志的信

乡村师范全体同志：

知行于卅一夜到沪，已十一时，四面电网密布，只有邮路一条可通。遍觅住宿地点，无收容者。最后至一老虎灶，与吴夷则、张协南二君同进投宿，幸蒙接待。但经半小时之说情，已是舌敝唇干了。此处有长桌一条，方桌两张，三个人即拼铺同睡，仰面望着“三星茶园”四字。我说：“今晚福禄寿三星降临，这个茶园一定要兴旺了。”

昨今两天接洽结果，安徽公学已有解决可能，乡村师范计划且可望充分实现。深望诸同志努力合作，训练真农民使生产力与武力合而为一。我们第一步要谋中国三万万四千万农民之解放，第二步要助东亚各国农民之解放，第三步要助全世界农民之解放。这个学校不但要做中国教育革命之出发点，并且要做世界教育革命之中心。这是我们全体同志的学校，不是一个人的学校。深望大家不要因为我个人受了偶然的打击而灰心。将来的打击比这次十倍百倍厉害的还多着呢。本校既已参加农民协会，当为乡村组织教学做之实例，就是已经开始与土豪劣绅、伪农民短兵相接了。我们必须有百折不回的精神，才能达到我们的目标。

上海杀机四伏，倘使外国炮火把我顺便轰死了，这封信就算作我的遗嘱。倘诸事办理就绪，仍得生还，必当穿着草鞋与诸君共同耕种，并从事增进农民之生产力与自卫力，以为全世界农民解放之准备。

敬祝康健!

十六年四月二日

本篇导读（徐志辉）

这是陶行知为了给晓庄"立一较为稳固的经济基础"而到上海等地筹款时，写给晓庄全体同志的信。如前所述，陶行知创办晓庄试验乡村师范学校，其目的是要通过对乡村教育的改造，实现乡村社会的改造。在 1927 年 1 月 20 日写给其母的信——《送给国家的寿面》中，陶行知即表示"要在这一年当中，于中国教育上做一件不可磨灭的事业"，即"把中国全国乡村教育运动一齐都要立他一个基础"。而在这封给"乡村师范全体同志"的信中，陶行知更是进一步将乡村教育的改造与"谋中国三万万四千万农民之解放"，"助东亚各国农民之解放"，"助全世界农民之解放"联系起来，并且明确提出："这个学校不但要做中国教育革命之出发点，并且要做世界教育革命之中心。"仅仅从这封信中我们便不难看出陶行知对于教育所寄予的希望：他绝不是为办教育而办教育的，而是要通过教育来创造新生活、创造新世界！这"晓庄学校之使命"，不也就是乡村教育所应负的使命、不也就是陶行知所担负的使命吗？

中国乡村教育运动之一斑

——中国代表致送坎拿大世界教育会议报告之一

一、中国乡村教育为什么值得注意

中国是著名的农业国。据最普通的估计，中国农民占全国人口总数的百分之八十五，这就是说，全国有三万万四千万的人民住在乡村里，所以乡村教育是远东一种伟大之现象。凡关心世界问题的人们，决不至忽略这种的大问题——无论办得好不好，中国的乡村教育关系全世界五分之一的人民。

二、中国现在的乡村学校

中国现在的乡村学校，老实说起来，确实不能适应乡村的需要。他们给儿童唯一的东西是书本知识，他们从来不知道注意到农人的真正的需要。这样教育，使农村社会减少生产量，使农人富的变穷，穷的变得格外穷。这使人最不满意。所以改造农村教育的呼声，到处都可以听得到了，一个新纪元正在放射曙光咧！

三、新运动志在建设与创造

最近几年来，中华教育改进社拟订了改造中国乡村教育的计划，要使乡村教育适应中国乡村生活的需要。办这样教育的人们，都抱着研究的态度、科学的精神，以实际乡村生活，做他们探险的指南针。他们下了决心不再墨守旧法或抄袭舶来货，去重演削足适履的把戏。

现在中国正在产生新生活，占全国最大多数的农民自当得着相当训练去参加这种新生活。从前的旧传统和外国制度已经不适用，非抛弃不可，那新的方法更不期然而然的要产生了。所以中国现时的乡村教育运动是适应新农民生活需要而来的。这种新运动，可以很肯定的说，是志在建设和创造的。

四、实现新运动的三个时期

这种新运动要想整个地实现出来，须分三个时期：第一时期——也可以说是最重要时期——是试验期。在这时期里，我们要设立各种试验学校去试验关于乡村教育种种方法和材料。第二时期是训练期。根据试验所得的结果，训练许多合于乡村生活的教师和其他有效的人才。第三时期是布种期。依据受过训练人才的多寡从事推广，使乡村学校可以布满全国。

五、中心小学是什么

这个新运动的出发点是开办中心小学。我们所以叫它为中心小学的意义有三：第一，以乡村生活为学校生活的中心；第二，以学校为改造社会的中心；第三，在这所学校本身已经办得有成绩了，可作训练师资的中心。现在中华教育改进社有三个中心小学：第一中心小学在燕子矶，是特约的，这所学校有六级，是一所单式编制的完全小学；第二中心小学在尧化门，也是特约的，他是用复式编制的；第三中心小学是自办的，叫作晓庄小学，是单级小学，全校只有一位教师。

以上三个中心小学，虽然因为各地需要的不同，而办法也有许多差异，但是他们确有几个共同之点：

第一，他们对于教育与人生有共同的信仰。他们以乡村生活为学校生活的中心，同时以学校为改造乡村的中心，并为小的村庄与大的世界沟通的中心。

第二，他们对于方法有共同的原则。他们的信条是：“在劳力上劳心”，“手到心到”，以实际的工作为教学的中心。

第三，他们深信工具是教育的要素。人生教育须在人生工具上求实现。真的教育是教人发明工具，制造工具，运用工具。明了这点，就可以知道，书籍不过是人生工具的一种，不是人生唯一的工具。

第四，全校的费用是很经济的。他们的经费与邻近小学比起来是差不多的。他们要试验出最经济的标准，使各处的小学都很容易做到。因为在中国的教育经费现状之下，费用少的好小学比费用多的好小学，效力要大得多。

第五，学校既是乡村的中心，教师便是学校和乡村的灵魂。教师的人格影响于学生和乡村人民很大。他们有三个共同的资格：

（一）他们有农人的身手，他们都能够做农人的工作。第一，他们因此可以了解农民的困苦艰难和一切问题，并且容易做他们的朋友，帮助他们。第二，他们有了农人的身手，便可以利用闲暇时间做园艺等工作，像他们这样低额薪俸，种园一事，不无小补。第三，他们有了农人的身手，在乡间便有用武之地，因此便多办学之乐而少办学之苦。

（二）他们有科学的头脑。他们是虚心的，好观察和尝试。他们对于科学农业和科学上其他的新发明，都感到浓厚的兴趣，并且他们很切心希望把这些科学常识介绍给农人。这是乡村教师最应当有的态度。如此，才能控制一般农民社会的守旧性。

（三）他们有改造社会的精神。他们把自己的小学变成发电机，拿电力送到农家去，使家家发出光明来。虽然全校只有一个教师，也不觉得孤单寂寞。因为每个学生都是活的电线，把学校和社会连接起来了。我们深信学校的唯一功效，就是能使全数村民都能安居乐业，爱乡救国。

六、中心小学的活动

要想把中心小学整个的表现出来，最简单的方法是叙述他们一天的活动。乡村儿童真是像早起的小鸟，寻常在六点钟的时候都到学校里来了。他们第一件活动是整理学校。教师和学生同做，抹桌、扫地、擦窗……每个人担任一处地方，大家一齐做起来，不消半小时，把全校都收拾得清洁可爱了。在轻视儿童做实际生活的人们看起来，以为我们的中心小学教学生做下贱的工作。但是，同时也有人说："这种学校因为教育经费不裕，不得不自己操作，倒获得了生活上必需的技能。"

第二是晨会。晨会里的活动有升旗、唱歌、校长或教师谈话，散后学生方才到课堂里去。"清洁检查"是极重要的，教师和年长的学生共同执行，检查学生的脸部、眼睛、牙齿、手指等等。倘若在家里洗得不干净的，就罚他在学校洗干净。

这些活动完毕以后，就开始别种活动。无论读法、算术、写法，都和乡村生活或其他教材联络的，这些学校要乘各种机会运用文字到实际生活需要上去。例如：有一个不识字的乡人，要求学校替他写一封信，教师就请年长的学生来写。经过教师的修正，便选那最好的交给乡人。这样的写作都给相当的分数。

放午学半小时之前，教师或年长的学生，用故事式体裁对学生报告国家大事，或乡民须合作的事情。这种报告必须学生回去说给家里人听，再将家里人听了以后的反应报告到学校里来。

我们可以用灭蚊子的方法来做自然科的例子。教师事前指导学生搜集各种蚊子各期变化的标本，装在玻璃瓶里，逐步加以说明。因此儿童知道蚊子的变化和人生的关系。同时教师又指导学生知道吃蚊子的虾蟆等等动物，认他们为友军，从事扑灭蚊子的运动。

园艺是重要活动之一，有两种工作：学校设计与家庭设计。在这里我们必须叙述实行这种工作的困难。第一，农民反对教师率领儿童做学校园艺工作。他们说："我们送孩子来是读书的，不是做工的。"许多乡村教师所以失败，就是这个缘故，我们是预先料到的。事先，我们邀请了许多学生的父母，对他们说："我们想教儿童根据地上的出产，教他们读，教他们写，教他们算，使他们所能种的都会读、会写、会算，所以要种园。地上的出产他们可以带回家去，或是卖给人家。”经过这样解释，父母都赞成学校的举动了，学校的计划也就前进无碍。第二个困难是发生于单级小学里的。单级小学里学生的年龄、能力都参差得很多，在田里当然发生困难了。但是我们用了分工法做去，各个儿童都依着自己的能力忙于自己的工作，困难竟减少了。

手工科包含修理校具、校舍和制造教具、校具。教师带着学生做木工和泥水工，是学校很重要的手工。简单的科学器具，也是自己做的。

卫生科是巡回医生来指导的。学校教师跟着医生做检查沙眼、布种牛痘等简单医术，成效都很好。这几所学校里每人都有单独的手巾、牙刷、茶杯。我们希望不久再添聘巡回看护士。

团体的设计，可以用欢迎会来做例子。学生知道有学问的客人来了，一群学生和一位教师便开一个谈话会，筹备怎样欢迎客人。他们推举一个学生作主席，一个学生作纪录，编拟开会节目，指定各人的工作。他们又推定二个学生写请柬，二个学生送信邀请客人。以上的工作在半小时以内都做完了。过了一刻，客人来了，依着拟定的秩序单——致欢迎词，奏乐，来宾演说，致答词，全体唱歌……一件一件的实行下去。临了，学生还替全体摄了一张影。

校舍是公开的，给全体村民公用。信用合作社、农产物展览会、村民武术会、村民结婚的礼堂和赛会的会场，都可以借用学校的校舍场地。到了夜里还开办村民夜校，夜校也是教师来主持的。

中心小学的教师实在太忙了，到了夜里当然要想休息，所以另外想出方法来办理夜校。一个乡村里，必定有几个很能干、很肯为公众服务的人，教师就请他们来帮忙。这个计划倘若实行以后，就可增加很多的良教师，在燕子矶试验这个方法，成效很好。现在我们要编一种农民千字课，专为乡民用的，每天花一小时的工夫，四个月以后，大都能读平民报，写普通的信。这样做去，乡村学校不但能给儿童教育，也可以教成人呢！

七、乡村中心幼稚园

在中国乡村里，幼稚园格外来得需要。农忙的时候，农妇异常忙碌，她要帮助种田，要做饭煮茶，还有其他的家事。在这个时候，年长的儿童都可以帮助做事。六岁以下的孩子，真是她的累赘物了。倘若有一个地方替她看孩子，她们真是要感激不尽了。有的时候，在小学里的子女被叫回去陪弟妹；有时候，做母亲的拿了一条小凳子，抱着一个小孩子到小学里来，请教师替她看小孩子。她唯一的要求，只要求教师看顾这个孩子，不要让他走动。这是何等可怜呀！我们因此也可以知道乡村幼稚园是何等重要呀！

乡村幼稚园除了为幼稚儿童造幸福以外，还可以节省农忙时农妇的精力，又可以间接帮助小学生减少缺课——因为有许多小学生的缺课是要在家里看管弟弟妹妹，所以乡村幼稚园的功效比城市幼稚园还要大。但是寻常幼稚园的办法，实在不能够移到乡下来。中国寻常城市幼稚园犯了三个大病——贵族的、外国的和浪费的病。倘若我们要办乡村幼稚园，非根本的把幼稚园变成平民的、中国的和省钱的不可。我们已经开始研究了，也已经有些把握了。去世不久的陆慎如[①]女士，曾经发愿为办乡村幼稚园努力。我们此后是要本着她的牺牲精神，照着预定的计划做下去。

八、试验乡村师范学校

试验乡村师范设在晓庄，和第三中心小学邻近，距第一中心小学五里（一哩半路），第二中心小学十里。我们所以创办这所学校的目的，是要养成有乡村领袖能力的教师，目的有三：

（一）养成农人的身手；

（二）养成科学的头脑；

（三）养成改造社会的精神。

这个学校的校训是“教学做合一”：教的法子根据学的法子，学的法子根据做的法子。例如农事是要在田里做的，就须在田里学，也就须在田

① 负责筹办晓庄师范燕子矶幼稚园的指导员。

里教。这是合一的方法，与寻常所用的分割方法不同。按寻常的方法，师范生先受了三年半的普通训练，到了最后半年开始实习，毕业以后方才是真的做教师。我们的学生，开始就教儿童，学生们就在真切的、负责的和有指导的环境之下做先生，所以他们不但要自己学习，并且要同时学习教人，他们是以教人者教己。我们深信某件事能够教人家了解，自己方才可以算得真切的了解。我们依据这个方法，很严格的指导每个师范生到各个中心小学里去负一星期的完全责任。

全部的课程包括了全部的生活：一切课程都是生活，一切生活都是课程。我们不知道什么是课内活动和课外活动的。全部活动——教学做——可以分为五个部分：

（一）中心小学活动教学做　这部分教学做占全数时值之半。寻常师范有附属小学实习的一科，这种办法，和师范学校缺少有机体的关系。小学乃是师范的中心，先须有很好的中心小学，才能有很好的师范学校。中心小学好比是母亲，也是发电机。

中心小学活动教学做可以分做六组：国语算术组，公民组，卫生组，自然组，园艺组，游戏娱乐组。每组各设研究指导员。师范生每人可以选择一组或两组做研究指导员的助手。每个指导员研究所得，必须将经过情形和学生讨论，指导他，观察他，帮助他。小学教学做指导员由校长聘请，对于该工作负完全支配之责任。

（二）分任院务教学做　全校的文书、会计、杂务、卫生等工作，都是指导员指导学生做的。全校只有一个粗工担任挑水，其余的工作都是学生和指导员分担的，甚至烧饭、炒菜也是自己做的。烧饭的工作，在乡村教师是很重要的，因为学生们倘若送到一所没有校工的新学校里去，那末就非自己动手做饭不可了。

（三）征服自然环境教学做　这项包括科学的农业、造林、基本手工、卫生和其他教学做。

（四）改造社会环境教学做　这项包括村自治、民众教育、合作组织、乡村调查和农民娱乐等教学做。这项教学做，从学校三里路四周着手做起。每一个小村有二位去担负责任。现在已经有了十二个小村在计划中了。我们无论什么事都是以做为教学的中心的，所以这件事就算是社会工作。乡村调查，我们不在教室里学的，乃是要到十二个小村里去实行调查的。又如合作社，也是要依照各种原则，实行去组织的，不是空讲的。其他的教学做都是如此的。

二人担任一个小村庄的方法，我们希望他们和这个村庄里的人民做极要好的朋友，做一条学校与村庄通电的电线。有了这根活电线，一切的改造工作，都可以极便利的进行了。

（五）学生自动的教学做　这部分活动都是学生自动计划和决定的。大部分是关于个人的事情。

此外，晓庄师范学校里还有几个特点：学生只用书，不读书。他们在图书室里看书，不在课室里上书。他们看到书的难处才去问指导员。他们为生活而用书，不为书籍而读书。这是特点之一。

指导员和学生都是农人的样子，有时赤着脚，穿了草鞋干。学生从入学考试的一天起，就必须做农事。我们深信，我们倘要想感化农人，必须自己先受农人感化。这是特点之二。

指导员和学生只有很少的区别，他们的界限实在是分不清楚的。每个人都是教做，也都是学做。“会做的教人，不会做的跟人学”，是我们的座右铭。

学生毕业时是没有文凭的，要到毕业以后，服务了半年，有了好的成绩，方才给他证书。学生与学校的关系，虽是离校以后在社会上服务了，还是要很密切的。我们要设巡回指导员来维持学校与学生的永远关系。

九、试验幼稚师范院

在试验师范学校里，我们还要设幼稚师范院。该院以中心幼稚园活动为教学做的中心，招收乡村的女子学习。乡村小学教师的夫人、未婚妻或亲戚，尤为欢迎。该院有最显著的几个特点：

（一）可以培养许多幼稚教师，适应乡村间需要幼稚园的渴望。

（二）可以为乡村间受教育的女子们开一个新的职业之门。

（三）倘若乡村教师的夫人或未婚妻能受此种教育，将来夫妻同在一乡从事教育，可以有下列五点好处：

1. 乡村教师在乡间服务的幸福可以增进；

2. 夫妻同做教师，家庭的收入可以增加；

3. 因此乡村教师的服务期可以延长；

4. 乡村间有了女教育家，乡村妇女教育可以格外推广；

5. 这位教师的家庭，就可以组织成一个模范乡村家庭。

有了以上的种种理由和需要，所以幼稚师范院的开办，虽然有许多困难，我们还要设法使他实现的。

十、乡村教育研究部

乡村教育研究部由试验乡村研究指导员和名誉研究员组织而成，研究关于乡村教育的各种问题，以谋乡村教育实际问题的解决。大学校的学生可以来做研究员的助理。我们希望该研究部在最近期内可以充分发展，好做中国乡村教育之指针。

十一、其他事业

以上所说的中心学校、试验乡村师范和乡村教育研究部是中国乡村教育运动的主要工作。此外还有几种附带的事业，也来说明一下。

（一）招待参观　改进社为便利远道来校参观者起见，曾在少数优良学校里设备床位，以便参观者作长时期的观察。这个方法，可以使乡村教育运动扩大得更快、更远。

（二）乡村教育同志会　该会有会员千人，曾议决乡村教师信条十八条，发行两星期刊物一种，即《乡教丛讯》，现在销数有二千份。

（三）乡村学校辅导员　改进社请了一位办乡村学校著有成绩的教师，做乡村学校辅导员。乡村学校要想谋学校之改进，可以先派校长或教师到中心小学来实地观察，再由辅导员去考察该校的实际状况；然后他们合拟改进的方法，由校长和教师进行，辅导员则随时前去帮忙。

（四）乡村治疗所　晓庄创办一个乡村治疗所，医生除了看乡人疾病以外，并训练师范生简单的医药卫生常识与检查中心小学儿童的疾病。

（五）乡民武术会　晓庄附近的十二个乡村里的农人倘欲受武术训练，都可由师范学校武术指导员教以相当之武术。

（六）合作社　尧化门小学宋调公先生已经办了一所小规模的合作社，成绩很好。不久在晓庄也要创办一所。我们希望把范围逐渐扩大，训练农民自己组织。

十二、结　论

以上所说各节，不过是中国乡村教育运动在南京——中国新都——的简要报告。以我们的能力所及，在广州、武昌、成都、北京、奉天、昆明各地，不久都要举办。我们最后的希望是各省各县都有这样的乡村教育做改造事业的中心。因为我们最后的目标是培养一百万个乡村教师，使全国一百万村庄都得到新生命，合起来造成中华民国的新生命。

本篇导读（徐志辉）

本篇为中国代表致加拿大世界教育会议报告之一。原为英文稿，由张宗麟译为中文。原载1927年9月27日《教育季刊》第3卷第3期。

本篇的核心是为什么以及如何发展乡村教育。其主要思想与《我们的信条》和《试验乡村师范学校答客问》中的表述几无区别。中华教育改进社之所以拟订改造乡村教育的计划，在全国推行被陶行知称作“新运动”的乡村教育运动，就是因为它想通过新的乡村教育，使“占全国最大多数的农民”“得着相当训练去参加”“新生活”；就是因为它想通过乡村教育的改造实现整个乡村社会的改造并进而实现整个中国社会的改造。

为了实现这个宏伟的目标，首要的任务是实现对乡村教育的改造——使乡村学校成为改造乡村生活的中心，使乡村教师成为改造乡村生活的灵魂！这些学校与传统学校具有本质的不同：它绝不仅仅是学生学习知识的场所，也绝不是与乡村生活隔绝的孤岛！陶行知在文章中以中华教育改进社的三个中心小学和试验乡村师范学校为例，对此作了详细的说明。从陶行知对中心小学的描述中可以清楚地看到，这样的中心小学绝不是相邻几所小学的“中心”，更不是非中心小学的领导者。这“中心”别有深意：它是乡村生活的“中心”，它

"以乡村生活为学校生活的中心"，它是改造乡村生活的"中心"，它是乡村社会的"发电机"，每个学生都是把学校和社会连接起来的"活的电线"！这样的学校与乡村生活息息相关，它从乡村生活中汲取养分，同时又对乡村生活具有重要的辐射作用和引领作用。这也许才是乡村学校存在的价值所在。

如今，经过大规模的"撤点并校"，现在的农村也有大量的所谓"中心校"。但实际上，现在的"中心"与陶行知所理解的"中心"肯定不是一回事。如何办好乡村中的"中心校"，真正发挥他在社会主义新农村建设中的作用，从而成为名副其实的"中心"，陶行知此文当为我们提供了重要的启迪和参考。

此外，当前很多学校都在学陶师陶，各地陶行知研究会也在很多学校办起了陶行知教育思想实践基地。在这些学校当如何弘扬陶行知教育思想，这篇报告中关于中心小学的部分，无疑给我们提供了最好的范本。

介绍一件大事
——给大学生的一封信

我最敬爱的同学：

人生为一大事来，做一件大事去。我现在愿向诸位介绍一件大事。本来事业并无大小：大事小做，大事变成小事；小事大做，则小事变成大事。小人居高位，如在厅里挂画像，挂得愈高，愈见其小。我们试把一部二十四史从头数，便知道有多少人是把大事小做了。巴士德当初研究那人眼不见的微生物，便好像是一件很小的事情。但是等到痨病虫发现以后，因他得救的人足足可以装满一个南京城。这是小事大做的效果。

我所要介绍给诸位的也是一件小事，不过诸位要将他大做起来，也就可以变成一件大事。请看，三家村，五家店，当中办了一个小学校，在这个小学校里面当一个教员，初看起来是何等一件小事。有许多人简直当他为一件不得已而为之的职业。但是一个小学校，少则有一二十位学生，多则一二百。老百姓送他们进学校，便是不知不觉地把整个的家运交付给小学教员。小学教员教得好，则这一二十、一二百家的小孩子可以成家立业。否则，变成败家子，永远没有希望了。所以小而言之，一个小学生之好坏，关系全村之兴衰。国家设立小学，是要造就国民以谋全民幸福。因此，全民族的民运都操在小学教员手里。德国战胜法兰西，归功于小学教师，这是人所知道的。中国之所以受不平等条约的束缚和帝国主义之宰割，追到根源，也要算教书先生为罪魁。这也是我们所不能否认的。所以小学教师之好坏，简直可以影响到国家的存亡和世运之治乱。我记得一个土地庙前写着一副对联说："庙小乾坤大；天高日月长。"小学校便有如此气魄。

这都是说小学虽小，是应当小题大做的。但是为何想到诸位头上来？说穿也很简单。要想小学办得好，先要造就好教师；要想造就好教师，先要造就办师范学校造就教师的教师。中国以农立国，住在乡村的人民占全人数百分之八十五，约计有三万万四千万。乡下学龄儿童以四年教育计算，约有三千四百万。每位教师教四十小学生，全国便要一百万小学教师，其中乡村教师就要占八十万人。用九年工夫训练这些乡村教师，便要二万八千位乡村师范指导员；用三年工夫训练他们，便要八万五千位乡村师范指导员。晓庄学校已经决定，自本年秋季开始乡村师范指导员之训练。我们很希望抱着兴味的大学生看清国家未来的需要，早日下乡来和我们共同挑起这个担子。晓庄学校对于诸位没有多大贡献，但在下列四件事情上，情愿尽心竭力帮助大家进修：

（一）生活农民化　我们做乡村工作的人，必先农民化，才能化农民。我们与农民共生活同甘苦，才能了解他们的困难，帮助他们解决。这是《大学》"新民"的道理，我们可以引导大家实行的。

（二）学术儿童化　乡村师范的职务，是训练小学教师；故他的指导员和普通中学的教师不同，必须明白儿童生活才能胜任。诸位所学的高深学问，必须向儿童需要折腰。儿童是诸位的总指导，我们只是儿童的助手。

（三）团体行动纪律化　我们民族最大的病根，是数千年传下来的无政府脾气！那凿井而饮、耕田而食的农民，连团体里都充满了这种脾气。要想铲除这个病根，非有严明的纪律，则一盘散沙之民族断难幸存，我们可以帮助大家，放弃个人的自由，以谋公共的幸福。

（四）建设工作下层化　种树栽花，要下面可以安根，上面可以出头，才有活的可能。人生如此，立国也如此。但有好些人只顾向上出头，忘了向下安根，所以枯死。我们应当明白，最下层的工作是最重要的工作。这种工作，又须彻底去干。一次，工人为我们凿井，没有挖到泉下就中止了，临行，要我写字送他。我就送他八个字："下层工作，务须彻底。"我们愿意同大家一齐下井，挖到活泉与止。

我们中国已经堕入老八股和洋八股的深渊里。抱着伪知识当宝贝的人，譬如在水里向着反光跑，愈跑愈近死路。惟有放弃虚光，才是走向生路。诸位如愿加入我们的团体，和我们共找生路，我们的诚恳请求是："出空脑袋里的伪知识。"我们又要报告我们并没有什么真知识奉送诸位。真知识是要自得的。但必须出空伪知识，才有获得真知识的可能。这是我们欢迎大家下乡时所要特别说明的。

十七年八月十五日

本篇导读（徐志辉）

"全民族的民运都操在小学教员手里"，"小学教师之好坏，简直可以影响到国家的存亡和世运之治乱"——实乃惊世之语！基础教育本来就是造就国民的教育；小学本不该成为升学之预备，其最根本的目的是使人成为人。因此，小学教师所从事的工作绝不是一件小事，它与民运、世运和国运息息相关。小学教师如果能够有这种理性自觉，即不会再将其工作当做一件小事来对待或者只是当做谋生的手段来对待。倘若真能如此，则家庭幸甚、民族幸甚、社会幸甚、国家幸甚。

地方教育与乡村改造

教育就是生活的改造。我们一提及教育便含了改造的意义。教育好比是火，火到的地方，必使这地方感受他的热，热到极点，便要起火。“一星之火，可以燎原”，教育有这样的力量。教育又好比是冰，冰到的地方，必使这地方感受他的冷，冷到极点，便要结冰。教育有力量可以使人“冷到心头冰到魂”。或是变热，或是变冷，都是变化。变化到极点，不是起火便是结冰。所以教育是教人化人。化人者也为人所化，教育总是互相感化的。互相感化，便是互相改造。

社会是个人结合所成的。改造了个人便改造了社会，改造了社会便也改造了个人。寻常人以为办学是一事，改造社会又是一事，他们说：“办学已经够忙了，还有余力去改造社会吗?”他们不知道学校办的得法便是改造社会，没有功夫改造社会便是没有功夫办学，办学和改造社会是一件事，不是两件事。改造社会而不从办学入手，便不能改造人的内心；不能改造人的内心，便不是彻骨的改造社会。反过来说，办学而不包含社会改造的使命，便是没有目的，没有意义，没有生气。所以教育就是社会改造，教师就是社会改造的领导者。在教师的手里操着幼年人的命运，便操着民族和人类的命运。

寻常人又以为改造社会是要多数人干，决不是少数教师所能胜任的。尤其在穷乡僻壤中的小学有时只有一位教师，更觉得单身匹马不能有所作为。他们说："教师岂能独脚戏?"说这话的人忘记了他的四周都可以找着同志。孔子说："十室之邑，必有忠信。"又说："德不孤，必有邻。"这是孔子的经验谈。乡村虽小，必定可以找得着几位黄泥腿的领袖和我们合作。只须找着一两位，进行起来便能事半功倍。不但如此，同志便在眼前，一个个学生都可以成为活龙活虎的小同志。只要教师们放下孤高的架子，改造乡村的忠实同志正多着咧。

寻常人又以为改造社会是劝人家干或替人家干。这两种方式都是表面的工作。劝人戒烟、戒赌，或是劝人爱人、爱国，都是自己用嘴说说，便要人家负实行的责任，当然是没有多大效验的。有些人见他没有多大效验，便改变方针，替人家干。这样一来，受替代的人便难免发生惭愧，如不惭愧，便要发生依赖。自己居于高尚的地位，而令人惭愧；或自己处于赈济的地位，而令人依赖，都不是好法子。替人家干还含有一个不稳固的因子，就是到了终局，难免人存政举，人亡政息。那末，社会改造究竟要采取什么方式?依我看来只有团结同志，共同去干，方能发生宏大久远的效力。真团体是要从扫除公敌、图谋公益、发挥公意上创造出来的。

寻常人最后还有一个误解，就是误认读书为教育，只要提到教育，便联想到读书认字。他们以为一切教育都从读书认字出发。他们只管劝人家识字读书，不顾到别的生活需要。识字读书是人生教育的一部分，谁也不能否认。但是样样教育都硬要从教书入手，走不得几步便走不通了。乡村里面十岁以上大多数的儿童教育，大多数的成人教育，都要从经济及娱乐两方面下工夫，读书认字只好附带在这里面去干。倘使一定要从读书认字出发，怕是多数人不能接受，那末，对于改造社会的影响，便是很有限了。

上面所说的几点，都证明地方教育及乡村改造的成败，是靠着人才为转移。所以培养乡村师资是地方教育之先决问题，也就是改造乡村的先决问题。不在培养人才上做工夫，一切都是空谈。现今各县对于乡村教育及乡村改造已有浓厚的兴趣，但是对于一县的乡村师范，每年只肯化数千元。固然也有多化的，但是寥若晨星。我们要想达到运用教育改造乡村的目的，必须出代价去培养教师，去培养教师的教师。江苏加征亩捐是个最好的机会，我以为在这义务教育萌芽时期，这笔钱应当多用于培养教师，少用在开办新校。教师得人，则学校活；学校活，则社会活。倘使有活的教师，各办一所活的小学，作为改造各个乡村的中心，再以师范学校总其成，继续不断的领导各校各村前进，不出十年，必著成效。依我的愚见看来，这是地方教育根本之谋，也是改造乡村根本之谋。

本篇导读（徐志辉）

本篇原载1929年2月《地方教育》第1期。

“教育就是生活的改造”，不能改造生活的教育一定是无用的教育、白白浪费社会财富和消耗他人生命的教育。生活的改造其实就是人的改造，因为“社会是个人结合所成的。改造了个人便改造了社会，改造了社会便也改造了个人”。陶行知始终都是把办教育与改造社会连在一起的。在他看来，“办学和改造社会是一件事，不是两件事。改造社会而不从办学入手，便不能改造人的内心；不能改造人的内心，便不是彻骨的改造社会。反过来说，办学而不包含社会改造的使命，便是没有目的，没有意义，没有生气。所以教育就是社会改造，教师就是社会改造的领导者。在教师的手里操着幼年人的命运，便操着民族和人类的命运”。如果把办教育仅仅当做实现某种政治或经济目的的手段，或者变成某些人谋利的工具，或者变成学生来日晋升的阶梯，而忘了教育引领社会、改造社会、改造生活的使命，这样的教育必定会失去存在的意义。“地方教育”就是为了“乡村改造”。不能改造乡村的教育，也就失去了存在的根据。

人人都希望我们的社会是一个和谐进步的社会；人人都对充满邪恶的社会深恶痛绝。但“社会是个人结合所成的”，“好的个人”才有可能造就“好的社会”，若唯利是图之人充斥了社会，则“好的社会”永无实现之日。所以社会改造的前提是人的改造，是“人的内心”的改造；而要实现对人的改造，必先有对教育的改造——教育不是万能的，尤其是教育又是受社会众多因素的制约和影响的，即是说教育又是被决定的。但从更基本的意义上说，社会的改造、社会环境的净化等等，却有赖于教育的发展。就此而言，教育的改造就显得尤为重要。生活教育：Education of life，by life and for life，也许就是教育改造所应追求的目标。

《乡村教师》宣言

“生长三家村，苦守五家店。知己遍天下，终身不相见。”这不是我们乡村教师所共感的烦闷吗?《乡村教师》周刊的志愿就是要消灭这种烦闷。他要打破空间，使不能相见的朋友可以谈心。我们的警语：“小的村庄愿与大的世界沟通”，是永远不可忘记的。周刊便要负起这个使命。世界的沟通，在人的沟通；人的沟通，在心灵的沟通。全世界乡村教师有了谈心的机会，然后小的村庄与大的世界乃有沟通的希望。有人问：“小的村庄为什么要与大的世界沟通?”世界是一个大剧场，人生便是演戏。个人的活动无论如何独立，只是历史剧中之一幕。没有沟通，则布景、化装不能和谐，悲欢歌舞不能中节。我们必定要深刻的知道自己和配角所演的剧情，才能做出好戏来。乡村教育运动只是一出历史剧，全世界的乡村教师都同是这一出戏中的演员。这周刊里有我们的剧本，有我们的导演。这里可以找得出艺术生活的过程。这里可以找得出那愿意我们艺术更进一步的批评。这里可以找得出演员心头滴下来的泪痕，也可以找得出装哭者涂在眼睛上的残唾。总说一句：这个周刊便是我们乡村教育运动的一出永远不会闭幕的历史剧的写真。这出戏是“心的力”的表现。没有“心的力”，不但是演不出好戏，根本就没有这出戏的可能。周刊的使命是要从笔头里透出心头的力量，来完成这部永远不会脱稿的杰作。穆罕默德说："假使你有两块面包，你得用一块去换一朵水仙花；因为面包是身体的粮食，水仙花是灵魂的粮食。"这是再好也没有的人生观。可是看一看我们这出戏里面的主角——中国的农人和乡村教师——只有一块面包！换了水仙花，肚皮就得挨饿；不换水仙花，精神又要枯萎。倒不知穆罕默德如何指示我们才好？朋友们！眼前摆着水仙花，嘴里有面包吃，这是再好也没有的生活。我们可有这种福气？先要问：我们可有这种力量？力量是有的，藏在每一个人的心里。散开来，如同一点点的小雨，连渴也不能止；合起来，便如耐亚嘎拉瀑布[①]，能产生一千六百万匹马力，推得动世界上所未能发明的伟大的机器。我们再也不要把力量藏到小己的荷包里。《乡村教师》周刊是我们的耐亚嘎拉，我们应当把各人心灵里的力量流到这里来，构成乡村教育的大瀑布。从这瀑布里所发出来的力量，可以教我们有面包吃又有水仙花看。这力量可以教农人自己从时代的车轮底下爬起来。这力量可以教农人做机器的主人，不做机器的奴隶。这力量可以扫除伪智识，推动教育革命的法轮。这力量可以打破人间的隔阂，创造一个四通八达的大通世界。这力量是一出历史剧的原动力，可以推着历史向前转动。这力量可以变成不可思议的大，也可以变成不可思议的小。假使我们各人仍旧把他收藏在一己的打算上，那末，只有一个雨点的力量，连一粒芥子也推不动。他只好闭着眼睛吃饭，或是饿着肚皮看水仙花罢！

本篇导读（徐志辉）

本篇是陶行知为1930年2月1日出版的《乡村教师》创刊号写的发刊词。《乡村教师》周刊系1929年12月17日中国乡村教育先锋团举行大会决定筹办的，并选举陶行知、操震球、方与严、胡尚志、石俊、董纯才、易铁夫等7人为委员，组成委员会。24日推定陶行知为委员会主席，方与严为总编辑，程本

① 即尼亚加拉瀑布，在北美洲尼亚加拉河上，宽1420米，落差约50米，是世界著名瀑布之一。

海为总经理。1930 年 4 月 7 日晓庄学校被勒令停办，《乡村教师》出至 11 期亦随之停刊。

在这篇发刊词中，陶行知指出乡村教育运动是“一出永远不会闭幕的历史剧”，所有的乡村教师都是这部历史剧中的导演和演员，而且这个剧本是“永远不会脱稿”的；而《乡村教师》便是这出“永远不会闭幕的历史剧的写真”。《乡村教师》周刊的作用，就是“把各人心灵里的力量”汇集起来，形成“乡村教育的大瀑布”，并用这种力量“教农人做机器的主人，不做机器的奴隶”、“扫除伪智识，推动教育革命的法轮”、“打破人间的隔阂，创造一个四通八达的大通世界”、“推着历史向前转动”，从而使全世界的农人既有“面包吃又有水仙花看”。这既是陶行知对《乡村教师》周刊寄予的希望，更是对乡村教育寄予的希望。

乡村教育是“一出永远不会闭幕的历史剧”！这句话的意义实在是太深远了！中国自古就是以农立国，中国社会的基本问题就是农村和农民问题。只要这个问题得到解决，整个社会就可望有安定、稳定的发展。时至今日，“三农问题”仍然是我们社会的基本问题。“三农问题”一日不能得到有效解决，整个中国社会便一日不可能有整体的现代化，因为中国的现代化不是排除了农业、农村、农民的现代化。即使今后真的实现了“城市化”，也不意味着农村不存在了，也不意味着农村对于城市和国家来说已经不再重要了。这就是说，只要农村、农业和农民还存在着，乡村社会就永远不会消失，乡村教育就永远不会消失。既然如此，乡村教育这部历史剧的剧本就不是要不要写的问题，而是如何去“续写”的问题；乡村教育这部历史剧就不是要不要去演的问题，而是如何演好的问题。从这个意义来思考，发展乡村教育是否有一个重新定位的问题？

教育改进

吾人不但须教育，而且须好教育。改进之意即在使坏者变好，好者变为更好。社会是动的，教育亦要动。吾人须使之继续不断的改，继续不断的进。

教育改进包含两方面：有关于教育方针之改进，亦有关于教育方法之改进。教育方针随思潮为转移，有因个人兴致而偶然变更者，亦有因社会大势所趋而不得不变更者。教育方法受方针之指挥约束，必须与方针联为一气。方针未定得准，方法不与方针一致，均与吾人以改进之机会。比如航海，必须先定准方向。方向不定准，无论方法如何敏捷，如何洽意，只是行错路，究不能达目的地。但空悬一方针，船身能否抵制风浪，水手是否干练勇敢，食料与燃料敷用几时，均未打算清楚，则虽有方针，亦难达到目的地。故方针不准，应当改进；方法不与方针一致，亦应改进。航海如此，办学亦应如此。

论到中国教育方针，自办新学[①]以来已经改变五六次。最初要吸收科学而又不忍置所谓国粹者于不顾，所以有“中学为体，西学为用”之主张，此种主张即是当时一种教育方针。光绪二十七年明定教育宗旨为忠君、尊孔、尚公、尚实、尚武。此种教育宗旨即表明其时之教育方针。民国元年，国体变更，教育方针因改为重在道德而以实利教育，军国民教育辅之，更以美感教育完成其道德。民国四年，申明教育宗旨，又改进为“注重道德，实利，尚武，并运之以实用”。民国八年，教育部组织教育调查会，该会建议“以养成健全人格，发展共和精神为教育宗旨”。所谓健全人格须包含：“一、私德为立身之本，公德为服务社会国家之本。二、人生所必需之知识技能。三、强健活泼之体格。四、优美和乐之感情。”共和精神包含：“一、发挥平民主义，俾人人知民治为立国之根本。二、养成公民自治习惯，俾人人能负国家社会之责任。”民国十一年第八届全国教育会联合会[②]建议学制系统标准，即是关于教育方针之修正。嗣经教育部公布标准七条：“一、适应社会进化之需要。二、发挥平民教育精神。三、谋个性之发展。四、注意国民经济力。五、注意生活教育。六、使教育易于普及。七、多留地方伸缩余地。”此二十余年中，吾国教育方针每隔四五年即修改一次，颇不稳定，论者辄讥为无方针之教育。其实中国方在过渡时代，又当各种思潮同时交流而至，方针不易固定。即以现在而论，吾人尚在歧路上考虑。吾意不出数年，中国教育方针必须再经一次变更，此次变更后或可较为稳定。中国教育方针已经走过几层歧路，以吾观之，尚有两层最为重要之歧路。第一层，国家主义与国际主义。第二层，物质文明、精神文明与吸收物质文明而保存精神自由，并免去机械的人生观。改革固须改革，究竟如何改革方能进步，实属根本问题。

至于教育方法之改进，所包括之方面更多。学制、组织、行政、教师

① 五四以前由西方传入的资产阶级新文化。此处指中国近代效法欧美教育制度而办的各类学校。

② 1915 年由各省及特别行政区教育会推派代表组成。每年集会一次。以“体察国内教育状况，并应世界趋势，讨论全国教育，共同进行”为宗旨。是五四前后有影响的教育社团，对 1922 年学制的改革曾起很大的作用。1926 年停止活动。

之训练、教材之选择与编辑、教学法之研究、校舍教具之设备、经费之筹措等种种问题，悉包括在内。如须一一详述其近年改进之途径，非本文篇幅所许。就教育方法论，却有极显著之进步。如由主观的逐渐移至客观的，由盲从的移至批评的，由少数人参与的移至多数人参与的，由一时兴会所致的移至慎重考虑的，由普通人议论出来的移至专门家屡试屡验的，不由人要喜形于色。但此种趋势只属起点而已。盖今日中国之教育方法亦有两个缺点：一是方法不与方针一致，造就一人不能得一人之用；二是从外国贩来整套之理想与制度不能适合国情，不能消化，不能在人民生活上发现健全之效力。此均为吾人应绞脑筋、运身手、谋改进之急务。

以上论教育方针与方法均须改进，兹进论如何改进之道。

一、办教育者必须承认所办教育尚未尽善尽美，确有改进之可能。彼应持虚心的态度，彼应破一切成见、武断、知足。脑中积有痞块，决无改进希望。彼又应承认有问题必有解决，有困难必可胜过，只须自己努力，无一不可以改进。若听天由命，不了了之之人，决不能望其改进。彼或是被人改进，但如无人乐意为之改进，则彼之存在只属幸运而已。

二、改进教育者必须明白自己之问题，又必须明白他人解决同类问题之方法。于是调查，参观，实为改进教育之入手办法。国内调查参观之发生效力者可以择要述之：民国三年黄炎培之本国教育考察，民国十年孟禄等六人之实际教育调查，民国十二年中华教育改进社之全国教育统计调查，均为多区域、多问题之调查，影响亦甚普遍。又地方教育之调查，如民国七年南京高等师范学校之南京教育调查，民国十二年中华教育改进社之北京学校调查，只是地方教育调查之初步工作。一级教育之调查，如民国十二年中华教育改进社之小学教育调查，十四年俞子夷之调查儿童对于各科好恶，于小学教育均有相当贡献。一门教育之调查，如民国八年九年中华职业教育社调查甲乙种实业学校之得失，十一年至十三年中华教育改进社之调查十省科学教育及十四年之中国图书馆调查，十三年江苏义务教育期成会及改进社之乡村小学考察，十五年江苏教育厅之乡村小学视察，均于教育改进影响甚大。国外教育考察，最早者为光绪二十八年吴汝纶之日本教育考察。其《东游丛录》呈上管学大臣后，对于《钦定学堂章程》

自有相当影响。嗣后派遣提学使[1]赴日考察教育，使我国教育之日本化更进一步。美国教育考察，始于民国三年。是时黄炎培为江苏教育司长，派郭秉文、陈容、俞子夷三人考察欧美教育，归国后乃有南京高等师范之产生。四年黄炎培游美，其所带之感想，可于彼所著《东西两大陆教育不同之根本谈》中见其大略。六年考察菲律宾教育，南北各三人，直接即产生中国之职业教育。其后袁希涛组织欧美教育考察团，回国后极力介绍欧美教育方法与理想。新学制之成立直接间接受此种调查参观之影响不少。调查、参观确已表现“改”之能力，但究竟属改进属改退，则一时颇不易定。

三、教育界共同之问题应同心协力共谋解决与改进。故教育会议乃必不可少之事。吾人要求精神之一致、经验之沟通，非有会议不可。前清之中央教育会，民国元年之临时教育会议，民国四年以来之全国省教育联合会以及中华职业教育社、中华教育改进社、中华平民教育促进会等之年会，以及去年大学院之全国教育会议，均与形成全国教育思潮、方针及进行方案有密切之关系。现在国内省有省教育会，县有县教育会，市乡之组织完备者有市教育会及乡区教育会。学校与学校合组之各会议，影响较大者有中等教育协会，附属小学联合会。彼等于各自范围内所经营之事业，各有善良之效验。一门教育之会议，如民国十三年五月之乡村小学组织及课程讨论会，颇能引起乡村教育之兴味。一校之中，各科教员倘有讨论之组织，亦于改进各该科教学有所裨益。不但国内教育同志应有讨论之机会，国际教育同志亦应有交换意见之机会。十二年世界教育会议在旧金山举行，我国派代表出席，即思运用教育方法，以培养国际之谅解，增进国际之同情，并提倡国际之公道。吾人相信如依此慎重作去，此种会议于改进全世界之教育当有裨益。

四、调查参观仅为取别人之所知以益己之所不知，会议仅为会合各人之所知以成公众之所共知，吾人决不能藉此种方法以发现新理。不能发现新知，决不是在源头上谋改进。改进教育之原动力及发现新理之泉源，乃

① 清末学官名，为省教育行政最高长官。

属试验学校之功能。我国现在足以当试验学校之名者甚少。以前东南大学附属小学及附属中学曾作道尔顿制及设计教学法之试验工作。最近北京艺文中学亦正在试验道尔顿制，鼓楼幼稚园之设乃欲试验幼稚教育者。中华教育改进社以试验学校为一切教育改进之大本，特于十四年十二月定一进行方针："本社今后对于教育之努力，应向适合本国国情及生活需要之方向进行。其入手方法为选择宗旨相同，并著有成绩之中学、小学、幼稚园，与之特约试验。合研究者之学术与实行者之经验为一体，务使用费少而收效宏；并将试验结果，随时介绍全国，俾多数学校，可以共向此途进展。"依此方针进行，该社已与燕子矶小学、尧化门小学、鼓楼幼稚园、南京安徽公学、北京艺文中学特约进行试验。该社于特约学校外尚须特设一试验乡村幼稚园及一试验乡村师范，不久可以实现。改进教育最有效力之方法无过于以学校化学校。

五、调查必须有工具，方能明白问题之所在；试验亦必须有工具，方能考核方法为实效。此种工具名曰测验。比如医病，教育心理测验仿佛是听肺机、寒暑表、爱克斯光线，较之通常之听闻为可靠。民国十一年至十二年中华教育改进社聘麦柯博士来华，偕同北京师大、东南大学教育科及其他大学教授二十余人编造测验二十余种，可算是第一次之尝试。此种测验当然未能谓为已十分完备，十分可靠。但吾人亦不能因此谓为无用。吾人应精益求精，使之渐达尽善尽美之境地。而教育事业之改进，亦可以由此而获得相当之助力。

六、教育之学术，非可独立存在。彼立于哲学、心理学、生物学，生理学、社会学、经济学、各种学术之基础之上。故谋此种种学术之进步即所以谋教育学术之改进。教育之事业亦非可独立存在者。彼与一国政制、风俗、职业以及天然环境均有息息相关之道。故谋政制、风俗、农、工、商、交通、水利等等之进步亦即所以谋教育之改进。吾人不能专在教育上谋改进，即以为可以完全达到吾人之目的。吾人当改进教育之时，务须注意教育以外尚有许多别种事情须同时改进也。

本篇导读（徐志辉）

本篇是陶行知为《教育大辞书》（朱经农主编，商务印书馆 1930 年 7 月版）写的词条。陶行知为该辞书的特约编辑之一。

本篇一开始，陶行知即指出教育改进包括“教育方针之改进”和“教育方法之改进”。在“方针”和“方法”二者之间，“方针”显然较“方法”更为重要，因为方针规定并引导着前进的方向和目标。教育无方针，则教育就会迷失方向，像无头的苍蝇四处碰壁；教育方针多变或者众多，则教育就会无所适从；教育方针错误，则教育必定会走入歧途。但虽有正确之教育方针而无与之适应的方法，或者方法与方针不一致，也必然会导致教育方针“空悬”，“虽有方针，亦难达到目的地”。所以，要改进教育，必须首先确定正确的教育方针并探寻实现教育方针的合适方法，二者缺一不可。

如何从“方针”与“方法”两方面谋教育之改进呢？陶行知从六个方面作了探讨。除了强调教育界应同心协力共谋问题之解决、强调调查研究的重要性、强调通过试验学校以“在源头上谋改进”之外，更明确指出“教育之学术，非可独立存在”，“教育之事业亦非可独立存在”，不可“专在教育上谋改进”而“务须注意教育以外尚有许多别种事情须同时改进也”。这些真知灼见，对于我们今日教育改革之指导意义是不言自明的，实在需要我们认真思考和借鉴。

今后教育上基本问题之讨论

一

时已初秋，假期将满，国内各级学校当局乃特显忙碌。一方面忙于招考，一方面复忙于筹备开学；聘任教授也，编制课程也，通告学生也，种种准备执行其神圣之教育任务之忙碌情状，皆在吾人意想之中。记者偶检昨日本报刊登各校之招生广告，得数六十有五校；复一检阅八月十四日北平晨报，得校三十有九。此登载广告之学校，十之九都在上海及北平，或且尚有未登者焉！以此推至各省各埠，则在下学年中青年之就学者其将增添若干人，盖无可疑。吾人据十七年教育统计：全国大学及专门学校学生为一万九千四百五十三人，中学学生为二十三万四千八百一十一人，即就中学生而论，平均尚需一千七百人中方能有一人，小学生为七百余万人，但学龄儿童失学者，尚有三千五百万人以上，全国文盲据约计为百分之八十。就此点而言，则姑无论教育之方针如何，功效如何，结果如何，就学青年数量之增多，即国内文盲数量之减少，此应为可喜现象之一。

虽然，教育之功能，就其大者而言，为立国之大本；就其小者而言，亦为如何导引国民精神生活与实际生活臻于健全与畅遂之关键。教育对青年所负之责巨，对社会对国家所负之责更巨！然而此艰巨之责，就事实言，过去已否尽了？大抵一般人士皆能作答。惟教育之责巨，惟过去教育之效率低，惩前毖后，鉴往追来，故记者不得不于新学年开始，学校招生，大批青年就学之际，谨以数事商陈学校当局：

（一）招生之动机，是为照例，抑有事先计划？招生之目的，是为学生？为社会？抑为学校？或其为个人？

（二）投考青年是来自各个社会层，抑有所偏倚？如其偏，则教育为畸形，教育之效能亦为畸形。此畸形之现象，将听其自然，抑亟谋有以补救？

（三）今日招学生入学，是否已计及将来学生出路？即学生将来毕业而后，在社会应做何事，可做何事，能做何事诸问题，是否曾有事先之筹思？

于此记者有须郑重声明者，上陈三点，绝非对个人而发，其目的纯在于求改进教育，增进教育之效能，切盼读者勿以辞害意，至其理由，容当续言。

二

惟勇者乃能承认事实之真相，惟智者乃能从事实中求出路。今请就昨评所提出之三问题，加以事实与理由之申述，非敢故意求瑕索疵，其真实用意，乃在于从过去事实之真相中辟开今后广坦之出路。

第一问题之提出，其中心意义，在于希望负教育之责者，重视教育，有责任之自觉。就事实言，过去学校招生，大部分或为“照例”，或为“为学校”。所谓“照例”者何？学校之所赖以延续生命者，厥为班班相承之学生，故有一班旧学生毕业离校，即应招一班新学生补充，新陈代谢，以绵延学校生命至于无穷。然而问其于招生之先，曾否计及社会需要何种人材？学生能有何种出路？如何教？如何使学生蒙受教育之实益？如对者能掬诚作负责之答复，吾人敢断言能于招生之先，曾计及上述诸问题者，百中或仅有一二焉！此为“照例”：即照例招生，照例教学，旧学生照例毕业去，新学生照例招进来。循环的照例，照例的循环。除照例外，教者学者都无所谓“招”与“就”之责任也！所谓“为学校”者何？本月十八日朱经农先生在北平世界学会学术讲演团讲演《教育的歧路》中有云：“有多数私立大学招生时，抱来者不拒主义，完全靠学生学费”；又曰：“有某大学学生读书一年，即可毕业者。”朱君为前任教育部次长，言当可信。此种招生之动机，为学生乎？为社会乎？为国家乎？抑为学校乎？明眼人自可作答。照例招生者为不负责任，为学校招生者，则更为使学校市场化，使学生原料化。“照例”招生与“为学校招生”，在学校当局，固毫无所损，或且有益，然而其将何以善社会之后？其将何以善学生之后？此记者之所以提出第一问题也。

第二问题之所以提出，其中心意义，则为希望教育能普及，不至继续畸形发展之现象。何以言之？近世以来，我国农村经济日趋破产，中农以上，日渐破落，中农以下，更趋于无法生存；然而另一方面，则教育费用，小学每年需费数十金，中学二三百金，大学则更达五六百金。多筑校门，惟城市上层社会之子弟，乃能跨过，其日渐破落之户，即或以剜肉之方法，忍痛送其子弟入学，然而其能不中途辍学者无几也！其幸而能受尽中等教育者更无几也！至于无法生存之贫苦群众，则更终其身，以至终其子子孙孙之身，惟有高山仰止，对龙门长叹而已耳！故不久以前，上海曾有因无法为儿子筹措学费而一死以谢之父亲。故我国内拥有百分之八十以上之文盲，事之不平，孰逾于此！影响之大，又孰逾此！今年灾遍全国，民更苦无死所，而学校之招生如故也！学生之来自何种社会层，顾亦曾予以注意乎？或曰：此为政府之责，非学校所能顾及者也，是诚然矣！然而否否。改进社会制度，改进教育行政，使国人都有受教育之机会，政府之责也！吾人暂且置不论列：就力之所能及，为可以深造之贫苦子弟谋可能之就学机会，则学校当局之责也！岸然道貌，举目但见富裕阔绰之学生入学，贫苦父兄之苦脸不见也，贫苦子弟之饮泣不闻也，则教育非为公物，而为一部分人所私有矣！教育乃呈其缺陷矣！此记者之所以提出第二问题也。

三

第三问题之所以提出，其中心意义，在于希望确立教育之方针与目的，使其合于实际，合于现代，尤其合于现代我国家社会与人民共同之需要。今日我国家之病，在于贫；人民之病，在于无知，无生产之学识与技能的知；贫与无知托出呈现于社会表面者，乃为混乱，为骚扰，为种种之天灾与人祸。故今日教育之任务，不在于徒搬东洋西洋不合我国情之教育原理、主义、学制，重演于我国，亦不在于造出少数出类拔萃，装饰体面之人物，而在于授予人民以实际适合生存之学识与技术，使个人能持以为生，国家与社会能赖以进入建设与进化之途。然而今日教育之所表现者，大学教育徒为少数富裕子弟之装饰品，徒为富裕子弟转入仕途猎取功名利禄之阶梯。惟其目的仅为装饰也，故教者放任，学者荒荡，选举皇后，竟成时尚，悠游歌舞，亦成风气。惟其目的为从事政治也，故学校遂成为角逐之场，成为政治斗争之实习地，排此迎彼，风潮迭生。至于中学，则绝无其独立性，似乎纯为升入大学之准备。惟其纯为准备升学，故所学与实际生活隔离，而纯为书本上之装饰知识。惟其无独立性，故除少数富裕子弟能得升入大学，以完成其装饰门面与猎取功名之美梦外，多数无力升学学生，遂流为一无所能一无所用之高等游民，强者乃铤而走险，弱者遂厌世自杀。曾有人批评二十年以来之教育，为改“土八股”为“洋八股”，改“土科举”为“洋科举”，为小姐少爷之装饰品，缙绅先生之娱乐品，与一般人不发生关系，即与受教育者本身生活，亦毫无关系。此种大胆之暴露，固指前五六年之情形而言，然而吾人试一检阅今日教育界之实际情形，如不强自掩饰，则五年前后，有无进步，吾人殆将惭怍无以自答。质言之，今日之教育，为拉青年出社会，与实际生活分离，而非引青年入社会，以解决其本身及社会一切问题；为提高青年生活之欲望，走入奢靡无能无用之绝境，而非导青年走入生产与建设之坦途。故愈教而国愈贫，社会秩序愈乱，人民乃愈苦痛！职业教育会议宣言中有云：“今日匪之八九，皆为兵；共产党十之八九，皆为学校毕业生。”青年同感无出路，同感生之艰难，环境所激，思想随之而转变。近两年来“思想国难”为不可掩饰之事实，而当局不求诸教育（自亦非教育单方面所能解决），徒诉诸政治！

政治之裁制愈严，无出路之群众乃愈激而恶化，教育已失其效能，而教育者则依然继续从事于“为教育而教育”之教育。此种现象，至为可痛，今后如不求所以改进之道，则青年将永无出路，青年思想亦将永无可解决。“民不畏死，奈何以死惧之！”严刑峻法，将安所施？固然，此种现象之造成，不仅由于教育。要之教育之使命，为对现实求进步，为追求比现实较高较远之理想。现实如此，教育家安所辞其责，此记者之所以有第三问题之提出也。

四

教育家时时在教育青年，而同时其本身又时时在受现实环境之教育。故现实环境，即现实事实，实为教育家正确而有力之批评，亦即为教育家正确而充实之教材。教育家应基于本身之责任，而接受客观的批评，更应依于时代的要求，而接受事实的教训。

上提三问题，吾人已加以事实与理由之申述矣。往者不必咎，如何打破现实？如何加以改进？乃为今日教育家当前之重责，记者仅更述管见，藉贡刍荛。

关于第一问题所述现象之改正，其重心端在于教育家之本身。教育家应时时体念其本身对于民族社会前途所负之重责，重视教育，重视责任。此种责任之自觉，要为教育家之基本道德、基本条件。如能重视教育，则不至以教育事业为解决生活之工具，以学校为互相攘夺之政治舞台，以学生为利用与嗾使之争斗武器。如能重视责任，则不至以敷衍保全地位，以优容接纳学生，保守现实，或更辩护现实。夫使教育家重其所事，重其所负之责，处处为学生着想，为民族与社会着想，时时作自我之批评，时时接受环境与事实之教训，则教育上之一切设施，自皆能有确定之目的，事先之计划，教育之效能，自亦克应时代之要求而增高。

第二问题所述现象之改正，在于教育家应时时环顾其四周之贫苦大众，时时顾及其四周之贫苦子弟，时时注意及中华民国约法第五章第四十八条“男女教育之机会一律平等”之规定。固然，教育机会平等之实现，要非教育家一方面所能为力，但最低限度，教育家应尽其心，尽其力，为贫苦子弟多造求学机会。清光绪三十二年以前之书院与学堂，不特不收学宿等费，而且有膏火等之津贴。虽清代之科学堂，同为愚民政策，而其普予贫苦子弟以求学之机会，则亦实有足多者在。往事未远，现在何以遂不能仿行，示世界各国以中国特立独立之精神？退一步言，在约法第五十七条中曾规定有“全国公私立学校，应设置免费及奖金学额，以奖掖品学俱优无力升学之学生”之明文，切实遵行，即所以为贫苦子弟造机会，亦即所以尽其心与力。目前国内南开、东北两大学，已设有奖金学额，负有教育之责者，其曷急起而声应！

至于第三问题所述现象之改正，应切实使教育中国化，应求其合于我国之国民经济力，合于我国之社会状况，合于我民族与社会之切实要求。此问题在国民会议所议决之《确定教育设施之趋向》一案中曾有痛切之指陈，同时曾有“中小学教育应体察当地社会情况，一律以养成独立生活之技能，与增加生产之能力为中心，务使大多数不能升学学生，皆有自立之能力”及“社会教育应以增加生产为中心目标，就人民现有之程度与实际生活，辅助其生产知识与技能之增进”等教育方案之确立。方案既定，力求实行，则教育家之责也，亦即所以改正第三问题所述之现象也。

凡上所述，固都为今日我国政治问题中之一部分，但整个政治问题未得适当之解决以前，此种关系民族前途至大之部分，固亦不能不竭吾人之心力，以求其改进。在上吾人已有言：“教育之使命为对现实求进步，为追求比现实较高较远之理想。”最后记者仍谨郑重以此意献致今日我国之教育界。

本篇导读（徐志辉）

本文原载1931年8月19日、20日、22日、23日《申报·时评》。

本篇写于1931年新学年开始之前和各类学校忙于招生之际。鉴于当时教育存在之严重问题，陶行知立足于“教育之功能，就其大者而言，为立国之大本；就其小者而言，亦为如何导引国民精神生活与实际生活臻于健全与畅遂之关键。教育对青年所负之责巨，对社会对国家所负之责更巨”的高度，对教育当局提出了三点警示：第一，教育究竟为谁而设？第二，教育是否公平？第三，今日的教育是否顾及学生将来之出路？然后他历数当时教育之积弊：使学校市场化，使学生原料化；教育非为公物，而为一部分人所私有；大学教育徒为少数富裕子弟之装饰品，徒为富裕子弟转入仕途猎取功名利禄之阶梯；中学纯为升入大学之准备，所学与实际生活隔离，多数无力升学学生则流为一无所能一无所用之高等游民，强者乃铤而走险，弱者遂厌世自杀……其后果则是：“为拉青年出社会，与实际生活分离，而非引青年入社会，以解决本身及社会一切问题；为提高青年生活之欲望，走入奢靡无能无用之绝境，而非导青年走入生产与建设之坦途。故愈教而国愈贫，社会秩序愈乱，人民乃愈苦痛！”

如何改变教育上存在之种种弊端呢？陶行知认为，从教育之方针与目的方面而言，应使教育“合于实际，合于现代，尤其合于现代我国家社会与人民共同之需要”；从教育家方面而言，则“应时时体念其本身对于民族社会前途所负之重责，重视教育，重视责任”，“应时时环顾其四周之贫苦大众，时时顾及其四周之贫苦子弟”；从学生的未来出路而言，“应切实使教育中国化，应求其合于我国之国民经济力，合于我国之社会状况，合于我民族与社会之切实要求”，“务使大多数不能升学学生，皆有自立之能力”。惟如此，才能够改变“为教育而教育”的局面和教育上的种种积弊，真正实现教育立人立国的责任与使命。陶先生70多年前对当时教育提出的警示，在今日仍然具有振聋发聩的作用。

国难与教育

我们知道，教育的目的，在于解决问题，所以不能解决问题的，不是真教育。不能解决国难问题的，尤其不是真教育。我们一定有了真教育，才能对付国难。教育是什么？教育就是力的表现，力的变化。实则整个宇宙，也就是一个力的表现，力的变化的过程。我们现在要解除国难，先要有力量，因为我们力量不充分，所以才不能对付国难。因此，我们要对付国难，就须以教育为手段，使我们的力量起了变化，把不能对付国难的力量，变成能够对付国难的力量，这才能达到目的。

力量发生了变化，其大小之比较，可分别如下：就是少数人的力，比不上多数人的力；空谈的力，比不上行动的力；散漫的力，比不上组织的力；被动的力，比不上自动的力；头脑的力，比不上手脑并用的力。

我国的传统教育和现行的教育，只能造成少数人的力，空谈的力，散漫的力，被动的力，头脑的力。我们从此要改造教育，使教育普及于大众；使受教育者都能实践力行，从行动上去求得真知识，并使大众组织起来，自动去做他们的事；而仅用脑的知识分子，要使他们变成兼用手的工人，仅用手的工人、农人等都变成兼用脑的知识分子。这才能把少数人的力，变成多数人的力；空谈的力，变成行动的力；散漫的力，变成组织的力；被动的力，变成自动的力；仅用脑和仅用手的力，变成脑手并用的力。于是我们就可以造成极伟大的民族力量，来解除一切国难。

本篇导读（徐志辉）

本篇是1932年8月30日陶行知在上海沪江大学的演讲纪要。记录者：持大。摘自《陶行知与新中国教育》一文。记录者在文中说：陶行知的全篇演讲如详细记录下来，至少有五六千字，“只举出他的纲领，并没有记录他的解释”。本文原载《南华评论》，转引自孙铭勋、戴自俺编《晓庄批判》，1933年3月上海儿童书局版。

教育始终是为了改造社会的。在中华民族处在生死存亡的关键时刻，教育的作用就在于唤起民众，使“少数人的力”汇集成“多数人的力”，使“空谈的力，变成行动的力”，使“散漫的力”汇集成“有组织的力”，使“被动的力，变成自动的力”，使“仅用脑和仅用手的力，变成脑手并用的力”，以共赴国难。所以“要对付国难，就须以教育为手段”，使教育普及到大众中间去。至此，教育救国就表现为教育为救亡图存服务，在教育上谋国难之出路，所谓“改造教育”，也就是“使教育普及于大众”，是大众汇成挽救国家和民族的“力”。

从教育上谋国难的出路

——手脑并用

教育是解决问题的，如教育而不能解决问题，那就不算教育。那末教育究竟是什么呢？简单一句话，教育就是力的表现或变化。世界是力创造的，所以解决困难也必须拿力来才行。用力有以下几个定律：

1. 小的力敌不住大的力——以往传统的教育，因为专在少数人身上施行培养的工夫，所以产生不出力量。

2. 散漫的敌不过有组织的力量——散漫完全是由封建教育造成的，不过谈到组织要小心，切勿走上乡绅之路。所以第一要紧的，是直接认识自食其力的真农人，惟有如此才能使组织生出力量。

真农人真工人和假农人假工人的分，可以从下面的两个人看得出。

陶侃每天把砖由屋内搬出，然后再搬进去。他虽在工作，却不是真工人，因为他不靠做工吃饭，乃靠做官吃饭。

《儒林外史》上的王冕是真农人，因为他虽读书，却不靠读书吃饭。

3. 行动强于空谈——谈后继以行动，那就不算空谈。书本上得不到什么力量，惟有从行动上得来的真知识，才是真的力量。

王阳明的话我可以把他翻半个——180度的筋斗，意思就是把他的话来个倒栽葱。他说“知是行之始，行是知之成”，我的倒转法就是“行是知之始，知是行之成”。爱迪生是由试验才把电灯发明成功。婴儿明白火烫手，也是从实际经验得来。所以教育应培养行动，应当培养知识。

4. 被动敌不过自动——中国现在的教育完全是被动的，所以产生一种坏的现象，就是有的说而不动，有的简直不敢动。例如有人到乡间去办学办医院，这是替他们做事，所以不会生出力量。这好比小宝宝，由老祖母得到的抚摸一样。所以最要改的，是深入民间与他们同工。例如你同十人同工，走后还有九人能继下去，不然工作要停顿。所以惟有加入他们的队伍，才能把地狱变成合理的人间。

5. 用头脑不及手脑并用的力量大——读书人只能想出许多解决困难的方法，但却生不出力量。

传统教育的矛盾，可由孔老先生来作总代表。他是地主，所以他说：“君子谋道不谋食。”他骂劳农是小人，然而他却说“非小人莫养君子”，这是多么的无赖。他又是好吃懒做的人，所以一个农人对子路骂他是“四体不勤，五谷不分”。“割不正”① 一段话，很可代表他的好吃。“民可使由之不可使知之”，这是他所主张的教育。中国从这位老先生以来，可说完全造成了一个书呆国家。

总之，人所以比禽兽厉害，就因为他有手，手能打仗、能生产、能建设，也能创造。所以如是大家想应付困难，就当竭力把知识分子变成工人，把工人变成知识分子。小孩要注意并指导他竭力运用手的活动。

一个母亲把弄坏一只表的小儿痛打一顿，这与小儿无关，倒把一个小的爱迪生打死了。

歌：

第一歌

① 语出《论语·乡党篇第十》。孔子对食物有一大套讲究，说“食不厌精，脍不厌细”。如食物不新鲜，颜色，气味烹调不好都不吃，并且“割不正，不食”，即肉切得不方正也不吃。

我是小工人，
我有双手万能；
我要造富的社会，
不造富的个人。

第二歌

我是小盘古，
我不怕吃苦；
我要开辟新天地，
看我手中双斧。

第三歌

人生两个宝，
双手与大脑。
用脑不用手，
快要被打倒；
用手不用脑，
饭也吃不饱。
手脑都会用，
才算开辟天地的大好佬。

所以四万万人，若都能用脑来指挥手，手来变化脑，那末组织起来，必能生惊人的力量，那时应付日本，一定不难。

本篇导读（徐志辉）

本篇原载1932年9月20日的《消息》。这是继8月30日在上海沪江大学的演讲之后，陶行知又一次就教育与国难的关系发表的意见。在《国难与教育》的演讲中，陶行知即提出教育是力的表现、力的变化，要对付国难，就须以教育为手段，来促使我们的力量起变化。在本文中，他进一步说明，教育要促使力的变化必须遵从五个定律：小的力敌不住大的力、散漫的敌不过有组织的力量、行动强于空谈、被动敌不过自动、用头脑不及手脑并用的力量大。在对上述五个方面分别作了阐述之后，他得出结论说："四万万人，若都能用脑来指挥手，手来变化脑，那么组织起来，必能生惊人的力量，那时应付日本，一定不难。"而促进手脑并用，使中国人焕发出真正的力量以最终战胜日寇、开辟新天地，除教育外别无他法。这就是国难教育在抗战中的重要作用。

目前中国教育的两条路线

——教劳心者劳力，教劳力者劳心

中国有四千余年的历史，二千余年的文化，照理讲来应该站在时代的最前线。为什么现在不但不能和欧美各国并驾齐驱，而且还处处跟人不上？这个原因固很复杂，但是过去教育政策的失败，可以算是主因。

从前的教育是传统政策，单教劳心者，不教劳力者。《孟子》上有说："劳心者治人，劳力者治于人。"从这里就可以看得很透彻了。

一般的知识阶级，他们是劳心而不劳力，读书而不做工，所以形成了"书呆子"。教书的人是"教死书"，"死教书"，"教书死"；读书的人是"读死书"，"死读书"，"读书死"。充其量只是做一个活书橱，贩卖知识而已。除此之外，他们的一双手总是不肯拿来使用。我们常常可以看见一般老先生们的手，老是叉在袖内，现在的新学辈却因洋衣袖太狭叉不进去，所以换个方式叉在裤袋里。这可以十足地表现出来中国的知识阶级是不肯用他们的贵手来与农工合作的。现在有一段故事把它引来说说，更可以明白些：二千年前孔老夫子有一次跑到乡间，有个农家儿子要请教老夫子学农圃的事。老夫子答应得他好，你要学农圃的事，可以跟老农去学好了；我是教人读书的，不晓得农圃的事。由此可见一斑了。

农工阶级呢？他们是劳力而不劳心，做工而不读书，所以形成了“田呆子”。他们只知道“做死工”，“死做工”，“做工死”。除此之外，什么事情都可以不管，就使天翻地覆了，他们也只以为半天下雨，不知来由。他们受尽了剥削，还不知道什么道理，只是听天由命，叹几声命运的舛蹇而已。从前山东在张宗昌为督军时，连年饥馑，而张宗昌又极搜刮之能事，人民困厄，莫可言宣。但是当时的人民，反不知道这个原因究在哪里，只是晓得叩天求神来消除灾苦：试问哪里可以得到安慰？言之可悲而又可怜！

中国因为有了“书呆子”和“田呆子”，所以形成了一个“呆子”国家。读书的人除劳心以外，不去劳力，除读书以外，不去做工，以致不能生产。他们寄生在社会上，只是衣架饭囊，为社会国家蟊蠹。中国目前的坏，坏在哪里？可以说完全是坏在这一班人身上。做工的人除劳力以外，不去劳心，除做工以外，不去读书，以致不能自保其利益，而受他人的横搜直刮。要他们做国家的主人翁，那更是在做梦。

中国现在危机四伏，存亡一缕。做成这个的原因，就是这山穷水尽的传统教育。我们要挽回国家的危亡，必须打破传统的教育而寻生路。我觉得目前中国的教育只有两条路线可以走得通：

（1）教劳心者劳力——教读书的人做工；

（2）教劳力者劳心——教做工的人读书。

站在现在的时代前，劳心不劳力的固然不行，劳力不劳心的也是不行。中国比不上外国，原因即在乎此。现在英美法意日俄的教育都注意到教劳心的人劳力，教劳力的人劳心，尤以俄国为显现。中国的教育自然也应该走这两条路线——教读书的人做工，教做工的人读书。

中国读书的人不去生利，是一个极不好的现象。现在的教育者要把他们的头脑灌输成科学化，使他们为自己创造，为社会创造，为国家创造，为民族创造。更要把他们的一双手解放开来，使他们为自己生利，为社会生利，为国家生利，为民族生利，这才是对的。南通中学现在应了这个要求，招了六十个学生，先行试试脑手同训练。他们一星期上课，一星期做工，每日工作六小时，所做的工作为金工、土工、木工、竹工，甚至磨豆腐、包面包都来。实行了半年之后，考查他们的学业，程度和其他学生相等，不过教学差些。这六十个学生，既然能够做工，并且能赶得上他们的学业，这是他们已经把两手解放了。我希望他们学校当局推广之，都实行这种工读的设计，同时更希望全国学校都采用，尤其是对于高等教育更为必要。

中国做工的人，不去求知，这也是一个极大的缺憾。无论哪一个国家的工人比中国的工人程度总要胜过一筹，这是事实，无须我们置辩的。因此我国的工人也就只配作被支配的阶级，做被剥削的民众。若要拿“主人翁”的一等金交椅给他们坐，他们是无所措其手足。所以教做工的人读书，是最重要的，而且是刻不容缓的。

现在已经把用脑的人要用手，用手的人要用脑的理由说过了。希望我们负有教育责任的人，都要注意注意。现在还有一首诗拿来劝劝大家手脑并用：

人生两个宝，
双手与大脑。
用脑不用手，
快要被打倒；
用手不用脑，
饭也吃不饱。
手脑都会用，
才算是开天辟地的大好佬。

本篇导读（徐志辉）

本篇是陶行知在国立暨南大学教育系的演讲记录，发表在1932年11月28日福建教育厅主办的《教育周刊》第137期上。该演讲以生动形象的语言对“书呆子”和“田呆子”进行了尖锐的批评，认为“书呆子”是劳心不劳力，“他们寄生在社会上，只是衣架饭囊，为社会国家蠡蠹”；而“田呆子”则是劳力不劳心，虽“受尽了剥削，还不知道什么道理”。这都是传统教育将“劳力”与“劳心”分隔开所造成的恶果。他指出：“中国现在危机四伏，存亡一缕……我们要挽回国家的危亡，必须打破传统的教育而寻生路。”这生路就是“教劳心者劳力”，“教劳力者劳心”，即“教读书的人做工，教做工的人读书”。中国教育只有贯彻了这两条路线，才能使中国的读书人能够“为自己创造，为社会创造，为国家创造，为民族创造”，“为自己生利，为社会生利，为国家生利，为民族生利”，才能使中国的工人、农民坐上“主人翁”的“一等金交椅”！

敬告中小学教师

此次国内惨重的水灾，与外交上严重的情势，实为我民族生存能力的一场大考试，也就是我国数十年来教育成效的一次大检阅。假如过去教育确有成效，国民知识程度高，民族自具有充分的生存能力。天灾之作，外侮之来，即不能防制于事先，当可应付裕如于事后。然而目前事实如何呢？洪水一来，国人惟有待死；外患一至，朝野惟有惶急，莫知所措。民族之无能，至此已完全暴露，我们不能不沉痛地自承：我们的知识程度实在太低落了，我们过去的教育已整个失败了。

“往事之不忘，即后事之师法。”过去的教育是已经失败了，今后怎样办呢？关于大学教育，我们在本月七日时评中，曾贡献一些意见。今请更以无限热望之忱，和中小学教师作挚诚的讨论。

近十余年来，我国教育上的最大缺点，即为侈谈主义，竞尚欧化美化，而不注重实际的“应用”与实际的“做”。教者留声机似的叫，学者木偶似的学，机械似的混过几年，学者便算毕业，教者便算了事。教育与社会不求配合，学校所教，社会不得其用。因之学生一离开死的学校踏入活的社会，便茫然无所措手足，一无所能。大学如是，中学如是，即小学亦如是。教育者尽管办教育，而知识依旧低落，人民依旧无知无能。教育的成绩，只是养成一些博士学士，政客官僚的候补者，充其量亦不过养成一般记定理背死书的书痴。如此教育，哪能望其提高文明，哪能望其养成健全的国民，哪能望其推进我国家与民族臻于强盛繁荣之境域呢。

大学教育我们已经说过了。中小学教育为一般普通国民教育，为教育初基，比大学教育更为重要。二十年后中国状况如何，我们只须看现在的中小学生，以及教中小学生的教师，便可预断。老实说，中小学教师的手里，实掌握着中华民族的命运。

我们认为教育应该是新的，活的，应用的。中小学生正是纯洁的青年，天真的孩提，应教育成为新时代新宇宙的创造者，不要教育为旧时代的承继者。应时时引导其走上建设、生产、改革之新轨。应趁其幼小，养成其创造的思想与精神，使其成为未来时代开辟新宇宙的一个崭新工人。

我们认为新时代的教师，应具有三种条件：一是科学的头脑，二是劳动的身手，三是改造社会的精神。脑手并用，践实奋斗，教育与社会才能打成一片，健全国民才能养成。即如此次万案与韩案，我们与其徒向学生高唱雪耻，不如教学生知道日本，知道东北，知道日本为什么要侵略东北，知道人口繁殖是祸乱的根源。又如此次水灾，我们教学生写一篇“大水纪”，或是“乞赈文”，不如教学生知道水灾的根因，预防和救济的方法，以及造林、治水、筑堤的重要意义。同时并训练其同情心，教其实际干捐募助赈的工作。总之社会即是学校，社会一切活动，即是活泼泼的教材。只有留声机才唱念刻板的歌曲，只有机械才操做刻板的工作，那是旧的死的教育的典型。新的活的教育应该从“做”上教，从“做”上学，但求践实不尚空谈，但求应用，不尚虚名。

这次大检阅，已充分地暴露了旧教育之无能，我们应该觉悟了过去的错误罢。目前已到了国家民族存亡绝续的关键，教育应该重新做起，应该重新安立国家的新根基。如果教师们还是因循守旧，苟且偷安，把纯洁的青年、活泼的小孩，教成无用的游民与记定理的书痴，民族前途将成绝望。是即辜负国家付托之重，亦即为新时代无可逃遁的罪人。“漫天撒下萌芽种，伫看他日结果时。”你两手把握着种子的农夫，小心地殷勤地栽播栽种罢，中华民族的生命是在你们的手里啊！

本篇导读（徐志辉）

本篇原载1931年9月10日《申报·时评》。

“漫天撒下萌芽种，伫看他日结果时。”但“留声机似的”教者和“木偶似的”学者，这样的教育，他日到底能够结出什么样的“果”？若我们的教育“只是养成一些博士学士，政客官僚的候补者”，只是“养成一般记定理背死书的书痴”，“如此教育，哪能望其提高文明，哪能望其养成健全的国民，哪能望其推进我国家与民族臻于强盛繁荣之境域呢”？陶行知七十多年前的发问，既是对中小学教师的，也是对整个教育的！教育是为了“安立国家的新根基”的，是为了培养“新时代新宇宙的创造者”、“未来时代开辟新宇宙的一个崭新工人”和“健全国民”的，教育岂能儿戏？他告诫说：“二十年后中国状况如何，我们只须看现在的中小学生，以及教中小学生的教师，便可预断！”同时，他更强调指出：“中小学教师的手里，实掌握着中华民族的命运！”七十多年前的告诫，难道还不足以促使我们的教育产生警觉？难道还不足以促使我们加快教育改革的步伐吗？

改造教育私议

迩近国内远虑之士，怵于学潮汹涌澎湃，愈演愈烈；文盲遍全国，失学青年与儿童数，且日益激增。教育江河日下，日即于窳败与破产之悲境，国家前途，危机隐伏，于是而改造教育之呼声，乃应时而兴。月前中委陈果夫氏曾提出《改革教育初步方案》，认为今后应重订教育方案，造成若干适用之人材，以应付此非常之环境。因而主张今后大学单设农工医科，中学注重数理化，小学注重国文算术，以实现“技术的教育”与“实用的教育”。继复有教育界耆宿某先生主张今后之教育，应为“创造之教育”，次乃为“技术的教育”。其言曰：“必先社会有此需要，然后设置此种教育，则学用始能相符。”即舆论界对此一问题，亦多提出种种改造之方案，冀以挽救我国家前途之大难。在举国营营逐逐，惟利是竞，惟权是争之混乱情势下，而尚有人注意及此深关民族命脉之教育问题，斯诚不能不谓为一差堪欣慰之现象。虽然，兹事至关重大，改革尤非易言，是必全国远识之士，共起商讨，集思广益，庶几可望此窳败破产之教育，觅取一起死回生之良剂。吾人则亦愿抒其管见，献为刍议。

在陈述改造方案之先，吾人请一检视今日我国教育窳败情况。吾人初非故意暴露丑恶，但事实上今日教育已濒绝境，如再“讳疾”，终且莫救。惟勇者乃能承认事实，亦惟勇者乃能从事实中谋生路。吾人之用意，亦即在于体认并把握当前窳败之事实，更从而探求“改造”之坦途。

我国今日果尚有教育可言乎？殆无人敢断然作答。以言教育之方针，则无方针可言也。以言教育经费，则亦长年拖欠也。政府视教育为敷衍门面之工具，社会亦视教育为但种恶因之赘物。远识者但有浩叹，近视者则更漫不措意。而置身教育界之人士，亦多数为生计所迫，为政治恶势力所困；甚且有冒充教育家而争夺教育一席地，为猎取官位之梯阶。夫然故小学教育日益衰落，义务教育更无推广之望，成年文盲固无逐渐减少之可能，而青年与儿童更日被挤入文盲之群。凋敝之农村，固无论矣。即城市之儿童教育，殆亦无确定之方针与经费可言。在愚笨保姆之怀抱中，在武侠神奇之书摊旁，儿童教育事实上已一息奄奄矣。再如中学，本应有其独立性，即其目的不仅在于为升入大学之准备，而尤在于养成健全而能独立生活之国民。然而今日我国之中学，大抵都与社会实际生活相隔离，学生之前途非所问，不健全之国民将因而造成，亦非所计。不导引学生与社会实际生活打成一片，但拉其出社会，走入虚骄奢望无能无用之绝途，斯则又为今日我国内中等教育最应改革之现象也。至于大学教育，言之尤令人痛心。大学成为政治角逐之场所，学生成为利用躯策之工具。教育重任，不求专材，但问党派，彼派起则此派争，于是学潮乃因而掀起。学潮既起，弭止无方，则复以政治力量高压。其在学生本身，则亦大都徒知骄纵奢侈，徒知藉大学以装饰门面，以猎取功名，何为而学，学将安用，都非所计，优游歌舞，相习成风。其真肯潜心于其所学，则群诋为书痴；即所学有成，而社会亦不得其用。尤有甚者，教育之等级愈高，其独占之势亦愈显。中学年需一二百金，已非中产以下之子弟所能插足。至于大学，则贫寒之子弟，尤惟有望洋兴叹。此种独占式贵族化之教育，欲求其发展，欲求其奠定我国家之新基，更宁有可能。

总之，我国今日之教育既无方针，复无计划。教育为官僚主义所劫持，但为政治争斗之实习，但为铸造高等游民之洪炉。故今日而再不断然予以改革，则危机既成，我民族之灭亡，殆真不必待诸十年以后矣。

本篇导读（徐志辉）

本篇原载1932年7月6日《申报·时评》，署名为“彬”。

面对小学教育日益衰落、义务教育推广无望、乡村教育渐趋凋敝、中学成为升入大学之准备、大学成为政治角逐之场所和学生成为利用驱策之工具等等教育窳败与破产的情状，陶行知一而再、再而三地向整个社会发出警示——教育若“再不断然予以改革，则危机既成，我民族之灭亡，殆真不必待诸十年以后矣”！说是“改造教育私议”，实则体现着陶先生对中华民族强烈的责任意识和忧患意识。

陶行知是从教育为共和国奠基、为民族前途命运奠基的高度来认识教育和评价教育的。他坚决反对中学成为升入大学之准备、学校教育与社会实际生活相隔离。他认为其时的教育是拉学生出社会，从而使学生走入虚骄奢望无能无用之绝途；大学生则对“何为而学，学将安用，都非所计”，反倒“优游歌舞，相习成风”……结合当今教育的现实，教育究竟何为，教育究竟为何，无论教师还是学生，难道不该深思吗？

再论改造教育

日昨所言，犹为教育行政与学校行政之表面现象。今请更一剖析迩年来我国之教育思潮。

迩年来我国之教育思潮，至为庞杂，亦至为矛盾。换言之，即无足以领导时代之中心思潮，而惟日在窳败之旧轨上进退回转。趋新既未能，守旧又不可。于是教育之作用究为何？教育之方针究应如何？教育之当局者乃益迷惘不清，无从把握。

由于外患之刺激，与先进资本主义国家物质文明之引诱，迩年来我国教育之倾向于欧美资本主义国家“谋国”与“谋生”同时并进之教育，至为显然。或取法美国，或模仿日本，或采用欧洲，尽量搬演，盖都已极尽鼓吹之能事。但在另一方面，则复有人迷恋旧社会之僵尸，提倡复古教育，提倡中国固有道德。以故迩年来教育上之复古与趋新，无日不互相扞格矛盾。前进一步，辄后退两步，进既不能，退复不可。于是终乃困颓于迷惘无所适从之境，而日即于窳败与破落之途。

然则致此之因究何在乎？第一，我国本为一小农制度之国家，家族观念极重，国民性偏于保守，而社会经济则又不如资本主义国家富力之集中于少数人，有坚强之组织。富力分散于全国，人但以家给自足为生活之理想。对于政治则抱“不在其位，不谋其政”之观念。故其对于教育之要求，亦惟在于崇古训，保家族，修身齐家，步武先哲。其欲望之较奢者，则亦不过为“光前裕后，扬名声，显父母”。此与先进资本主义国家自由竞争，鼓励个人向上，鼓励国民向外发展之教育，自根本扞格，不能强同。次之，我国为列强政治与经济侵略下之半殖民地。以列强经济势力之伸入，社会经济既日濒破落，国民生计更日趋艰难！复以列强之扶植我国军阀，助长我国内乱，我国政治亦长陷于混乱之状态，而未由步入轨道。社会经济如此，国民生计如此，而政治之混乱又如此，是即欲步武资本主义先进国之后尘，模仿资本主义之教育，其结果亦不过徒为搬演主义，高唱原理，学其皮毛，而忘其实质，本为画虎，翻乃类狗。提倡科学而国家不得其用，提倡职业而社会无可插足，终之科学教育与职业教育极力提倡，而普通文科与法科之学生，则反日益增多。提倡之初衷，与其结果适得其反。其故何在？则以我国产业不振，学科学与职业者，即学而有成，亦无所用。反之，学普通文科及法科者，则反可以夤缘仕途，转入政治舞台，而成为新官僚政客。官僚政客愈多，政治愈混乱，而教育则愈难进展。资本主义之教育终于可望而不可即。趋新教育之结果既如此，主张复古者自更振振有词，于是欲救国家，必先“正人心”之说，乃应时而兴。如何而正人心，则提倡固有道德是。复古与趋新既两相牵制，两相争持，复益以各种新思想新学说之激荡，与现实残酷事实之刺激，于是而学生不能安心于所学，且根本认学为无用，学潮乃从而滋生，汹涌澎湃，不可遏止。

处于此种情形之下，政府自身亦茫然无所措手足。固有道德既不能遏制学潮，欧美式之新教育，亦不能牢囿青年。而军国主义之教育，则更复有所顾虑。无已，则惟有以本为助长教育动力之政治力量，反用以破坏教育。然其结果，则压力愈大，而反抗力亦愈大，学潮且愈演而愈烈，终不以高压而弭止。此目前我国教育之所以陷于不堪闻问之境也。

本篇导读（徐志辉）

本篇原载1932年7月7日《申报·时评》，署名：彬。其时的教育因难以适应国家社会之需要，非改造而不能生存。但依何而改？改造的理论依据和事实依据是何？“教育之作用究为何？教育之方针究应如何？”这些问题的解决，其实构成了改造的前提。正是因为对这些问题没有清醒的认识，所以才使当时的教育缺乏“足以领导时代之中心思潮”而只能“在窳败之旧轨上进退回转”。虽然也有“或取法美国，或模仿日本，或采用欧洲”之努力，但终因不合中国国情而“困颓于迷惘无所适从之境，而日即于窳败与破落之途”。可见若不顾国情，不明“教育之作用究为何”、“教育之方针究应如何”，“其结果亦不过徒为搬演主义，高唱原理，学其皮毛，而忘其实质”，终不能使中国教育走出困境。于此也可见明确“教育之作用究为何”、“教育之方针究应如何”等等问题对于教育改革之重要意义。

我国教育之出路

我国教育之窳败情状及所以致此之因，既已陈述如昨前两评矣。然则欲谋改进，道究何由？

吾人认为教育之本身，本为一种工具。如何使此工具能得其用，用而利于社会，利于劳苦大众，斯乃为最重要之关键。吾人更认为自封建社会以至资本主义社会，此一工具，完全为统治者所操持，其利亦仅及于少数之统治阶级。换言之，即统治者为巩固其统治权，为造就定型社会之承继者，在支出最大部分之军费与政费之外，更划出一小部分之经费，以行使其另一方式之统治政策，作用盖极巨大。职此之故，在封建社会与资本主义社会，教育常为极少数人所私有，所专利。“士之子恒为士”，而“农之子则恒为农”，教育徒为保守，非为创造；徒为维护统治者并发扬统治者之势力之手段，非为开辟新天地，增进人类幸福之动力，此为今日教育所以窳败不健全之症结。吾人今日而言改造教育，亦应以此为归结。

改造之先决问题有二：一曰教育之方针，应绝对的以推进社会，创造新天地，增进全人类之福祉为依归也。盖吾人今日如仍视教育为一种统治工具，为少数人之专利品，为保持定型社会之手段，则在此定型之基础上，而欲改造教育，使其臻于完善，利及大众，断无可能。假如能确立此种教育方针，则教育上之贵族化与商业化之现象，当可逐渐消灭，而同时文盲可以逐渐肃清，国民之智能可以自由发展，文化更可以加速之步伐前进。为达此目的，政府则尤必尽可能的缩小其扩张军备之费用，以从事于教育之推进。城乡图书馆之推广，科学馆之创办，孤儿院之设立，他如扶助推广民众教育之剧场、电影、无线电等之设备，义务教育与强制教育之厉行，以至全国各级学校之完全免费，皆为必不可少。此为今后吾国教育从濒死之状态中复活之出路也。

二曰中国教育应求其“中国化”也。我国之为列强共同侵略下之半殖民地，及经济落后产业不发达之国家。吾人既已陈述如昨评，惟其如是，故我国而欲步武资本主义国家之教育，是为徒劳。充其可能，亦不过徒为搬主义背原理，学得其皮毛而已。盖中华民族，如不能摆脱国际帝国主义者之束缚，求得其自由，则我国社会，终始决无前进之可能。次之，产业如不能发达，社会经济如不能改善，则教育之推进，艰难亦多。故今后之教育，应着重鼓舞国民之民族自觉，锻炼其解脱民族束缚，争取民族之自由平等之政治意识与斗争精神，以适应未来之伟大时代。复次，则应着重生产教育，为改造我国经济之准备。不过吾人此后之所谓生产教育，非仅着重在个人主义生计之解决。而吾人之目的，则在于造成富的社会，富的人人也。为达此两项目的，则政治之训练，与科学之提倡，使学校与社会之实际打成一片，尤为必要之课程。此又吾人今日言改造教育所应注意者也。

本篇导读（徐志辉）

1930 年 4 月晓庄学校被国民党政府强行封闭，陶行知遭通缉，被迫流亡日本避难。此一时期，他得以有较多闲暇在日本各大图书馆阅读书籍，考察日本社会状况，思考中国社会与中国教育问题。1931 年春他秘密回到上海，在两年左右的时间里，他用何日平、彬等笔名，在《申报》时评专栏、《中华教育界》等报刊上连续发表文章，评论社会政治、文化教育等，表现出对社会问题的强烈关注。

1931 年 9 月在《中华教育界》第 19 卷第 3 期上发表《中华民族之出路与中国教育之出路》，提出中华民族的出路在于少生孩子、创造富的社会、建设平等互助的社会。依据其所创立的生活教育理论，他相应地提出中国教育的出路在于：教人少生孩子；教人创造富的社会；教人建立平等互助的社会。此后连续著文深入探讨中国教育的出路问题：1932 年 7 月 6 日发表了《改造教育私议》，列数教育之种种窳败情状；7 日又发表了《再论改造教育》，探究造成教育窳败情状的根源。8 日发表本文，旨在探寻根除教育窳败的方法途径。他提出根除教育窳败之先决问题有二：一为教育之方针之改进；二为教育应求“中国化”。

方针者，引导事业前进的方向和目标是也。方向正确才有达成目标的希望；方向错误则只能离目标越来越远。过去的教育是为了造就“定型社会之承继者”，其结果只能是“士之子恒为士”，“农之子恒为农”。而今之教育方针，则“应绝对的以推进社会，创造新天地，增进全人类之福祉为依归”。倘真能如此，则“国民之智能可以自由发展，文化更可以加速之步伐前进”，教育亦可“从濒死之状态中复活”。在教育应求“中国化”方面，陶行知认为，搬主义背原理，实为徒劳。中国教育要想促进中国社会之发展，就必须适应中国国情，所以“今后之教育，应着重鼓舞国民之民族自觉，锻炼其解脱民族束缚，争取民族之自由平等之政治意识与斗争精神，以适应未来之伟大时代”；应重视生产教育，“为改造我国经济之准备”。这才是中国教育之出路，也才是中华民族之出路。

再论中国教育之出路

昨评所陈，要为原则。今请更就此原则以规定实行之方针。

为使教育能臻于社会化与大众化，第一全国各级学校必完全免费。在满清时代学生入学，不仅不纳学费，且有膏火可得。其科举制度，虽不可为训，但此种免费制度，要尚有可取者。即光绪二十八年张百熙奏订学堂章程，二十九年张之洞等改订学堂章程，亦都不征收学费。至光绪三十二年两江总督周馥咨称："学校收取学费，为东西各国通例。"而征收学费之章程，乃于以确立。时至今日，小学每年费数十金，中学费一二百金，而大学则达五六百金。金筑之校门，事实上惟豪富之子弟乃能跨过，而占绝大多数之劳苦大众子弟，则惟有仰望龙门而长叹。事之不平，孰甚于此！故今后各级学校，应一律免收学费，俾劳苦大众之子弟，得都有求学之机会。而同时为使学费之免收，无碍于教育之进行，则教育经费尤必尽量扩充，确定其来源，并使其绝对独立。对于各级教师之待遇，亦必竭力改良，并保障其职务之安全，使其得以安心努力于其所事。其他如限期推行无偿的义务教育，肃清文盲运动，都应作整个之计划，切实厉行。此其一也。

次之，为使中国之教育能“中国化”，不徒为抄袭欧美教育之皮毛，则第一必使教育与实际生活打成一片，尤必使教育与政治不相分离。故今后必普及政治教育，提高人民之政治水平线。政治教育之施行方针，则应使其能从日常生活中认取政治现状之缺点，并认取社会之前途。同时更养成其集团生活之创造精神，锻炼其解放我民族，甚至解放全人类之奋斗意志。换言之，即养成其推进历史，创造新社会之能力，使下一代之国民，不为旧时代之承继者，而为新时代之创造者。为使教育与实际生活打成一片，则应切实推广农业教育，劳动教育，职业教育，幼稚教育，使劳苦大众及其子弟，能受必需之教育，使所学能得其用，同时所用亦得征之于学。一言以蔽之，举凡自然科学之教育，必以实用为着眼点，绝对防止教育之脱离社会而陷于空谈。所谓实用，即为改进我国家破落之经济，并增进我国家之生产力，改善人民之生计。易言之，即使教育接近我国固有之经济情况，以增加生产为中心目标。此其二也。

如上所述，要皆为改造我国教育之要道。循此以进，我国教育之出路，或亦即在于兹。

本篇导读（徐志辉）

陶先生在1932年7月8日的《我国教育之出路》一文中提出了中国教育的两条出路，即“教育之方针，应绝对的以推进社会，创造新天地，增进全人类之福祉为依归”和“中国教育应求其‘中国化’”。也许觉得意犹未尽，7月9日再发《再论中国教育之出路》，进一步论述如何改进教育方针和促进教育中国化。

他认为，教育要想贯彻“推进社会，创造新天地，增进全人类之福祉”的方针，一是必须实现教育的社会化和大众化，并提出“全国各级学校必完全免费”、“教育经费尤必尽量扩充”和提高教师待遇的主张；二是必须使中国教育“中国化”，并提出“必使教育与实际生活打成一片”，“普及政治教育，提高人民之政治水平线”，以养成人民“集团生活之创造精神，锻炼其解放我民族，甚至解放全人类之奋斗意志”的主张。其中，陶先生所提“养成其推进历史，创造新社会之能力，使下一代之国民，不为旧时代之承继者，而为新时代之创造者”的主张，既是教育改进之方向，也是教育改进之目的，同时也是他赋予教育的神圣职责和使命。我以为，对教育的社会功能只有提到如此的高度来认识，才能真正把握住推进教育改革的要领而不致使教育改革无所适从或者走偏方向。

中国教育学会成立

最近各地教育界人士，鉴于我国教育日濒破产，应亟谋所以挽救之道，爰组织中国教育学会，以研究并改造教育为宗旨。并自前日“一·二八”起，集各处代表，假座上海青年会举行成立大会。同时分别研究关于各级教育之重要问题，如“目前中国之教育方针”，“在今日中国大学教育应负何种使命”，及“中国目前中等教育亟应改进之点何在”等项。在“一·二八”最为沉痛之血的国难纪念日，成立此一最有意义之学会，吾人认此学会之产生，实负有最伟大之使命。

迩年来内乱外侮，交相煎逼，国势危殆，不可终朝。而举国上下，忧时者惟有惶急，消极者惟有待死，而其他迁延苟安得过且过若燕巢飞幕而不知危者，更触目皆是。夫以土广民众而又具有五千年悠长历史之民族，而迄于今日，竟有乱不能制，有侮不能御，举国惶惶，束手待毙。由此种现象而观，吾人即谓为今日我国教育，已整个失败，亦不为过。

我国今日当前之两大问题，一为内乱，一为外侮。内乱何自生？一言以蔽之，为由于大众无饭吃，惟大众饥馁不能安其生，故乱。复惟内乱相循，故外侮乃得乘隙而入。吾人今日而欲安定我人民之生活，并抗御外来之强暴，根本问题，固在于政治经济之改善。然而改革教育，使教育适合于当前之需要，使教育能切实完成其使命，要亦为最重要之一端。

然则当前教育之使命为何？吾人认为第一应为生产的，第二应为向上的。

何以言之？过去之教育，如不故为文过饰非，则不能不承认其为漫无目标，复茫无方针。青年一入学校，即成为一种特殊阶级，生活日益奢靡，欲望日益提高，其生活之优裕，殆十倍甚至百倍于劳苦大众。教育既不能解决其本身及其四周之一切问题，反拉青年出社会，使其日与社会相隔离，日与大众相隔离。侈谈主义，空言理论，若为美国化，若为欧洲化，而不顾及我国之实际情形。于是在学者既毫无目的，而毕业以后，更一无所能，一无所用。教育既不能与社会打成一片，既不能导使青年走上生产与建设之坦途，而反为社会造游民。因之愈教而国愈贫，社会秩序愈乱。教育徒为种恶因，徒为种痼疾，则今日之食此果，宁非应然。故今后之教育，吾人必确定其使命为生产为建设为创造，应使每一青年都能发挥其聪明才力。能受充分之政治训练，能与社会打成一片，能刻苦，能耐劳，而又富有创造新时代新社会之精神。此其一也。

所谓今后教育之使命应为“向上的”者又何？吾人认为一民族之所以能生存于世界，厥为有“民族自信力”。惟有民族自信力，故能争斗，能抗御强暴，能维护其民族之生存。我民族具有五千年悠远之历史，而迄于今日，竟颓萎不振，如肉陈俎上，静待宰割，是不能不谓为我民族自信力，已消磨殆尽。故今后之教育，又应确定其使命，为提高我民族之向上性，为恢复我民族之自信力，使我民族能秉此自信力，以争取生存独立之自由。此其又一也。

总之时至今日，国脉民命，都不绝如缕。在此非常时期，即应厉行非常之教育。一切设施，今日都应重新估定其目的与意义，一切都应重新开头，而教育尤为最重要之一端。今中国教育学会已成立矣，吾人切盼斯会能把握当前我民族之要求，以实践之精神，负荷改进教育重树国基之重责。

本篇导读（徐志辉）

本篇原载1933年1月30日《申报·时评》，是陶行知为中国教育学会成立而写的一篇短文。作为一个民间社团，中国教育学会的成立也许不算是一件了不起的大事。但中国教育学会是成立于"'一·二八'最为沉痛之血的国难纪念日"，成立于中华民族处在"有乱不能制，有侮不能御，举国惶惶，束手待毙"的非常时期，且就"各级教育之重要问题"进行商讨，自然就具有不同寻常的意义：它"负有最伟大之使命"——"把握当前我民族之要求，以实践之精神，负荷改进教育重树国基之重责"。

陶先生认为，为了解决内乱和外患的双重危机，政治经济的改善固然重要，但"改革教育，使教育适合于当前之需要，使教育能切实完成其使命"，同样"为最重要之一端"。在他看来，当时教育的使命有二：一为生产的，二为向上的。他之所以强调前者，是因为那时的教育"既不能解决其本身及其四周之一切问题，反拉青年出社会，使其日与社会相隔离，日与大众相隔离"，教育"既不能与社会打成一片，既不能导使青年走上生产与建设之坦途，而反为社会造游民。因之愈教而国愈贫，社会秩序愈乱"。因此，教育之使命必当是"为生产为建设为创造"。他之所以强调后者，则是因为拥有五千年悠远历史的中华民族竟至"颓萎不振，如肉陈俎上，静待宰割"之境况。他认为这是由于"我民族自信力，已消磨殆尽"的缘故。所以教育使命当为"提高我民族之向上性，为恢复我民族之自信力，使我民族能秉此自信力，以争取生存独立之自由"。这是当时中国教育的使命，当然也是中国教育学会的使命。

陶行知在抨击过去教育"漫无目标，复茫无方针"，从而导致教育之窳败，甚至"愈教而国愈贫，社会秩序愈乱"之后写道："教育徒为种恶因，徒为种痼疾，则今日之食此果，宁非应然"。此话虽是对当时的教育状况而言的，但对于所有从事教育的人而言，难道不也是一种警示吗？因为教育不是为了当下的，借用哈佛大学第一任女校长德鲁·福斯特的话来说，教育"要特别对历史和未来负责——而不完全或哪怕是主要对现在负责"。所有国家都对于教育给予异乎寻常的关注，也许就是因为教育既关乎个人的未来，更关乎国家和民族的未来。

教育的新生

宇宙是在动，世界是在动，人生是在动，教育怎能不动？并且是要动得不歇，一歇就灭！怎样动？向着哪儿动？

我们要想寻得教育之动向，首先就要认识传统教育与生活教育之对立。一方面是生活教育向传统教育进攻；又一方面是传统教育向生活教育应战。在这空前的战场上徘徊的、缓冲的、时左时右的是改良教育。教育的动向就在这战场的前线上去找。

传统教育者是为办教育而办教育，教育与生活分离。改良一下，我们就遇着“教育生活化”和“教育即生活”的口号。生活教育者承认“生活即教育”：好生活就是好教育，坏生活就是坏教育，前进的生活就是前进的教育，倒退的生活就是倒退的教育；生活里起了变化，才算是起了教育的变化。我们主张以生活改造生活，真正的教育作用是使生活与生活摩擦。

为教育而办教育，在组织方面便是为学校而办学校，学校与社会中间是造了一道高墙。改良者主张半开门，使“学校社会化”。他们把社会里的东西，拣选几样，缩小一下搬进学校里去，“学校即社会”就成了一句时髦的格言。这样，一只小鸟笼是扩大而成为兆丰花园里的大鸟笼。但它总归是一只鸟笼，不是鸟世界。生活教育者主张把墙拆去。我们承认“社会即学校”：这种学校是以青天为顶、大地为底、二十八宿为围墙，人人都是先生都是学生都是同学；不运用社会的力量，便是无能的教育，不了解社会的需求，便是盲目的教育。倘使我们认定社会就是一个伟大无比的学校，就会自然而然的去运用社会的力量，以应济社会的需求。

为学校而办学校，它的方法必是注重在教训。给教训的是先生，受教训的是学生。改良一下，便成为教学——教学生学。先生教而不做，学生学而不做，有何用处？于是“教学做合一”之理论乃应运而起。事该怎样做便该怎样学，该怎样学便该怎样教。教而不做，不能算是教；学而不做，不能算是学。教与学都以做为中心，在做上教的是先生，在做上学的是学生。

教训藏在书里，先生是教死书，死教书，教书死；学生是读死书，死读书，读书死。改良家觉得不对，提倡半工半读。做的工与读的书无关，又多了一个死：做死工，死做工，做工死。工学团乃被迫而兴。工是做工，学是科学，团是集团。它的目的是：“工以养生”，“学以明生”，“团以保生”。团不是一个机关，是力之凝结，力之集中，力之组织，力之共同发挥。

教死书，读死书便不许发问，这时期是没有问题。改良派嫌它呆板，便有讨论问题之提议。课堂里因为有了高谈阔论，觉得有些生气。但是坐而言不能起而行，有何益处？问题到了生活教育者的手里是必须解决了才放手。问题是在生活里发现，问题是在生活里研究，问题是在生活里解决。

没有问题是心力都不劳。书呆子不但不劳力而且不劳心。进一步是：教人劳心。改良的生产教育者是在提倡教少爷小姐生产，他们挂的招牌是教劳心者劳力。费了许多工具玩了一会儿，得到一张文凭，少爷小姐们到底不去生产物品而去生产小孩。结果是加倍的消耗。生活教育者所主张的“在劳力上劳心”，是要贯彻到底，不得中途而废。

心力都不劳，是必须接受现成知识方可。先在学校里把现成的知识装满了，才进到社会里去行动。王阳明先生所说的“知是行之始，行是知之成”便是这种教育的写照。他说的“即知即行”和“知行合一”是代表进一步的思想。生活教育者根本推翻这个理论。我们所提出的是：“行是知之始，知是行之成。”行动是老子，知识是儿子，创造是孙子。有行动之勇敢，才有真知的收获。

传授现成知识的结果是法古。黄金时代在已往，进一步是复兴的信念。可是要“复”则不能“兴”，要“兴”则不可“复”。比如地球运行是永远的前进，没有回头的可能。人只见春夏秋冬，周而复始，不知道它是跟着太阳以很大的速率向织女星飞跑，今年地球所走的路绝不是它去年所走的路。我们只能向前开辟创造，没有什么可复。时代的车轮是在我们手里，黄金时代是在前面，是在未来。努力创造啊！

现成的知识在最初是传家宝，连对女儿都要守秘密。后来，普通的知识是当做商品卖。有钱、有闲、有脸的乃能得到这知识。那有特殊利害的知识仍为有权者所独占。生活教育者就要打破这知识的私有，天下为公是要建筑在普及教育上。

知识既是传家宝，最初得到这些宝贝的必是世家，必是士大夫。所以士之子常为士，士之子问了一问为农的道理便被骂为小人。在这种情形之下，教育只是为少数人所享受。改良者不满意，要把教育献给平民，便从士大夫的观点干起多数人的教育。近年来所举办的平民教育、民众教育，很少能跳出这个圈套。生活教育者是要教大众依着大众自己的志愿去干，不给知识分子玩把戏。真正觉悟的知识分子也不应该再要这套猴子戏，教大众联合起来自己干，才是真正的大众教育。

知识既是传家宝，那末最初传这法宝的必是长辈。大人教小人是天经地义。后来大孩子做了先生的助手，班长、导生都是大孩教小孩的例子。但是小先生一出来，这些都天翻地覆了。我们亲眼看见：小孩不但教小孩，而且教大孩，教青年，教老人，教一切知识落伍的前辈。教小孩联合大众起来自己干，才是真正的儿童教育。小先生能解决普及女子初步教育的困难。小先生能叫中华民族返老还童。小先生实行“即知即传人”是粉碎了知识私有，以树起“天下为公”万古不拔的基础。

本篇导读（徐志辉）

本篇原载1934年10月13日《新生》第1卷第36期。在本文中陶行知认为，教育的新生就在于教育的不断变革，因为宇宙在变，世界在变，人生在变，教育不可能不变。但变革的方向在哪儿呢？他认为，教育变革的方向应该在传统教育与生活教育的冲突中去寻找。传统教育“是为办教育而办教育，教育与生活分离”，而生活教育则主张“使生活与生活摩擦”，“以生活改造生活”；传统教育是“为教育而办教育”，“为学校而办学校”，在学校与社会中间“造了一道高墙”，而生活教育则主张“把墙拆去”，使社会变成一个大学校，“运用社会的力量，以应济社会的需求”；传统教育“注重在教训”而不是做和行动，结果导致“教死书，死教书，教书死”、“读死书，死读书，读书死”，而生活教育则主张既劳力又劳心，“教学做合一”。陶先生这篇文章无疑为我们的教育改革提供了有益的启迪。那么我们当今的教育改革又当如何确立教育改革的方向，从而使教育赢得新生呢？

小先生与民众教育

今天贵馆民众教育服务人员训练班举行开学典礼，行知能躬逢其盛，参与大典，心里觉到非常快活。刚才冯先生[①]及两位来宾，已说了许多我心里所要说的意思，现在行知再简单的说几句。

近来我对“民教”二个字有点感想。教育在从前甚至现在是被少数有钱人把它当做私有财产占住了，就如同占取金钱一样，非但把它占有，而且还要存在银行的铁柜里牢牢保护，不轻易传给别人。我以为“民众教育”的根本意义，就是教人把知识广散给大众，不是像占取金钱一样，把它封锁在少数人的脑袋里，把头弄得大大的。干民众教育，便是要把教育、知识变成空气一样，弥漫于宇宙，洗荡于乾坤，普及众生，人人有得呼吸。空气是不要钱买的，人人可以自由呼吸，教育也就不能以金钱做买卖，人人可以自由享受。把教育当做商品做买卖，只被少数有钱人霸占，使大多数人像坐牢一般受限在一个“愚者之群”的圈子里，这绝对不行，我们极力要否认。有了空气人才活，没有空气便活不成。空气是人人需

① 即冯国华。

要，人人不可少；教育也是人人需要，人人不可少。新鲜空气是有益于人的，教育也必不能仅是些泥灰污浊气，给人以害生。所以把教育、知识化作新鲜空气，普遍的广及于大众，人人可以按其需要，自由呼吸，因而增加大众以新的生命活力，我以为这便是民众教育最主要的意思。不过挂着民众教育的招牌，不见得就会把知识变成空气，必得要有办法才行。在我看来，这办法便只有运用小先生，小先生便能把知识变成空气。

小先生出世尚未到一年，而它的怀胎，却远在十数年以前。小先生最重要的几位接生婆，除我以外，你们的主任冯先生也是一个。今春“一·二八”宝山普及教育动员令，便是冯先生发的（《生活教育》第一期画报，很希望大家一看）。每村小先生发令旗一面，普及教育，把知识变成空气！

小先生为什么能把知识变成空气一样的容易普遍呢？因为小先生便是小学生。他早上学了两个字，晚上便可以把这两个字拿去教人，此刻学了一件知识或一种技能，彼时即可以把这一件知识或一种技能去教别人。他不像大先生一样要领薪水，所以我们可以不花经费把教育普及出去。

有人说，小先生要有相当程度才行，我敢保证说，六岁小孩便可以做小先生，这是有着铁打的事实。当然，小先生所遇到的困难非常多，我现在正要写小先生的八十一难。《西游记》上唐僧取经，要经过九九八十一道难关，幸而有三个徒弟费了很大的力量把他一个个的解除了。有的是猪八戒帮助解除的，有的是沙僧帮助解除的，而帮助唐僧解难关最多的要算孙悟空。现在小先生普及教育，正犹如唐僧向西天去取佛经一样，要经过八十一道难关。我们做个猪八戒也好，做个沙僧也好，做孙悟空更好，总动员去帮助小先生解除一难又一难，把教育变成新鲜空气普及出去，以增加大众的新兴力量。

用小先生普及教育，还有四点比大先生好的地方：

第一，中国最难普及的是女子教育。乡下十七八岁大姑娘，或是二十几岁的大嫂子，一位年青的男先生去教，乡下人是看不惯，不欢迎你去教的。即有较开通，肯受教了，不多时，谣言来了，女学生不敢上学了，甚至把学堂封掉了，男先生失败了。女先生去教固然是很好，可是女先生太少了，而且女先生大都是些少奶奶、小姐，肯下乡的真是难得。有勇气下乡的，怕蛇、怕鬼、怕小偷，又吓跑了。如果是男校长请女教员，那又有困难问题。夫妻学校最好，可是又太凤毛麟角，少之又少了。现在小先生来了，女子教育就如雪团见太阳，一见冰消，问题一笔解决。广东百侯中学有三百小先生，教二千多民众，其中女人就有一千五百人之多，由此可见小先生对普及女子教育问题解决之一斑。

第二，有人说，中华民族现在是衰老了。我推究其原因虽多，但有一个原因，便是被人教老了。六岁小孩子，大人就教他要“少年老成”，而这小孩子也就无形中涂上两个八字胡须，做个小老夫子了。我有一个大学毕业的学生，他到一个女子中学去当教员，可是年纪太轻了，很不为人敬重。后来教员不当，找了一件别的事做，便养起一嘴胡子来，本来是个美少年，一变而为美髯公，因此很受人敬重而做了许多年的事。所以中华民族衰老，便是社会教人变老，教小孩子做小老翁。用小先生教人便不同了，大人跟小孩学，无形中得到一种少年精神，个个变为老少年。本来，大人者，不失其赤子之心者也。这样一来，朝气必格外勃勃。前天在上海西区小学开小先生会，有一位小先生教一个八十三岁老太婆。又有一位孩子，教其德国母亲认中国字，写的故事均非常生动有趣。南京有一个丁广生小先生，教他父亲。他父亲有一天用笔画一个乌龟，画一角菱角。小先生不懂，问他父亲什么缘故。他父亲告诉他说：“我画着玩的，这意思是说：菱角怕乌龟，乌龟爱菱角。”后来丁广生便把这几个字写出来教他，父亲读得非常有趣。前天下午两点半钟，我未吃午饭，正想出去买两块烧饼充饥时，忽接西桥小先生来的信，我便坐在门外一个竹椅上拆开来看。有一位小先生教他六十二岁的祖母。他的祖母能读能认，不能写字，小先生便代祖母口里说的意思写信给我，精神非常好，我看得饭也忘记吃了。在这许多故事中，可以看出中华民族可以因小先生而转老还童，而得一种新兴的少年精神。

第三，刚才我已说过，过去甚至现在，教育是被少数有钱人把它当为私有财产占有。小先生一出来，“即知即传人”，立即把这种观念撕得粉碎。要知识公有，不再私占；要把教育化为“春风风人，夏雨雨人”一样，人人有得到沾施的机会。“天下为公”的基础，第一步便要知识公有。

这一点，小先生是可以帮助我们，一个钱也不要花的做到。

第四，一般乡村小学要和学生家庭联络，很多困难，教师感觉孤立，学校感觉单调，利用小先生那便好了。小先生是一根根流动的电线，这一根根电线四方八面伸展到社会底层，构成一幅生活教育网、文化网，把学校与家庭构成一体，彼此可以来往，可以交通。它把社会所发生的问题，所遇到的困难，带回学校，再把学校里的知识技能带回社会去。这样一来，如有一位教师，三十位小学生，而这三十位小学生便是三十位小同志，教师不再孤立，学校也不再和社会隔膜，而能真实地通出教育的电流，碰出教育的火花，发出教育的力量。训练班诸位同学，现在最要紧的一件事，便是“怎样把小先生的办法得到?”“怎样把学校教育与社会教育打成一片?”将来到一处办民众教育馆，最要紧的，便是要和当地的小学校联络、私塾联络、店铺里的能看报的掌柜联络，要发动他们都负起教人责任，即知即传人，共同普及教育。还有一点，办民众夜校，开学后学生只见少而不见多。我们也得要教学生去做先生教人。譬如有四十位学生，我们教他们每人回去教二个人，这样便一共有一百二十位学生了。这样成人做先生，我们不叫他“小先生”，叫他做“连环先生”或“传递先生”。因为他是要继续不断地循环着，学后去教人。最后，我还有几句话要向诸位贡献。

我们现在办民众教育必得要承认：

农人最好的先生，不是我，也不是你，是农人自己队伍里最进步的农人！

工人最好的先生，不是我，也不是你，是工人自己队伍里最进步的工人！

小孩子最好的先生，不是我，也不是你，是小孩子自己队伍里最进步的小孩子！

我们现在最要紧的工作便是：

帮助进步的农人格外进步，由他们“联合自动”，领导全体农人一同进步！

帮助进步的工人格外进步，由他们“联合自动”，领导全体工人一同进步！

帮助进步的小孩子格外进步，由他们“联合自动”，领导全体小孩子及时代落伍的成人一同进步！

本篇导读（徐志辉）

本篇是陶行知1934年在宝山县民众教育馆主办的民众教育服务人员训练班开学典礼上的演讲记录。记录者：张新夫、朱学典。原载1934年12月1日《生活教育》第1卷第20期。

在这篇演讲中，陶行知主要讲述了什么是民众教育和如何普及民众教育。他认为，民众教育“就是教人把知识广散给大众”，而“干民众教育，便是要把教育、知识变成空气一样，弥漫于宇宙，洗荡于乾坤，普及众生，人人有得呼吸”。“民众教育最主要的意思”就是“增加大众以新的生命活力”。如何才能普及民众教育呢？在教育经费十分困难的情况下，他寄希望于小先生。因为在他看来，依靠小先生来普及民众教育至少有四个好处：一、有利于推进女子教育的普及；二、小先生可以给成年人带来勃勃的朝气，“中华民族可以因小先生而转老还童，而得一种新兴的少年精神”；三、通过“即知即传人”，小先生可以“把教育化为‘春风风人，夏雨雨人’一样，人人有得到沾施的机会”；四、小先生作为“一根根流动的电线”，可以“四方八面伸展到社会底层构成一幅生活教育网、文化网，把学校与家庭构成一体”，从而“通出教育的电流，碰出教育的火花，发出教育的力量”。通过这种民众教育的普及，使进步的农人、工人和儿童“联合自动”、“一同进步”！由此我们可以又一次看到陶行知对于教育所寄予的希望。

关于现代教育上的几个实际问题

（一）现在中国的乡村教育有哪几种派别？其理论之根据如何？

这个问题是很难解答的。因为，假若从派别上讲起来，本人也是其中的一派；站在这上面来说话，总不免是戴有色眼镜的说话。不过，我可以介绍大家去搜集几个地方的材料：（1）邹平，这里也包括河南的镇平在内；（2）定县；（3）中华职业教育社乡村改进会；（4）广西柳州的实验；（5）中央医学院；（6）华洋义赈会合作社；（7）全国经济建设委员会；（8）无锡江苏省立教育学院；（9）山海工学团。山海工学团又包括了淮安、南京自动学校和萧场小学等处。可是，关于山海工学团方面的材料，将来我可以送给大家几份，以供参考；至于上面一些地方，除邹平和定县我曾经到过外，其余地方却没有去参观过，所以若仅凭他们的文字来加以批评，是不可靠的。

不过乡村教育，近几年来，似乎比前进步得多：第一点，教育范围扩大。我们看，无论是以政治出发也好，经济出发也好，卫生出发也好，教育出发也好，可是他们教育的内容都很丰富。就是以政治出发的，也含有经济、卫生、教育等因素。以经济出发的，也含有政治、卫生、教育等因素。以卫生、教育出发的，也未尝不是一样。总之，生活即教育已渐趋普遍，为一般人所注重了。第二点，各实验的地方，都有刊物发表。因此，各地方都可互相交换意见，彼此借镜，这也可说是种进步的地方。

（二）实施乡村教育以何种方法为最适宜而最易行？

实施乡村教育最易实行而最有效的办法，就是乡村教育是不能关起门来办的，一定要与城市打成一片；同时还要有世界的目光和民族的目光，这是很要紧的。

还有，乡村教育教什么人为最适合？我们知道，从前的教育，都是教育有钱有闲的人，我曾经把这个出了个对子，就是："有闲有钱有面子才有书念"，尚未对起来，请诸位不妨对一对。我们现在明白了小孩子最好的先生，就是前进的小孩子；而大众最好的先生，也就是最前进的大众。因此我们知识分子的任务，就是要帮助这些前进的小孩子和前进的大众，使他们的才能可以发展出来，去领导小孩子，去领导大众，这是乡村教育最容易而最适宜的。要说办什么新村是没有用的。

办乡村教育，须在茅草棚子里或运用空屋子来办，不要什么的。我们工学团在山海，大的只有六个，小孩子工学团有廿六个，这些小孩子工学团多在乡间茅草棚里。我们为什么要小孩子而不要富有声望的绅士？因为这些绅士都是靠不住的，他们不种田要吃饭，并且还要吃好饭，统统是些怪物！所以我曾经写了两句话："十个绅士九个劣，这条门路走不得。"的确是这样。

（三）应用何种方法与区公所联络去普及教育？

普及教育能有个方案交给政府，政府就应该当做事业办；政府能当做事业办，那末，区公所势必奉到政府的命令，这时他自然会出来帮助的。假如凭自己去作，与区公所总不免常生隔阂，因为区公所往往是在劣绅手里。不过区公所也有不剥削农民或压迫农民的，这个当然可以合作。假若是碰着某区公所是剥削农民的、压迫农民的人，那末，也不能即刻就动他的手，这个应当注意；不过也不能妥协。

（四）怎样作乡村小学校长和教师？

作乡村小学校长和教师的，应当具备下列几个条件：

1. 要认定不是代替传统教育来麻醉大众和小孩子的；换句话说，是要为他们谋福利的。也就是要帮助小孩子，使之成为前进的小孩子；帮助大众，使之成为前进的大众。总之，作乡村小学校长和教师的，一定要将士大夫的头脑脱除才行。

2. 要有健康的体魄。这个用不着解释的。

3. 要有农人的身手。这个随时随地都可养成。比如你初次下乡，把韭菜当做麦子，自然会成笑话。那末，你首先应拜农人作先生；因为你必得拜农人作先生后，才能作农人的先生。

4. 要有科学的头脑。农村是迷信的，是无政府的。办法就是要用科学来改变他们迷信的头脑。可是不能走上来就拆土地庙。你若是拆了他们的土地庙，会引起他们的反感，他们也一定要来拆你的学堂的。我曾经费了几年的功夫，把土地庙变为反省院，专门关一班好赌博、好吃大烟的人，因为必得这样，才可以使他们的迷信观念逐渐改除。若只是在黑暗里同他们斗争，如同在黑屋子里同他们斗争一样，一辈子也不得光明的，所以非有盏明灯在手不可，就是这个道理。

5. 要有艺术的精神。房子要好看，必得要艺术化方行。不过这里所谓艺术，是要不花钱的艺术。换句话说，就是要天然美，决不是像女子要穿高跟鞋，也不是像上海女子要花四块钱去烫一次发。比如房屋里吃饭的地方，除掉不关猪外，当做会客的落地也未尝不可。不过，这里总有些东西；既然有些东西，我们就要把他摆了整整齐齐的，讲时髦一点，就是要有艺术的安排。因为是不花钱的，所以叫做不花钱的艺术。

6. 要有社会改进的精神。中国社会是无组织的。要想社会有组织，就必得把乡村里散漫的农民，使之组织起来。这个可从合作社、工学团入手。不过校长和教师要说真实话，同时还须告以现代世界真实的情形。可是，现在乡村小学教师，对于世界情形能够明了的很少，因此大学生在这里就不能不负一部分责任，就是要吸收世界知识，传布到乡村，以改进他们的头脑。比如暑假或寒假，都是很好的机会，可将所学的带些到乡村里去。

（五）借用乡村庙宇作校舍如引起乡民反感，应采用何方法与之联络？

在这一个问题上，我只可拿点经验来讲讲。山海工学团，当初就只看中了一个红庙。那时在这红庙里有个看庙的人，他说：“你们要就这个庙来办学校吗？假如是真办，就请赶快点来。”于是他们回来就把这话同我说。我就告诉他们，叫他们不要信看庙人的话，实际上还是要得到庙主的承认才可以。我们主张买点药品去看庙主。哪晓得这个看庙的人，还是叫不要去看庙主。那时他的妇人出来了，就说：“听他们先生的话不错，是要看看庙主。”她的丈夫说：“要去看，你就引他们去。”实在去看头一个人的时候，就碰了一个钉子。他说：“我们这个庙不办学校！即或要办学校，我们自己来办。”我们就对他说：“在这个乡村里，一个学校都没有，你们自己要能够出来办学校，那就很好。”其实，他们是不办的。这时，我们也没有了办法。于是就想了个方法，在这个庙的旁边租了二十块钱一座的房子，目的就是专为看守这个庙的。我们在那租的房子里住了三个月，于是同那些乡民渐渐的做起朋友来了。大家都感觉到那座房子太小，有人就说：“可以移到红庙里去吧！”我们说：“你们去借去，如果借到了，自然很好。”看吧，那一班青年农人，十个就有九个赞成，甚至于十个有十人赞成。他们就去借庙去，奇怪！那一个看庙的妇人，她说：“昨天晚上观音菩萨托我的梦，不许办学校。”这样一来，许多人都吓倒了，就没有人再说话，只好不办。本来这个庙有五间，是五个村子合作的，看庙的妇人只占一间，于是我们就分开来借。这样一借，五间就借到了三间，自然是有办法了；到后来，第四间也加入；现在还有一间没有借来。像这些，都是那班前进的农人去干的。

（六）普通一般人以为普及教育就是使全国人民能够识字，并不另有其他目的，这种论调对不对？

普及教育，大家有个误解。其实真正的普及教育，是要使人民生活化，就是要使他们有现代的文字符号，有现代的组织，并且要了解现代的问题。绝不是就是认字，是要用字。如果忽略了这一点，就只能收到十分之一的效果。

文字符号的重要，是大家所知道的。我可以拿人与兽、文明人与野蛮人来作解释：第一，人和禽兽的分别。人是会说话的，并且会写字，因为会识字的缘故，所以眼睛即可变成耳朵。可是禽兽则不然，禽兽是不会说话的，即如狮子、老虎能说不清楚的话，但有没有文字符号呢？没有。因为没有，所以禽兽始终是赶不上人的。第二，文明人与野蛮人也有分别。文明人的文字是正确的、清楚的，文法简单，运用便利，且文字公开。再进一步讲，在当初愚民政策实行的时候，还能将它组织起来，以供管理人民的便利；到现代，这种东西才变成大众的工具。可是野蛮人的文字是不正确的、含混的，差不多与文明人的文字全相反的。这一点，我们很可以看出来，文字与文明程度很有关系的。

文字符号，重在一个符字的上面，如道士会画符，不必做事也有饭吃。今天某人受了惊吓，即去找他画一张符，送他几个钱；明天又有哪一个人打摆子，又去找道士先生画一张符，挑些米送给他。像这样的事，真多极了！送他吃，供他用，是不打紧，有时他还要骂你这班人无知。可是我们知识分子画符，就不同了，是要帮助大众取得面包，大众的事情大众来管。不过农人也知会画符，虽然他自己不行，他可以叫他的儿子来，每年花了些钱，叫他的儿子去跟私塾的先生学画符去。我们晓得私塾的先生，都是蹩脚的士大夫，因为会画几张蹩脚的符，所以能吃几碗蹩脚饭。如果是聪明一点的孩子，学会了，也可画符。那末，他就叹气说道："后生可畏！"因为孩子学会了画符，与他的饭碗很有关系。比如每年学东送了他许多钱，一到了过节，又送上些礼物和鸡蛋等等，这都是靠着他画符得来的；假如学生也学会了，不是糟糕吗？所以他时时刻刻怕学生会学到画符，于是想了个方法：不叫学生画符，而叫学生念咒。天天在那里念："人之初，性本善……"因为这样，哪晓得孩子念了好几年，连信都不会写，账也不会记。农人花了许多钱，原是要孩子能和先生一样会画符，哪知念几年书，信都不会写，账也不会记，又有什么念头呢？倒不如歇歇了，还是回来跟我种田吧！要是叫老年人读书，他说："我这大的年纪，还读什么书呢?"所以叫老年人读书，更不必谈了。可是真正的读书，只要能作活的运用、不读死书的话，实在几个月的功夫就可念得通。记得工学团里有个学生，他原来只读八个月的书，到工学团里来读了两个月，他就能作五万字的日记。虽然中间别字不免，的确可以出版。可见得活读书的效力的大吧！

总之，文字符号是要和生活一起教，才能会用，这是很要紧的。

（七）近年来中国的农村渐形破产，即使利用小先生教农民识字，但他们都感觉到生活的困难，没有求知的兴趣怎么办?

农村愈破产，愈需要文字符号来打破这种难关。同时，生活即教育不是不要教育，破产的生活，就是破产的教育。

（八）教育是否有救国的力量?

传统教育是变人为少爷、小姐、书呆的教育，也就是一种亡国的教育！

比如讲会考这一件事，也就是传统教育界所展开出来的悲剧！我认为，会考简直就是毁灭民族生命力的一把刀。怎么见得呢？会考里出了许多滑稽的故事，我可以告诉大家：第一件事，广西省会考，个个学生都不及格；而广东省会考，个个学生都及格，这是广东对还是广西对呢？大家想想是不是滑稽？第二件事，绍兴中学会考，第一次是背榜，但到第二次会考，竟然跳到第一，难道一个背榜的学校好得这样快吗？同时，第一次果真坏吗？第二次整个的成绩又果真好吗？这是第二个滑稽！还有第三件事，有许多学校，平常晚上多在十点钟熄灯，到会考时，乃延长到十一点钟或十二点钟熄灯；可是学生还感觉到不够，于是乎把茅厕变成火车站，来开特别快车。中国从前有两句话："吃得苦中苦，方为人上人。"可是这班会考的书呆子会告诉你说："不闻臭中臭，难为人上人。"诸位看：这是由会考演出来的把戏！可是现在师范生也要会考，小学生也要会考，这根本上就是毁灭学生在社会上服务的力量，也就是毁灭民族的生存力！我曾经作了一篇《杀人的会考与创造的考成》，我的主张是要停止那毁灭生活力的文字的会考，来发展那培养生活力的创造的考成。创造的考成所要考的，是生活的实质，而不是纸上的空读，这样才是救国的教育。

（九）要想救中国，是否要打倒多福寿多男子的多生主义？

要解答这个题目，可请诸位去看两篇文章。第一是《中华教育界》，大概是三年前，我曾作了一篇文章，叫作《中华民族之出路与中国教育之出路》。在那篇文章的上面，我认为要想救中国，应当注意三点：（一）教人少生小孩子；（二）教人创造富的社会，不创造富的个人；（三）教人树立平等互助的世界。第二是几月前子钵先生在《大公报》写了一篇批评的文章，他说陶知行主义生虱子。其实，虱子都是由他自己身上落下来的。第一个虱子，是他说节制生育不是中国的出路，这是个小虱子。第二个虱子，他说陶知行从三十亩地的自耕农出发，是不是大众的代表呢？如果三十亩地的自耕农有代表大众的资格的话，那末，也必然是陶知行本身的社会阶层代表；换句话说，陶知行必定是个三十亩地的自耕农的小资产阶级；而陶知行主义者所提出来的出路，也只是三十亩地自耕农教育的出路；试问还有半自耕农、佃农、雇农怎么办呢？这确乎是个很大的虱子咧！其实，倒不是陶知行主义生了虱子，因为我所说的三十亩地的农人，只是拿三十亩地的农人作出发点的，就是要说明三十亩地的农人的变动的过程——土地缩小的过程，既然是说明农人土地缩小的过程，自然我可以从三十亩地的农人推算起，看他如何由三十亩而降到十五亩，再看如何由十五亩降到十亩，更看他如何而自然而然地完全破产。但在这种变动的过程上，我也可以从十五亩推算起，也可以从十亩推算起，并且也可以从雇农倒算上去，其理论都是一样的。我始终以为是“为农不富，为富不农”。这两句话，可算是天经地义了。况且我的字典上就找不出“富农”两个字来。这都是子钵先生从他自己身上所找出来的虱子。

再从节制生育上讲，人生的多也就死的多，我们看这种消耗是多么大呢！与其生又必死，又何必多生呢？比如大学生改造社会，必得要发挥其改造社会的力量，自然是到东也可，到西也可，一下子与人谈恋爱了，再由恋爱而结婚，如果是为事业而结婚，那末，并不是一加一等于二，而是一加一等于三人。可是到后来女子生下了孩子，这时三个人却变成了一个人。假如男子是在外面办普及教育，到这时，他必时常记挂着家里的女同志、小同志。明明是不能请假，他也要想方设法的请假回家去看看。回家来以后，小孩子抱在身上，一下子又是尿来了，一下子又是屎来了，多麻烦！同时，假若照子钵先生的多生主义，尽量的生，不断的生，那末结果总不免：有的这样死，有的那样死，当然这里要花许多钱。可是自己做事的生活费，还是这样多，并没有增加，哪能够这些开销呢？其实，小孩子生多了，并不只上面所说的消耗。同时又有：如在医院里生小孩子，又有许多小孩子生下来要吃牛奶粉了。这些一来，所收的生活费不是更不够敷衍吗？于是想方设法，找这个借，找那个借，要借上许多人，好容易才能借得几个钱买点牛奶粉给小孩子吃，多讨苦哩！就是农人、工人也是如此。

我的意见、主张，每人只准生两个，如社会服务五年后，开始生第一个孩子；到第一个孩子能到小学读书时，再生第二个；够了，不要再生。

还有，第三个虱子，他说叫农人不要多生，是剥削农人生养的力量。其实，这是为整个国家、民族设想的；同时统所提出来的，并不只是农人，一切的人都是如此。我以为，要想救中国，少生小孩子固然要紧，而对于人口统制也很重要。国家应组织一个人口统制升降委员会。这个人口统制升降委员会，可以根据社会经济情形，随时下令多生。假如中国经济发达，仍然可以多生；再就地域论，人口升降委员会又可颁布特殊的条例，允许人口稀少之边疆的人民，可以多生。如广西人口稀，每人就可以多生几个孩子。总之，人口多不一定是力量，人口统制才有力量。照子钵先生说，不生小孩子，中华民族就会灭亡，这是错误的。比如东印度亡国，是由天然淘汰，并不是人口少的缘故。

最后，目前还有个问题，就是要组织一个中央研究院，研究一个铜板的避孕法，这个也是非常要紧的。

本篇导读（徐志辉）

这是1934年12月应安徽省教育厅的邀请，参加该省的教育会议期间，在安徽大学教育学社谈讲会上的演讲。曾德培记录。原载1935年6月《教育新潮》第4卷第1期、第2期合刊。同年6月10日《教育周刊》第73期也曾登载。

在这次演讲中，陶行知主要是对当时的乡村教育进行回顾和总结。针对乡村教育存在的问题，他告诫从事乡村教育的人："乡村教育是不能关起门来办的，一定要与城市打成一片；同时还要有世界的目光和民族的目光"，并强调"这是很要紧的"。乡村教育不能脱离城市教育，不能成为一种封闭的、仅仅局限于乡村社会的教育。同时，乡村教育还要有"世界的目光和民族的目光"，这是一种更长远的目光，是基于农业文明而朝向工业文明的目光。这不禁使我们想起他在《晓庄学校之使命》中所提出的"谋中国三万万四千万农民之解放"、"助东亚各国农民之解放"、"助全世界农民之解放"的宏愿和晓庄学校"不但要做中国教育革命之出发点，并且要做世界教育革命之中心"的使命，也不禁使我们想起他在总结晓庄学校第二年的实践时所谈到的"如何训练农民享受工业文明的利益而不致被它淘汰……如何叫机器为农人做工而不致把农民吞掉"的希望。这也是我们当代乡村教育所应当思考的。

陶行知在谈到普及教育时还提到，普及教育绝不仅仅是为了识字，真正的普及教育，就是"要使人民生活化"，就是要使他们"有现代的组织"，"了解现代的问题"。这与传统教育是完全不同的，因为"传统教育是变人为少爷、小姐、书呆的教育，也就是一种亡国的教育"。而只注重考试的应试教育则"根本上就是毁灭学生在社会上服务的力量，也就是毁灭民族的生存力"。这是任何教育都必须避免的。假使我们的教育不能从根本上改变应试教育的状况，则社会堪忧、民族堪忧、国家堪忧！

至于"教人少生小孩子"；"教人创造富的社会，不创造富的个人"；"教人树立平等互助的世界"等等，在陶行知看来，也应是教育所应当尽到的职责，因为这既是中华民族之出路，也是中国教育之出路——毕竟教育也负有改变大众观念的责任和使命。

中国普及教育方案商讨

一　原则

（一）普及教育之要义

（甲）整个民族现代化　不仅是学龄儿童及失学成人之普遍入学。

（乙）整个生活现代化　不仅是普遍识字，或文盲之普遍消除。

（丙）整个寿命现代化　不仅是四个月、一年、二年、四年之义务教育。教育最重要的成就在使众人养成一种继续不断的共同求进的决心。我们要对众人养成的态度是：活到老，做到老，学到老。

（二）普及什么教育

普及工以养生、学以明生、团以保生之生活教育。工是做工，学是科学，团是集团。这三种生活缺少一样便是残废的教育。

（三）认定中国是个穷国，必得用穷的方法去普及穷人所需要的粗菜淡饭的教育，不用浪费的方法去普及穷人所不需要的少爷、小姐、书呆子的教育。

（四）社会即学校

社会与学校打成一片。社会教育与学校教育打成一片。

（五）即知即传人

会的教人，不会的跟人学。不愿教人的不配受教育。

（六）小孩的力量伟大

信仰小孩子能做小先生。信仰小孩最好的先生是前进的小孩。认定中国是到了生死关头，好比黄河将要决口，小孩搬一块小石头来也是欢迎的。每一个人的力量都要号召来救命，每一个粗识字义或有一技之长的小孩都要号召来做小先生。小先生经过十个月的试验有如下的优点：

（甲）能解决女子初步教育问题；

（乙）成人跟着小孩追求现代知识是变成老少年；

（丙）知识不再当做商品买卖，知识为公是成了实现天下为公之坚固基础；

（丁）小先生好比是电线，将社会与学校通起电流，又好比是血管，将学校与社会通起血脉，于是社会变成学校了；

（戊）小先生普及教育运动增加了大先生事业上不少的兴趣。

（七）大众的力量伟大

大众最好的先生是前导的大众。所谓传递先生便是大众自己队伍里跑出来的老师。

（八）来者不拒；不能来者送上门去。

（九）化无用为有用。

（十）损有余以补不足。

（十一）勉求缴纳教育税与享受教育权之接近。

（十二）城乡同进。

（十三）劝导与强迫并行。

（十四）劝人抓住饭碗求进；不逼人丢掉饭碗上学。

（十五）强迫兴学，强迫教人，强迫求知三管齐下。

（十六）不能同者不强其同。

（十七）抓住现成的集团生活，如家庭、店铺、工厂、机关、寺庙、民团、军队及现有学校做下层之教育场所。

（十八）运用最新的交通工具输送文化，使文化落后之地带一齐赶上时代前线来。

二　办法

（一）全国小学生总动员做小先生

（甲）全国公私立小学校中之小学生据教育部最近统计有一千一百余万人。每位小学生在校外找到两位不能上学之小孩或成人做他的学生，向小学校长登记后即可称为小先生。在校外学生之所在地，负起他的“即知即传人”之使命。假使有三分之二之小学生做了小先生，我们便可增加一千五百万校外学生。

（乙）依据凡有私塾统计之市县推算，全国至少有一千万私塾学生。私塾改造后假使有二分之一之私塾学生都成了小先生，每人教导两位，便可增加一千万校外学生。

（丙）店铺里之有知识的学徒估计至少有一千五百万人。假使有一半做了小先生，每人在店铺中教导两个人，便可增加一千五百万位店铺学生。

（丁）依据“即知即传人”之原则，小先生的学生立刻又可教导至少一人。甲乙丙三项小先生的学生总数可以达到四千万。假使这四千万之一半立刻做了小先生，每人至少教导一人，又是增加了二千万。

故全国小先生普及教育总动员令一下，便有六千万人可以向着现代化开步走。

（二）全国识字成人总动员做传递先生

（甲）全国民众学校学生总数为九十四万四千二百八十九人。假使民众学校学生都成了传递先生，每人再教两位不能上学之人，便可增加二百万人受教育。

（乙）家庭、店铺、工厂、工会、庙宇、教堂、会馆、公所、合作社、衙门、机关、民团、军队里的识字成人约计为八千万人。假使有半数每人教导二人，便有力量再去普及八千万人之教育。

（丙）再依据“即知即传人”之原则，甲乙两项八千二百万识字成人之半数，每人再去教导一人，又可增加四千一百万人。

故全国识字成人总动员令一下，便有一万〔万〕二千三百万人可以向着现代化开步走。

（三）全国知识分子总动员，辅导普及现代生活教育之推进

（甲）研究所研究员，专门大学教授、副教授七千人，每人每年必须在假期中抽出至少十日出席全省普及教育辅导会议、全省教育行政人员讲习会及农村改造会议，并各就专长，依据普及现代生活教育之需要，准备最新材料向教育局长、督学及农村改造运动人员贡献。

（乙）专门大学学生及中学教师共十万人，每人每年必须在假期中抽出至少十日出席县市普及教育辅导会议及小学教师讲习会，并各就专长，依据普及现代生活教育之需要，准备新材料向前进大众及教师贡献。

（丙）中学学生及小学教师共一百万人，每人每年必须在假期中抽出至少十日出席乡区普及教育辅导会议、私塾改造会及小先生联合会，并各就特殊兴趣，依据普及现代生活教育之需要，准备材料向塾师及小先生贡献。

（丁）全国不在学界服务之留学生，每人每年必须抽出五日为普及现代生活教育努力。

（四）全国学校总改造

（甲）全国学校采用工学团制。工是做工，学是科学，团是集团。工以养生，学以明生，团以保生。没有工做，没有科学，没有集团的力量以制裁个人的行动，都不能算是一个现代的学校。采取工学团制便能使全国学校现代化。

（乙）依据本地生产性质，学校负有扶助生产大众普及生产工学团之责任。

（丙）小学校改造，除采取工学团制外，全国小学应至少有下列之改革：

（子）每所小学将小学生教导校外学生之工作，列入正课，作为社会服务；

（丑）小学教师在各门功课中，宜随时加入小先生应用材料，并以指

导考核小先生为职务之一；

（寅）写字一课改为抄课本，发给校外学生读。小学教师对于大字小字之批改，多半是敷衍了事，改为抄写普及教育所用之课本，则写者与批改者都觉得更有意义，同时是解决了缺少课本一部分之困难。

（丁）私塾改造：

（子）从前改造私塾，多半是招集塾师加以短期讲习会之训练，并加以偶然之视察。因为塾师旧习太深，很难改变，故单招塾师训练，不易见效。现在主张每塾师随带能力较大之私塾学生二人共同参加私塾改造讲习会，依据最近试验结果推测，收效谅能较大。

（丑）私塾最缺少者是公用之图书教具。若想从事改造，必须在这些事上加以补助。

（寅）私塾改造讲习会或每星期一二小时，连续数年；或在假期中集中训练。或二法并用，可看各地情形决定。

（五）文化荒岛总开辟

（甲）中学校总动员下乡。中国中等学校大多数是挤在城里凑热闹。依据我们估计，全国五百五十四所中学，一千三百二十所初级中学，至少有五分之四即大约一千四百所是应当移下乡去。把城里的地皮、房子高价卖掉，在乡下买荒地（但不许圈农民生产之地），造房子，还有余钱干一区的普及教育运动。每中学可在乡下划一百方里为普及教育区。在区内每村办民众学校、小学校各一所。各村民众学校、小学校由中学生分组负责进行。每组若干人依需要而定。民众学校以每日一小时为标准。小学校或全日、或半日、或二小时、或一小时，依据各地情形而定，不拘一法。民众学校及小学校之学生仍依“即知即传人”之原则分布出去，教导不能上学之人。

（乙）全国有师范学校八四六所。十分之九，即七百五十所是应该迁移下乡。每所师范学校应划一千六百方里为普及教育区。这块区域是东西南北各四十里，师范学校在中央，离最远之工作地不过二十里余。依照师范生人数分成几十几百队，每队二人同到一个村庄里去创办一个民众学校和一个小学校。这叫做基本培养。另外还有集中指导、巡回指导，在培养师资一段中再详细说明。

（丙）中学、师范的脚迹所很少达到的地方，如西康、青海、宁夏、新疆、蒙古、西藏以及各省内文化落后民族所在地，都应以人民和政府之力量创办中学、师范，并在每五百人聚居地创立小学、民众学校各一所，至少能容四十人，以工学团之组织，依“即知即传人”之原则继续推进。

（六）师资培养

（甲）每一所小学都成为小先生养成所。用传统的名词来说，每一所小学便是一所小师范。全国二十五万所小学便是二十五万所小先生养成所，共可造就一千一百万小先生。

（乙）每一所私塾必须改造，使它也成为一所小先生养成所。估计全国私塾有五十万所，平均每所培养二十人，共可造就一千万小先生。

（丙）每一所民众学校都成为传递先生养成所。全国有五万三千八百七十三所民众学校，共可造就一百万传递先生。

（丁）每村或每街或每街之一段，必须设一高级民众学校，招收家中、铺中已有知识之成人，每天或每星期加以一小时之培养，以广播新知识于大众。

（戊）师范学校之改造：

（子）师范学校采取培养工师之办法，包括个别、巡回、集合三种指导。比方招收艺友（即通常之师范生）二百人，首先，举行一个月之集合指导，大略得了几个追取知识之钥匙以后，即立刻分散，每两人组成一队，共一百队，放在一百个村庄里去工作。每队工作区域为十六方里即四里见方。这两人既到工作区，即物色当地农人及小孩至少二人为他们的艺友，共同进行工学团之创造。这一百队的工作总面积是一千六百方里，成了一个普及教育网，里面包含着一百个工学团，每个工学团五百人，共计是五万人之教育一举而普及。每队学生二人，对于日常工作各任半天，余半天自修必阅书籍，由指导员巡回指导。星期日不放假，举行严格之集合指导六小时（详细办法请参看《宝山观澜普及义务教育急成方案》）。

（丑）师范学校应加小先生指导法一门功课。

（己）招集青年识字民众或农人开办短期农村改造讲习会，教以小先生指导法、工学团原理、合作社组织法、国语、应用算术、乡村卫生、农艺新法、自然、社会等等，使其学成回乡，从事发动乡村改造工作，即为普及现代生活教育之工作。现在国内乡下不安，城里先生不敢下乡，倒不如多多培养本乡青年、识字农人自己负起普及教育之使命。

（庚）每市、县须举行小学教师讲习会，每年至少十日；私塾改造讲习会，每年至少四十小时。

（辛）每省须举行省普及教育辅导会议、教育行政人员讲习会，均每年一次。

（壬）教育部召集全国普及教育辅导会议，每年一次。

（癸）各专门大学、研究所分工培养普及现代生活教育所需之高等技术人才。

（七）材料工具之供给

（甲）课本　课本用汉文和国语字母拼音文对照写。汉文和拼音文都以大众语为根据。但为适应各民族特殊需要及促进各民族普及教育起见，应编蒙藏苗瑶等民族特用课本，这课本应以各该民族之大众语为根据。运用小学生写大字的纸和时间抄写课本，以每生每年平均写十二册计算，一共可写三部；连私塾学生在内，二千一百万小学生便可写六千三百万部。小学生的学生也可以写，传递先生的学生也可以写，这样普遍的干起来，每年可得免费教科书一万万套，也不为奇。

（乙）报纸　报纸一律用大众语写，并且必须标点，违者邮局不许代寄。

（丙）电影　设立中央科学电影制造局，以巨资研究制造科学影片、发电机、放映机，免费分送全国各县乡村、市镇放映。

（丁）无线电收音机　设立中央无线电收音机制造局，以巨资研究制造无线电收音机，免费分送全国各县乡村、市镇教育场所使用，并在适当地点分区建立大播音台，从事广播现代知识。

（八）现成设备之利用

（甲）祠堂、庙宇、会馆、公所、散学后之学校，以及其他空闲房屋都运用来做教育场所。

（乙）桌椅板凳亦以运用人民自己所有的为原则。

（丙）天气温和晴朗的时候，应充分施行露天指导。

（丁）充分利用日光指导，不必要时应避免运用灯光。教育普及之后，是有八千万家同时追求知识。八千万盏灯，每晚多点一小时，若用菜油，每年便要耗费八千万元；若用洋油，每年要耗费三万二千万元。可以省的时候，还是省了为是。

（九）流动式的教育

（甲）市集、茶馆、码头、车站、戏园、电影院里都有流动的民众。在这些地方，每次我们都遇得着一大群的人，今天的一群不见得就是昨天的一群。也有茶迷戏迷是天天上同一的茶馆，进同一的戏园，而且还有一定的时候。我们也要抓住这些地方施以有意义的教育。车站上的展览，码头上的壁报，电影院的新知识的插片，茶馆里说书的革新，戏园里小丑说白的讽刺，市集上的公共演讲表演，都是流动教育的可以行的例子。

（乙）流通图书馆　流通图书馆应普遍设立在学校里，供大众公阅。小先生和传递先生可以代他们的学生借书还书。这样，管理费可以减至最少，又可免除一般民众借书之害羞，而图书借还有人负责，亦不致失落。流通图书馆为大众自学之重要机关，必须努力普及。

（丙）修学旅行　旅行为增长知识，扩大眼界之教育法。但现在之团体半价票仍使有志的工人、农人、小孩子望而生畏。有意义、有组织、有计划之修学旅行应该特别提倡，再行设法将国有车船价目减至最少，或竟酌免，以资鼓励。

（十）文化之特别快输送

（甲）输送发电机、抽水机及其他农村所需用之机器，火车章程尚有许多不必需的麻烦，应该一扫而空。

（乙）边境所需新书，每每要过一年半载才能收到，要人帮忙也非数月不可。我们应该发起购置普及教育飞机数架，专为输送文化及推进普及教育运动之用。

（丙）无线电广播新知识。

（丁）邮政局对于边疆视同外国，如西藏、新疆寄费之贵，几使现代中国文化不能通过，外国反易与它们接近，是急应革除此弊，使邮费一律，以谋内地与边疆文化之沟通。

（十一）有效之补助

（甲）中央对文化落后之穷省、边疆，在人才、经费、材料上应予以实质之补助。

（乙）各省对于文化落后之穷县，在人才、经费、材料上应予以实质之补助。

（丙）各县对于文化落后之穷乡穷村，在人才、经费、材料上应予以实质之补助。

（丁）省市县政府对于普及教育实验特别努力的机关，在人才、经费、材料上应予以实质之补助。

（戊）政府应拨款补助劳苦大众智力较高之子女上进，俾能学尽其才，免为贫穷所埋没。

（十二）人民自动之努力

（甲）设立中国普及教育助成会（另订简章）。

（乙）设立省市县乡、边疆、华侨等普及教育促成会（另订简章）。

（十三）研究实验

设立中央普及教育研究所。其宗旨在发现最经济、最迅速、最能持久、最能令人进步之方法，以谋普及大众、儿童向上生活所需要之教育（另订简章）。本研究所应与卫生、农业、工业、交通、艺术、经济研究机关联合互助，探讨新知，培养最高学术人才，以统制全国智慧而为国计民生谋解决。

（十四）全国财力总动员以谋教育之普及

（甲）确定教育税，务使足敷普及教育之用。在教育税未确定之前，各省财政当局不得借口取消苛捐杂税以减少教育经费而陷国民教育于停顿。否则即科以摧残教育动摇国本之罪。在教育费不敷用前，并须节省军政费以充普及教育之用。

（乙）征收遗产税以充普及教育之用。后人对于先人之遗产，除教养费外，应将遗产余利公诸社会所有。先人对于子孙也只可负担教养费，若将巨产给后人不劳而获，自必养成他们吃喝嫖赌，弄得家破人亡。纵使政府不征收遗产税，有钱者为爱惜子孙起见，亦当在保留教养费条件之下，悉数捐为普及教育之用。

（丙）指拨公有荒地为普及教育之用。

（丁）指拨美、法、比、意、英各国庚款之一半为普及教育之用，其他一半为发展各研究所之用。

（戊）行政专员或县长领导教育局长或督学到各市乡劝导各公所、会馆、祠堂、寺庙以原有财产兴学。没有公产或公产不足之处，则劝导出资兴学，坐候到筹定确实办法才离开。十余年前浙江省有一县长在半年之中兴办一百余校，即是用此办法。

（己）劝导人民以婚丧做寿节省之款在普及教育上建立纪念。

（庚）劝导人民捐图书文具，或百份，或千份，或万份，或十万份，或百万份。每份盖上捐者姓名以留纪念。

（辛）扶助各种生产工学团之普遍的设立。每个生产工学团发展到一个时期，便能以自己的力量担负一部分的普及教育费（参看《宝山观澜普及义务教育急成方案》中之棉花工学团）。

（壬）减少中等以上学校假期，并从分量门类上减少向上生活所不需要之功课，缩短中等以上毕业年限（医科除外），以节省之经费充普及教育及增加研究所之用。

（十五）妨害进步罪

婆婆不许媳妇读书，老板不许伙计上学，司务不许徒弟看报，工厂经理不许工人求知识，士大夫不许儿子教小孩子，这是小先生碰到的五个大钉子，也是妨害中华民国进步的大障碍。我们必定要扫除这种障碍才能前进。要想扫除这种障碍，下列数条法律实属必要：

（甲）凡是中华国民及其子女，每人每天至少须有一小时上学或自修之权利。

（乙）凡以特殊地位侵犯人上学或自修权利者，处以一年以下有期徒刑或一千元以下罚金。

（丙）凡对自愿教人的人施以阻止者，处三个月以下有期徒刑或一百元罚金。

（十六）初步文字教育之预令强迫

文字教育应预令强迫。预令强迫之作用在提醒一般不识字的民众自动的去请人教。以往的民众教育好像是求人来学。预令既下，民众对于知识的消极的拒绝，可以转变而为积极的追求。

民国二十四年一月一日下令预告全国民众限二十四年十二月三十一日前读毕教育部指定几种《千字课》之一种。至四月一日、七月一日、十月一日下第二、第三、第四次预告令。第一次预告令下后，即令小学生、茶馆说书人、电影院广告与警察到处逢人宣传，劝其早些求学，不要临时抱佛脚；并说明二十五年一月一日即有识字警察手指《千字课》，站在城门口、车站、码头及交通孔道，临时抽验来往行人，检查他们的头脑如同检查行李一样，不识字的要罚愚民捐铜元一枚。预令里还要说及二十五年一月一日以后，家里、店里、工厂里、任何机关里，如有无故不识字的人，按人数每人每月罚银一元，由家长、店主、工厂经理、机关主持人缴纳。识字成人或学生对其负责而不识字之亲友不肯施教者，罚守知奴捐银一角并公布之。

（十七）考成

（甲）初步文字教育之考成标准为学龄以上之人民百分之九十会读《千字课》，百分之九十五会用汉字签自己的姓名并会写中华民国。第二步之文字教育及普及其他教育之考成标准另订之。

（乙）每所小学、私塾至少要有二分之一的小学生做小先生。超过四分之三的小学生做小先生者，传令嘉奖其校长、负责之教师及最出力之小先生。不及二分之一者，校长受警告，不及三分之一者，校长撤职，负责之教师同。

（丙）民众学校之传递先生与学生总数比例之考成与小学同。

（丁）省教育厅长、县长、教育局长、乡长、教育委员之考成，亦以各管公私立小学校、私塾，民众学校之学生总数与小先生总数加传递先生总数之比例为根据，其算法亦与小学同。

（戊）各省、各特别市、各县、各市、各乡、各校之开始考成日期由上级主管官厅预令发布。但此项预令至迟不得延过民国二十四年六月一日。考核各省成绩之日期由教育部预令颁布。但此项预令须于民国二十四年四月一日前颁布。

（己）寻常教师所教学生，以及小先生、传递先生所教学生，均须依部颁表格登记由校长掌管，并作详明统计具报教育局，教育局转报教育厅，教育厅报告教育部，每学期一次。再由上级教育行政长官抽查，以凭考核。

（十八）中央普及教育二十四年度预算

（甲）中央文化落后地带普及教育补助费	二〇〇〇〇〇〇〇
（乙）中央科学电影制造局经费	四〇〇〇〇〇〇
（丙）中央无线电收音机研究制造局经费	一〇〇〇〇〇〇
（丁）中央普及教育研究所	五〇〇〇〇〇
（戊）中央普及教育辅导会议	一〇〇〇〇
总计	二五，五一〇〇〇〇

本篇导读（徐志辉）

本篇原载1935年1月《中华教育界》第22卷第7期；同年1月1日《湖北特教》半月刊创刊号发表时改题为《中国普及教育方案之商榷》；又载同年3月1日《生活教育》第2卷第1期。

这是陶行知为了在中国普及教育而提出的一个方案。普及教育为了什么？为了“整个民族现代化”、“整个生活现代化”、“整个寿命现代化”，使全体同胞都能够“向着现代化开步走”。为了实现这个目标，陶行知不仅提出了诸如“普及工以养生、学以明生、团以保生之生活教育”、“用穷的方法去普及穷人所需要的粗菜淡饭的教育”、“社会即学校”、“即知即传人”、“城乡同进”、“劝导与强迫并行”等原则，而且提出了“全国小学生总动员做小先生”、“全国识字成人总动员做传递先生”、“全国知识分子总动员，辅导普及现代生活教育之推进”、“全国学校总改造”、“文化荒岛总开辟”等十数条办法。从其中“妨害进步罪”和“初步文字教育之预令强迫”（这看起来似乎有些苛刻）两个办法中，我们不难看出陶先生普及教育的急切心情和对普及教育所寄予的无限期望。这虽然只是一个供“商榷”的方案，但在这个方案中却体现了陶行知的一种教育追求，即无论处在何种境况中，教育始终都要为促进民族现代化、生活现代化和社会现代化作出贡献，也即教育当为改造社会作出贡献。而且这种努力决不是坐而论道，而是切实的行动。本篇中陶行知为实现教育的普及而作出的构想以及此前他为改造中国教育而作出的种种探索，均向人们展现了他作为一个“行动理论家”的坚韧和与众不同的风采。

文化细胞

一般人只要一提到教育便联想到学校，一提到普及教育便联想到普设学校。他们好像觉得学校是惟一的教育场所，如果要想普及教育便非普设学校不可。倘使没有钱普及四年的学校教育，他们便退一步主张普及一年的学校教育，甚至于退到四个月、两个月、一个月的学校教育。万一不能普及全天的教育，他们想半天、二小时、一小时也是好的，但必须在学校里办。仔细把它考虑一下，这种意见只是一种守旧的迷信。我们若不跳出学校的圈套，则普及现代教育在中国是不可能。我不说学校没有用，但学校之外，我们必须创造一种下层文化的组织，适合大多数人的生活，便利大多数人继续不断的长进，才是有了永久的基础。

我建议要创造一种文化细胞。每一家，每一店铺，每一工厂，每一机关，每一集团组成一个文化细胞。这种细胞里的分子有两种：一是识字的，一是不识字的。我们叫每一个细胞里的识字分子教导不识字分子，说得正确些，我们要叫识字分子取得现代知识精神，连文字一同教给不识字的分子。这样一来，每个文化细胞里的分子都能继续不断的长进。任何文化细胞里倘若识字分子过剩，可以分几个出去，帮助缺少识字分子的细胞。这种文化细胞在山海工学团范围以内叫做工学队，为工学团最下层之组织单位。俞塘①称它为生活教育团，安徽省会称它为普及教育团。有人建议称它为自学团或共学团。名字不同，无关重要，但他们有一点相同，便是感到专靠学校来普及教育在中国是很勉强，不易做到；即使做到了，也是一种短命教育，没有久远的长进。所以要在学校之外创出一种较为自然之组织来救济，不但要谋教育之普及，并要谋所普及之教育得以继长增高。他们用得着学校的地方，不妨先开一个学校。铺中、家中连一个识字的人也没有的地方，不妨叫每家每铺先派一人每天来校学半小时或一小时，再依即知即传之原则，把各个文化细胞成立起来。

普及教育动员令一下，有暇进学校的，尽可进学校；无暇进学校的，在自己家里、店里、工厂里及任何集团里创起文化细胞来共谋长进。文化细胞成立后，必须向负责学校或教育行政机关注册。凡在文化细胞里自谋长进的，可以不进学校；凡在学校里求学的，必须常川回到他的文化细胞里来尽义务教人。

学校是文化的旅馆，只能暂住而不可以久留。自学团、共学团、普及教育团、生活教育团或工学团下之工学队，才是文化之活细胞。

本篇导读（徐志辉）

本篇在《晨报·普教周刊》发表时，题为《文化细胞之创造》，载1935年5月1日《生活教育》第2卷第5期时，改用现在的标题。

陶行知在此提出“要创造一种文化细胞”要使“每一家，每一店铺，每一工厂，每一机关，每一集团组成一个文化细胞”。显然，这创造“文化细胞”的想法，当然也是为了普及教育。有了无数的“文化细胞”，识字的教不识字的，这样便能使“每个文化细胞里的分子都能继续不断的长进”，从而就能够使教育更容易普及。这里所应特别注意的是，在陶行知看来，教育的普及绝不能仅靠学校，在学校之外还必须创造一种“下层文化的组织”以“适合

① 指当时上海县的俞塘民众教育馆。

大多数人的生活，便利大多数人继续不断的长进"，从而为教育的普及筑造一个"永久的基础"。而"文化细胞"正是这样的基础。同时，创造"文化细胞"的创意也体现了"社会即学校"的思想。

文化网

文化细胞虽是最下层的组织，但是光棍的细胞是没有多大用处，我们必须把一个个的“文化细胞”联合起来，结成一个文化网。

在都市里，每一铺户里的识字者与不识字者组织一个生活教育团，继续不断的共同教学做，便成了一个“文化细胞”。有了这个“文化细胞”的组织，这一铺户里的人便可以活到老做到老，教到老学到老。如果一条街上之“文化细胞”都联了起来，成了一街的文化组织，再进一步，一区的街文化组织都联了起来，成了一区的文化组织，以至全市的文化组织，那便是有了文化网的作用了。我们可以称它为街文化网、区文化网、市文化网。乡下的可以称为村文化网、乡文化网等等。

“文化网”的目的，无论在乡下或是在城里，都是要把单个的“文化细胞”联合一气，把它范围里面的人一齐捞到时代的岸上来，不使一个漏掉。

“文化网”对于“文化细胞”负有两种使命。一是培养新的“文化使者”去创造新的“文化细胞”。例如这一条街上或这一个村里，有一半的人家家里没有识字的人，我们就可以叫每一家派一个人来，一面学，一面回到家里去创造新的“文化细胞”。二是从外界吸收新血液，向着范围内的每一个“文化细胞”继续不断的灌注进去，使它们可以继续不断的生长。例如某街某村之“文化网”，必得运用说书、滩簧①、留声机等等，把“文化细胞”的分子，每星期号召来开一次会，以摩擦出来新的精神。范围较大的区域，更可运用演戏、电影、无线电话来号召。我们要寓教育于娱乐，才能发挥这“文化网”的作用。如果到会的人觉得是单单来受测验或是受训练，不久将要变成一桩枯燥无味的事情，大家都要望而生畏了。

文化细胞是基本的组织；文化网是有提纲挈领的作用。从事普及教育者必须兼筹并顾，方能发生广大深刻的效力。

本篇导读（徐志辉）

本篇原载 1935 年 5 月 16 日《生活教育》第 2 卷第 6 期。

在前一篇文章中，陶行知提出了创造“文化细胞”的设想。在本篇中，他进一步提出了把一个个的“文化细胞”联合起来，结成一个“文化网”的设想。如果所有的“文化细胞”都能够连接起来，形成街文化网、区文化网、市文化网、村文化网、乡文化网等等，整个社会便成了一个巨大的“文化网”，从而使得每一个人都处在这个“文化网”中间，都能够“继续不断的长进”。这不禁使我们想起了如今建立“学习型社区”、“学习型社会”的设想。如果真能够像陶先生当年设想的那样，将所有的家庭、店铺、工厂、机关、集团等等，都变成一个个“文化细胞”，再将这些“文化细胞”连接为一个个的“文化网”，则“学习型社区”、“学习型社会”就一定能够建起来。

① 一种地方曲艺。

民族解放大学校

你一看见“大学校”三个字，或者要疑心我想谈一谈“中央大学”一类的学府。其实我心里所想说的，并不是这样的学府，而是比这样学府要大二三十万倍的大学校。

这个大学校，自二十四年十二月九日①起，已经开学，还没有取名字，我姑且送他一块校牌，叫做“民族解放大学校”。

这个大学校没有围墙，万里长城还嫌太短，勉强的说，现在中华民国的国界就算是我们这个大学校的“四至”。

它也用不着花上几百万去建造武汉大学那皇宫一般的校舍。工厂、农村、店铺、家庭、戏台、茶馆、军营、学校、庙宇、监牢都成了这个大学校的数不清的分校。连坟墓都做了我们的课堂。谁能说庙行的无名英雄墓和古北口的支那勇士墓不是我们最好的课堂啊？

它并且没有校长。的确，一直到现在，我们还没有找到这样的一个校长。大概这校长怕不是一个人做得起来，照趋势看来恐怕是要由四万万人

① 指一二·九运动。

合做一个集体的校长，或是由大家的公意产生一个校长团。

它的教师多着咧！前进的大众，前进的小孩，前进的知识分子，都有资格做这大学校的导师。学生们学得一点真理，立刻就负了教人的义务，也立刻成了先生了。广义的说起来，是四万万人都是先生。

它的学生也是一样的多，顶少也有四万万。在这所大学校里，大家共同追求真理，活到老、学到老、教到老、干到老、团到老。

我说四万万人这句话是有毛病。一因全中国的人是没有正确的统计，二因少数汉奸卖国贼必得开除出去，三因我们不能关起国门来办教育，这个大学校的国外学生、同学、导师，谁能数得清呢？

学校虽大，功课只有一门，这门功课叫“民族解放教学做”，简单一点，它叫做“救国教学做”。先生教什么？教救国。学生学什么？学救国。教与学都以做为中心。先生要在救国的行动上教救国，学生要在救国的行动上学救国，这样才是真正的救国教学做，这样才是真正的民族解放教学做。这门伟大的功课当然有许多细目可以分出来。例如政治、经济、军事之演讲，作战防卫技术之操练，医药救护之操练，交通工具之操练，戏剧歌唱之演习，国防科学之研究，大众教育之推进，拼音新文字之普及等等，都是这门功课里所应当包括的细目。这些细目都是以民族解放之实际行动为中心，有计划有组织的各种实际行动的过程，便是这个大学校的课程。

照上面的观点看来，救国不忘读书的口号是站不住了。救国与读书是分不开的。我们只读可以救国的书，救国的行动要求什么书我们才读什么书，最近教育部通告里说“教育之生命即民族之生命”。这句话也要颠倒过来才是真理：民族之生命即教育之生命。不救民族之生命，哪能救教育之生命？这个大学校只救民族之生命，则教育自然有生命了。

这个大学校的教育法也特别。前进的生活法便是前进的教育法。前进的生活法是什么？一是批判，二是战斗。这个大学是要根据大众的利害来批评一切歪曲的理论，要为民族解放前途向汉奸卖国贼、封建势力、帝国主义拼命的战斗。

这个大学也要办毕业，它也有会考①，等到一切失地收回，主权恢复，中华民族完全得到了自由平等，我们就算会考及格，定期举行毕业典礼。

这样的会考，当然不是写几篇文章就能及格。我们的民族解放的证书是用血写的，我们的民族解放毕业是打出来的。我们所纳的学费不是金子银子，乃是我们的生命。我们所需要得到的不是方块帽、漏斗袋，乃是万万年的整个中华民族之自由平等！

够了！你这个人是多么自私自利啊，单为你自己一个民族打算！对，你的话虽然骂得不错，但是你不要心急，民族解放大学只是一个初级大学（Junior College），在它上面，还有一个更大的人类的高级大学（Senior College）咧。

本篇导读（徐莹晖）

本篇原载1936年2月16日《生活教育》第2卷24期。1935年华北事变后，中华民族的危机空前严重，12月9日爆发著名的抵抗日本帝国主义侵略的"一二·九"爱国运动。陶行知从生活教育理论出发，强调过什么生活就是受什么教育，号召沿着"一二·九"学生运动的足迹，过民族革命的生活，去受民族革命的教育。1936年3月，陶行知组织成立国难教育社，生活教育运动进入国难教育阶段。而从"一二·九"开始，民族解放大学就开学了。这个学校以整个民族解放的生活为教育的范围，以全中华民族为教育的场所，以民族解放的实际行动为中心，实行教学做合一的方法，先生在救国的行动上教救国，学生在救国的行动中学救国；救国与读书紧密联系，救国需要什么书，就读什么书，为的是实现"万万年的整个中华民族之自由平等"！这就是民族危机时教育当发挥的作用！

① 国民党统治时期对中学毕业生所实行的统一考试。

中国大众教育问题

一　中国大众教育概论

为什么要大众教育？中国是遇着空前的国难。这严重的国难，小众已经解决不了，大众必得起来担负救国的责任而中国才可以救。我们的“友邦”要取得辽宁的铁、山西的煤、吉林的森林、华北的棉田、福建的根据地以及全国的富源，并不是安分守己的做一个富家翁享享福就算了事。他是要叫我们四万万五千万人做亡国奴——做他的奴隶。做奴隶当然是不会舒服的，除了为他种田做工之外，还得为他当兵，做他进攻别人的肉炮弹。只须大众觉悟起来，不愿做亡国奴，与其拿生命来做敌人的肉炮弹，不如拿生命来争取整个民族的自由平等，我们的国难就必须的解决了。但是中国的大众受了小众的压迫剥削，从来没有时间、金钱、机会去把自己和民族的问题彻底的想通。加上了几千年的麻醉作用，他们遇到灾难，会武断的说是命该如此。我们要一种正确的教育来引导大众去冲破命定的迷信，揭开麻醉的面具，找出灾难的线索，感觉本身力量的伟大，以粉碎敌人之侵略阴谋，把一个垂危的祖国变成一个自由平等的乐土。

大众教育是什么？大众教育是大众自己的教育，是大众自己办的教育，是为大众谋福利除痛苦的教育。这种教育和小众教育固然大不相同，即和小众代大众办的所谓民众教育、平民教育也是根本矛盾。大众教育是要教大众觉悟；只是教大众生产、生产、生产，长得肥一点，好叫小众多多宰割的教育不是大众教育。大众教育是对大众讲真话；专对大众说谎的教育是骗子教育而不是大众教育；大众教育对着麻醉大众的歪曲理论是要迎头驳斥；始而装痴装聋，继而变成哑巴，终之而拜倒在当前势力下，这是帮凶教育而不是大众教育。大众教育是要教大众行动，教大众根据集体意识而行动；只教大众坐而听，不教大众起而行，或是依照小众的意思起而行，都是木头人教育而不是大众教育。大众教育是要教大众以生活为课程，以非常时期的有计划有组织的生活做他们的非常时期的有计划有组织的课程；这非常生活，便是当前的民族解放、大众解放的生活战斗，这是大众教育的中心功课。在这里我们要指出，民族解放与大众解放是一个不可分解的运动。如果大众不起来，民族解放运动决不会成功；但是如果不拼命争取民族解放，中国大众自己也难得到解放。所以大众教育只有一门大功课，这门大功课便是争取中国民族大众之解放。若只教大众关起门来认字读书，那是逃避现实的逃走教育而不是真正的大众教育。

大众教育怎样办？依据教育部的统计，每一个小学生每年要用八元九角钱的教育费，民众学生每年要用一元八角钱的教育费。现在中国有二万万失学成人，七千万失学儿童。这二万万七千万人当然是我们大众教育的对象。照上面的费用算起来就得要十万万元才能普及初步的大众教育。这个数目不但是大众自己办不到，就是教育部去年费尽九牛二虎之力也只筹到三百多万元的义务教育经费，对于这十万万的大众教育经费也一定是筹不出来的。因此，大众教育在现阶段一定要突破金钱关才能大规模的干出来。下面的两条原则和一个新工具是一方面可以叫大众教育突破金钱关，一方面又叫大众教育进行得更有效力更有意义。

（一）社会即学校

大众教育用不着花几百万几千万来建造武汉大学那皇宫一般的校舍。工厂、农村、店铺、家庭、戏台、茶馆、军营、学校、庙宇、监牢都成了大众大学的数不清的分校。客堂、灶披、晒台、厕所、亭子间里都可以办起读书会、救国会、时事讨论会，连坟墓都可以做我们的课堂。谁能说庙行[1]的无名英雄墓和古北口[2]的“支那”勇士墓不是我们最好的课堂啊！

（二）即知即传

得到真理的人便负有传授真理的义务。不肯教人的人不配受教育。前进的知识分子当然是负着推动大众教育的使命。但是经过很短的时间，前进的大众和前进的小孩都同样的可以做起先生来，我们可以说大家都是学生，都是同学，都是不收学费的先生。在传递先生和小先生的手里，知识私有是被粉碎了，真理为公是成了我们共同的信条。

（三）拼音新文字

拼音新文字是大众的文字。有了新文字，大众只须花一个月半个月的工夫，便能读书、看报、写文。初级新文字教育只须三分钱就能办成，连一个人力车夫也能出得起。大众教育可以不再等待慈善家的赈济。的确，文化赈济是和面包赈济一样悲惨，一样的靠不住。水灾和旱灾的地方是十个人饿死了九个，剩下一个人才等着一块面包，而这块不易得的面包是差不多变成酸溜溜的糨糊了。新文字！新文字！新文字是大众的文字。他要讲大众的真心话，他要写大众的心中事。认也不费事，写也不费事，学也不费事。笔头上刺刀，向前刺刺刺，刺穿平仄声，刺破方块字，要教人人都识字，创造大众的文化，提高大众的位置，完成现代第一件大事。

依据社会即学校，即知即传两条原则，拿了新文字及其他有效工具，引导大众组织起来，争取中华民族大众之解放：这便是中国所需的大众教育。

二　大众的国难教育方案

1. 国难教育之目标

甲、推进大众文化。乙、争取中华民族之自由平等。丙、保卫中华民国领土与主权之完整。

---

① 位于上海市北郊的庙行镇。

② 长城关隘名，位于北京密云县北。

2. 国难教育之对象

甲、教育大众联合起来解决国难。乙、教育知识分子将民族危机之知识向大众传播。

3. 国难教育之教师

甲、前进的大众。乙、前进的小孩。丙、前进的学生。丁、前进的教师。戊、前进的技术人员。

4. 国难教育之非常课程

有计划的非常生活便是我们有计划的非常课程。甲、政治经济专家之演讲讨论。乙、防卫作战技术之操练。丙、医药救护之实习。丁、交通工具运用之实习。戊、国防科学之研究。己、大众教育之研究推广。

5. 国难教育之组织

甲、成立学生救国会及学生救国联合会以实施学生之国难教育。乙、成立教师救国会及教师救国联合会，以实施教授教师之国难教育。丙、成立各界大众救国会及各界大众救国联合会，以实施大众之国难教育。

6. 国难教育之文字工具

甲、拼音新文字，易认易写易学，应立即采取作为大众普及教育之基本工具。乙、用汉字写作时也须将它写成大众易学之大众文。

7. 国难教育之方法

在行动上取得解决国难真知识，立刻把它传给大众，使它在解决国难上发生力量。甲、推动报纸、杂志、戏剧、电影、说书人、无线电播音积极针对民族解放之宣传。乙、变通各校功课内容，使适合于解决国难之需要。丙、运用县、市、乡现有组织及集会，宣传民族危机及解决国难的路线。丁、推动家庭、店铺组织国难讨论会、读书会。戊、开办或参加识字学校，使此种学校对解决国难发生效力。己、长途旅行，唤起民众组织起来救国。庚、必要时游行示威。

8. 从事国难教育同志应有之几点认识

甲、中国已到生死关头，我们要认识，只有民族解放的实际行动才是救国的教育。为读书而读书，为教书而教书，乃是亡国的教育。乙、中国已到生死关头，只有武力抵抗才是生路。丙、根据目前的阿比西尼亚抵抗意大利及历史上被压迫民族独立解放运动的经验，中国不但可以抵抗，并且可以久战，获得最后胜利。丁、中国的国难不是少数人可以挽救，我们必须教育大众共同抵抗，中国才能起死回生。戊、我们应该知道孤立不足以图存，必须联合世界弱小民族及世界上以平等待我之民族共同奋斗，才能够翻身。己、我们应该知道东北问题、华北问题，都是整个中国的问题而不是一个地方的问题。庚、我们应该知道集会、结社、言论之自由，为表示民意、认清路线、共同行动之必要条件，我们必须拼命争取才能发挥国难教育。辛、我们应该知道，国难当头，大家都应该加倍努力以求国难之解决，故主张国难不止，决不放假，当然我们是坚决反对提前放假。壬、我们应该知道教师的责任，不仅是指导学生，而且要与学生参加救国运动，同过救国生活，共受救国教育，故我们主张教师要与学生大众共休戚，决不可袖手旁观。

三　大众的国难教育方案之特质

现在是教育与国难赛跑。我们必须叫教育追上国难，把它解决掉。但是教育这个东西，能帮助解决国难也能加重国难，我们是不可以随便干的。要怎样才算是一个解决国难的教育方案？让我把它的特质指出来，你就可以知道它和别的教育方案是不同了。

（一）它是单一的

解决国难的教育方案只有一个目的。这个目的就是保卫中华民国领土主权之完整以争取中华民族之自由平等。一切教育设施都要以这个神圣的使命做中心。教育部新近宣布国难时期教育宗旨，说：教育之生命即民族之生命。还有人甚而至于说：我们先要救教育之生命，才能救民族之生命。前一说是把生命的源头弄颠倒了。后一说是把一个生命分成两个：一是教育的生命，二是民族的生命。我要郑重的说：教育没有独立的生命，它是以民族的生命为生命。唯有以民族的生命为生命的教育，才算是我们的教育。国难教育是要教人救民族之命，则教育之命自然而然的得救了。

（二）它是大众的

民族之命非“小众”所能救。国难教育的任务，在唤醒大众组织起来救国。教育大众是当前的国难教育之第一件大事。《大公报》二月七日的社评乃把它降到第二义，可算是颠倒是非了。北平学联会所通过之非常时期教育草案是很好的，但是《大公报》披露该案的时候，任意的把民众教育三条删掉，也是因为《大公报》是采取了一种要不得的流行的态度：不许大众救国。我们应该知道，不许大众救国的教育，乃是亡国的教育，而不是救国的教育。

（三）它是联系的

解决国难的教育方案，应该注重三种联系。一是内容的联系，一切科目活动都以解决国难为中心而取得联系；二是组织的联系，各界各团体都以救亡工作为中心而取得联系；三是历史的联系，把现在中国民族解放运动与历史的教训密切的联系起来。这样整个的中华民国是成了我们的伟大的大学校。中山大学教育研究所所拟之战时教育工作计划，很详细具体，但是单以学校为组织之中心是不够的。至于有些人想把国难教育像只小鸟儿关在课堂的小笼里，那更是自欺欺人了。

（四）它是对流的

比如烧水，冷水重而往下沉，热水轻而往上浮，这叫作对流。经过一些时候的对流，水就自然的沸起来了。解决国难教育的方案是必须容许上层下层的对流。领导的人总想由上而下；但是纯粹由上而下的教育，只能造成被动的群众。被动的群众是发挥不出力量来担负救亡的责任。我们必须愿意被群众领导才能领导群众。故群众对于教育必须有由下而上的自动的机会，才能把自己和领导者造成救亡的战士，而完成救亡的使命。我们应当打通领导者与被领导者中间的隔板，使他们可以对流而互相教育。若把教育分成两部分，一部分专门培养领导者，另一部分专门培养被领导者，结果必定是教领导的人脱离群众的要求，致使国难教育变成一个麻木不仁的东西。

（五）它是行动的

高谈阔论不能救国。只有实际的救国的行动才能把将亡的国救回来，但不能盲行盲动。我们所需要的是有理论的行动，有组织的行动，有计划的行动，有纪律的行动。所谓理论、组织、计划、纪律，又不是校长、训育主任为行政便利弄出来的那一套，乃是民族解放运动所决定的必要条件。我们要在行动上接受民族解放的理论、组织、计划、纪律。为教育而教育，不许行动的教育，乃是加重国难的教育，而不是解决国难的教育。

四　新大学

——大众的大学

新大学是什么？新大学是大众的学府。

《大学》里面说："大学之道在明明德，在新民，在止于至善。"这是从前的"大学之道"。新的"大学之道"就不同了。依照新的眼光看来，它是变成了"大学之道在明大德，在新大众，在止于大众之幸福。"

什么是"大德"？"大德"是大众之德。大众之德有三：一是觉悟；二是联合；三是争取解放。"明"即明白，要教大众自己明白大众之德是这样。

"新大众"是教大众自新。大众本来是可以明白"大众之德"，但为天命之说和别的迷信所麻醉，把自己弄得糊里糊涂。新大学之任务是要教大众在真理的大海里洗个澡，天天洗，一世洗到老，使得自己的头脑常常是清清楚楚的，认识痛苦之来源和克服痛苦之路线。

"止"是瞄准的意思。新大学的一切课程设施都要对着大众的幸福瞄准。为大众争取幸福所必需的就拿来教人，所不需的就不拿来教人。

从前大学里所造就出来的人才有两种。一种是不肯为大众做事，我曾经为这种人写了一幅小照：

滴大众的汗，
吃大众的饭，
大众的事不肯干。
架子摆成老爷样，
不算是好汉。

第二种人是代替大众做事，但野心勃勃，想要一手包办，甚至不许大众自己动手来干。这样的人我们也是反对的：

大众滴了汗，
大众得吃饭，
大众的事大众干。
若想一个人包办，
不算是好汉。

新大学所要培养的不是这种人。它要培养和大众共同做事的人才。如果它也免不了要培养领导人才的话，它是要培养愿意接受大众领导而又能领导大众的人才。说得正确些，它是要培养大众做大事。

还有一种时髦大学，好像是我所说的新大学而实在是和我所说的正相反。它们的作风，一动手就是圈它几千亩地皮，花它几百万块钱，盖它几座皇宫式的学院。我参观了璐珈山武汉大学之后，有人问我作何感想。我说如果我有这笔款，我用款的步骤是有一些不同。第一步，这笔款用来开办大众大学，足够培养五百万大众帮助收复东北。第二步，东北收回之后，假如还有这样多的款子，我想用来发展一些适合国民经济的工业。第三步，工业稍有发展，又积下这么多的款子，我还不能建造皇宫的学府，是必须盖些大众住宅，使无家可归的人可以进来避避风，躲躲雨。第四步，等到一切穷苦无告的人都可以安居乐业了，那时大众一定要勉强我盖几座皇宫式的学府，我大概是可以马马虎虎的答应了。

那末，新大学就不要校舍吗？要是要的，没有也无妨。茅草棚虽小，足够办大学。

新大学是大众大学，新大学是茅草棚大学。

五　怎样做大众的教师

现在中华民国已经到了生死关头，我们做大众教师的人应当怎样做才能帮助解决国难而不致加重国难？我常以这个问题问人，现在人也常以这个问题问我了。这里是我的答复：

第一，追求真理

大众是长进得很快，教师必须不断的长进，才能教大众。一个不长进的人是不配教人、不能教人、也不高兴教人。大众快赶上你了！你快要落伍了！“后生可畏”不是一句客气话，而是一位教师受了大众蓬蓬勃勃的长进的压迫之后，对于自己及一切教师所提出来的警告。只有不断的追求真理才能免掉这样的恐怖。也只有免掉这种恐怖才能教大众，否则便要因为怕大众而摧残大众了。我得声明，真理离开行动好比是交际花手上的金刚钻戒指。我们所要追求的是行动的真理，真理的行动（Truth in Action）。这种真理不是坐在沙发上衔着雪茄烟所能喷得出来的。行动的真理必须在真理的行动中才能追求得到。你不钻进老虎洞，怎能捉得小老虎。

第二，讲真话

让真理赤裸裸的出来和大众见面。不要给它穿上天使的衣服，也不要给它戴上魔鬼的假面具。你不可以为着饭碗、为着美人、为着生命，而把“真理”监禁起来或者把它枪毙掉。教师只能说真话。说假话便是骗子，怎么能做教师呢？

第三，驳假话

说假话的人太多了，教师要有勇气站起来驳假话。真理是太阳，歪曲的理论是黑云。教师要吹一口气把这些黑云吹掉，那真理的太阳就自然而然的给人看见了。

第四，跟学生学

你要教你的学生教你怎样去教他。如果你不肯向你的学生虚心请教，你便不知道他的环境，不知道他的能力，不知道他的需要；那末，你就有天大的本事也不能教导他。他要吃白米饭，你倒老是弄些面条给他吃，事情是会两不讨好。不但为着学生而且为着你自己，你也得跟你的学生学。你只须承认小孩有教你的能力，你不久就会发现小孩能教你的事情多着咧；只须你甘心情愿跟你的学生做学生，他们便能把你的“思想的青春”留住，他们能为你保险，使你永远不落伍。

第五，教你的学生做先生

你跟学生学，是教学生做你的先生。如果停止在这里，结果怕要弄到师生合做守知奴，于大众毫无关系。你必得进一步教你的学生去教别人，你必须教你的学生把真理公开给大众，你得教你的学生拿着真理的火把指点大众前进。

第六，和学生大众站在一条战线上

教学不和学生站在一条战线上便不成为教师。这是怎样说呢？因为他要到西方去，你却教他往东走；反过来，他要到东方去，你却教他往西走。这种牛头不对马嘴的教育怎能行得通呢？有些教师不惜使用强迫手段要学生朝着教师指定的路线走，结果是造成师生对垒，变成势不两立。在势不两立的局面下还能叫学生接受你的指导吗？不但如此，先生学生虽是打成一片，如果他们联合行动的目标与大众所希望的不符，还只是小众的勾结，将为时代所不容。因此做教师的人必须和学生大众站在一条战线上为真理作战，才算是前进的教育。现在中国第一件大事是保障中华民国领土主权之完整，与争取中华民族劳苦大众之自由平等。教师和学生大众都要针对着这个大目标，才能站在一条战线上来。教师和学生大众站在这一条战线上来奋斗，才算是实行着真正解决国难的教育。你若把你的生命放在学生的生命里，把你和你的学生的生命放在大众的生命里，这才算是尽了教师的天职。

我们如果能把上面这六点做到，便不愧为现代的教师了。这样的教师，我相信，对于民族解放、大众解放、人类解放是有贡献了。

六　怎样才可以做一个前进的青年大众

什么是前进？

我是今年五月十日到平南。平南是邕江旁边的一个小村庄。村里有一个女学校，学生个个是赤脚大仙。我对于她们的认识是：

一群野姑娘，好像没规矩；
教她穿袜子，嘴许心不许。
粉碎烂规矩，创造新规矩；
无须人干涉，万事自作主。

有弛也有张，不是自由乡；
令人留恋处，仿佛在晓庄。

这里的同学是天真烂漫，对于世界国家的大事是要打破砂锅问（纹）到底。他们围着我，盯着我问东、问西，问个不歇。我说，找一个风凉的地方来畅谈一下更好。

那是现成的。门外就是六七株很大的榕树，像撑着大伞，排起队来，站在江边侍候着。好得很，还有几块古碑睡在地上让我们坐，这些树荫底下简直能坐好几百人。我们将近一百人在两棵树的中间坐了下来，已经是觉得够宽敞了。正是：

大树挡太阳，清风来邕江；
坐在古碑上，大事共商量。

这真是别有天地非人间。我们的有意义的讨论就这样的开幕了。

先是有人说了几句介绍词，接着就是我的简短的开场白。忽然间，一位同学像爆蚕豆样爆出一个问题来：

“怎样才可以做成一个前进的青年？”

“跟前进的人做朋友。”

“前进的朋友到哪儿去找呢？他又没有招牌挂在脸上。”

“听他讲的是什么话。看他干的是什么事。”

“在我们近边的人，固然可以这样办。不幸近边的前进的人不可多得又怎样办？幸而有，我们还想多得几位前进的朋友又怎么办？”

“像蚂蚁寻蜜糖一样去找。”

“我们又不是蚂蚁，怎么去找？”

“跟着气味去找，那气味是在前进的文章里。看前进的杂志，要不断的看。”

“这提起我想到一点，就是前进的书也要看。”

“对！前进的书是比较更有系统，更能帮助你前进，可是前进的杂志可以帮助你找到它们的线索。我素来不欢喜看广告，但前进的杂志上新书出版的广告不可不看。”

“前进的朋友也能把前进的书介绍给我们。他们还能介绍我们知道一些没有广告的书。除了找朋友、看杂志、读新书之外，还有什么别的办法呢?”

“钻进大众的生活里去。”

“大众拜菩萨，先生也叫我们陪他们烧香读经吗?”

“那可不是呀。那样钻进去，是跟着他们落伍，何能帮助我们前进?你要钻进大众的生活里去免不了要穿上一套潜水衣。潜水衣能叫你钻进水里去感受水的压力并在水里做工作而不致给水淹死。你要钻到大众的生活里去感受大众的痛苦，了解大众的问题，明白大众的力量。你不但要避掉他们的迷信和落后思想，并且要帮助他们克服这一切。”

“那件潜水衣是什么?”

“前进的意识钻进大众的生活里去，等你钻出来的时候，你的意识是更前进了。大众的意识也跟着你所接触而一起前进了。”

“有些人从前是前进的，过不得多少时候就会落伍到几千里外去。这是什么道理?最明显的是五四时代所谓前进分子，到如今多数是反动颓废得太厉害，我们眼面前也有些人是如此。有什么法子可以叫我们继续不断的前进?”

“你的意思是要有个保险，要保你一世到老的前进吗?”

“是的。怎样可以为前进保险?这个保险公司哪里有?”

“办法就在‘公司’两个字里面。公是公共；司是看管，又有司理的意思。例如司机是开机器的人。前进的人联合起来过着前进的生活，大家彼此看管好了，不使一个人落伍，那末前进就得到保证了。个人的前进是最靠不住。他高兴就前进，灰心就落伍，谁也不能为他保险。惟有集体的前进行动才能帮助我们一世到老的前进。”

“这是很对的了。但是加入这个集体的分子是不是需要年龄的区别，是不是一定要整整齐齐的青年。我看有些小孩倒很前进的，似乎也能加入。”

“严格的限制是有害的。有些小孩是的确很前进。这些年来，不但是青年教我前进，小孩也教我前进。有时青年对老师说话要客气些，不便逼人过甚，而小孩倒天真烂漫，心里有什么说什么。我个人的经验是得着小孩的指教多于青年的指教。我并且亲眼看见前进的小孩督促几位落伍的青年简直如同赶驴子一样的认真。如果把小孩子开除，那是一个大损失。我们成年人应该跟青年学，青年人是无疑的应该跟小孩学。集体的行动里面倘若能够加入前进的小孩那是更能保险大家前进了。……我们怎样才可以做成一个前进的青年？我得加重的补说一句：最重要的方法是集体的前进行动，是前进的集体行动，它不但是为‘前进’保证，并且它本身便是培养‘前进’的主要方法。”

讨论到这里，我正想休息一会儿，忽然又来了一个大炮：

“什么是前进?”

“你们大家想想看。这是个根本问题。我们倘使不能明明白白的答复这个问题，前面的讨论就会落空。什么是前进?”

“反日是前进。”

“反封建是前进。”

“反个人主义是前进。”

“为大众谋幸福是前进。”

“教大众觉悟是前进。”

“教大众联合起来是前进。”

“和大众站在一条战线上争取解放是前进。”

“追求真理是前进；固执成见是落伍。”

“行动是前进；空谈是落伍。”

“斗争是前进；妥协是落伍。”

“创造是前进；改良是落伍。”

“把握现实是前进；幻想是落伍。”

“世界观[①]的是前进；狭隘的国家主义是落伍。”

“运用矛盾以发展的是前进；坐待高潮之来到的是落伍。”

“唱《义勇军进行曲》的是前进；唱《妹妹我爱你》是落伍。”

“你们所说的，我大致满意。有几条似应该归并，恐怕也还有遗漏，这个整理的工作，以后再干。今天我们至少对于‘什么是前进’是有了一个比较清楚的系统的了解了。我却有两点意见贡献。比如，反帝这个口号在一年前是无论哪一个前进的人都认为无可怀疑，但最近这几个月来，情形是大变了。我们觉得危害中华民族生存的最大敌人是日本帝国主义。我们应当把我们的战线缩短。所以反抗日本帝国主义是成了当前最前进的口号。这口号是与把握现实一条更为符合了。其次，单单行动两个字不限定是前进。开倒车也是行动，反动也是行动。因此，我们是需要修改一下。有真理指导的行动才是前进。我高兴得很，自从经过这次讨论之后，我对于这个问题是更加明了了。我很感激诸位同学的指教。”

“你对于不前进的青年有何感想呢?”

“老了，病了。一个人老了是几乎没有药医。病了，如果他愿意医，还有办法。”

“一个十七八岁的青年会得老吗?”

“他会，他会变成一个十七八岁的老翁。她会，她会变成一个十七八岁的老太婆。”

“他们害什么病呢?”

“爱病！一个不前进的青年是会害爱病，病死在爱里。这些恋爱至上主义者是多么的可怜啊!”

“有什么药医呢?”

“只有一样药。用革命来指挥恋爱，用革命至上论来克服恋爱至上论。这样一来，他是变成了一个前进的青年了。他必须变成一个前进的青年才能医好这种青年病。”

---

① 陶行知在这里所讲的世界观是指从世界的范围、角度来观察思考问题，它与狭义的国家主义相对；不是哲学意义上的世界观。

"前进的青年就不会害病吗?"

"有些也害病，害的是幼稚病。他们把四周围的朋友都造成敌人，他们帮助敌人造成联合战线攻打他们自己。他们像蚕一样，造茧自缚。他们拼命的'前进'，结果是一步也不得进，甚而至于退到几千里外去。他们在敌人的面前张挂自己营盘的军用地图，他们把自己造成自己的敌人。前进的青年只怕害这种病。"

"有药可医吗?"

"自我批判。追求真理。"

"哈哈，有了药方，我们不怕生病了。"

"药方不能担保你们不生病。你们要依着药方去配药来打预防针，才不会害病，就是病了，也不致把老命送掉。这种预防针是像种牛痘一样，隔一些时候就要打一次才能保险的。"

"晓得了。"……

太阳下山了，天快黑了。赤脚大仙累了。我也坐着一只小船儿回来了。

七　文化解放

（一）什么是文化

文化是什么？初看起来是一个很容易答复的问题，但是仔细想一下，却有些困难。我们看到一本书，大家都可以承认它是属于文化方面的东西，但是遇着一把"石斧"的时候，我们的意见就要分歧了。有的人承认它是古代文化的遗产；有的人就不免要把它划进别的部门里面去。如果我们承认它是文化的遗产，那末一切生产工具都可以包括在文化的范围里面去了。石斧既是属于文化，那末，锄头乃至机器都可以算为文化了。这样一来，文化范围可就广大了。除了大自然之外，凡是人类所创造的一切都是文化了。凡是可以用来生产、战斗、交通、享乐、治理、思想的工具以及这些工具所引起的变化都可以当作文化看待了。这是一个顶宽的看法，也是一种顶简单的看法。照这样看法，文化是与大自然相对起来的。世界上的一切可以分成两大类：一类是没有加上人工的，叫做自然；另一类是人工所创造的，叫做文化。但是在这个广大的定义之下，研究讨论的工作是不易进行。因此我们要从这广大的事物里抽出一部分来，特别叫它为“文化”。这部分便是记录思想，传达思想，发展思想，改变思想的符号、工具和行动。照这样看法，在文化里面是包含了书籍、报纸、戏剧、电影、学校教育、社会教育、民众运动、高深学术研究等等；在本质方面看，文化工作是反映着人类经济政治的思想。这个定义是与一般人普通所想的接近。

（二）对谁解放

大众是文化的创造者。最初连语言文字都是从劳动中产生出来的。从哼呀哼呀的呼声里发现了语言，这是不可否认的事实。在树皮上画游猎的路线是文字起源之一。石斧、石刀、种地、造房子不是什么圣人发明的，乃是许多劳苦大众一点一点地积起来的贡献。近代工人对于发明上千千万万的贡献都给科学家偷了去，写在自己的账上。文化是大众所创造的。文化是被小众所独占。现在应该将文化从小众的手里解放出来，创造文化的大众应该享受创造的结果。文化是无疑的要对大众解放，使整个文化成为大众的文化。现在的文化解放运动可以说是大众文化运动。

（三）认识上的解放

文化有什么功用，我们必得把它认识清楚，才能谈它的解放。有些人把文化当作装饰品看待，以为大众用不着这个东西。我承认现在所谓“文化”当中有一部分是好比金刚钻戒指。但是有一部分是思想斗争的武器，这武器必定要解放出来，给大众抓住，然后民族、大众的解放才有很快的发展。其次，有些人以为大众文化是要等到大众政治实现以后才有可能。我承认大众文化的普及是要等到整个政治变成大众的政治。但是，大众的政治决不是凭空从天上掉下来的，它是要靠着大众继续不断的奋斗才能实现。这奋斗是要运用文化的武器以转变大众的思想，才能保证胜利。另外，特别是从事文化工作的人，太夸大文化的工作，或把文化看作一个孤立的东西。他们相信文化万能，或者是为文化而文化。这样会叫文化工作脱离了现实而变成一个没有作用的东西。殊不知文化所要记录、传达、发展、改变的思想乃是人类生活中心的思想，即是政治经济的思想。文化脱离了政治经济便成了不可思议。我们认识了文化是政治经济斗争的武器，就没有这个毛病了。最后，还有一种人以为文化的工作是纯粹的头脑工作。他们把它看成一个静的东西，可以静坐而得，静坐而传。他们忽略了行动与思想的关系。他们没有认识文化运动的作用。我们如果认识文化是民族大众解放的斗争的武器，这个静止文化的错解也就消灭了。我们对于文化的功用至少要有这点认识，然后才能把它从错误歪曲的观念里解放出来，也惟有把文化从错误歪曲的观念里解放出来，文化才能发生真正的作用。

（四）工具的解放

中国的思想符号主要的是汉字。读书人要花一两千块钱，学它十年二十年，才可以读点古书；平常的人花它百把块钱，一两年只是一撇一直的像稻草一样吃到肚里去不能消化，俗语叫作不通，读书没有读通。这难写难认的汉字只好留给那少数有钱有闲的少爷小姐去学，无钱无闲的大众和苦孩子必得另找出路。这出路就是近年提倡的易写易认的新文字。大众只须一个月每天费一小时就会写新文字的信，看新文字的报，读新文字的书，那是多么便利啊！大众文字的解放是大众文化解放的钥匙。

（五）方法的解放

传达文化之方法，依我看来，有三点最要解放。第一点，灌注的教授法最要不得。它把接受文化的人当作天津鸭儿填。民族大众解放运动最需要的不是灌注的演讲而是对于时事之讨论。这种相互之自由讨论，如果有前进书籍杂志作参考最能启发人的思想。学生和大众应该普遍的从灌注的教授法里解放出来，跑到这种自由讨论的空场上呼吸些新鲜空气，晒一晒太阳光。第二点，是知识封锁也要不得。从前的观念是学问自己受用，学校变成守知奴的制造厂。我们应该把自己从这知识私有卑鄙习惯里解放出来，我们对于真理应该即知即传，不肯教人的人不配受教育。从前写文章的人，是写得愈深愈觉得得意。现在呢，连白话文都得解放成大众文，使得大众易于了解。这的确对于传布文化起很大的作用。觉悟的知识分子都得把自己的作风解放出来使得大众易懂。第三点，要不得的是教而不做，学而不做。我们要在行动上来推进大众文化。我们要从静的方法解放出来，使大众加入真理的行动以追求行动的真理。

（六）组织上的解放

文化的组织是被小众捏得死死的，学校里的训育管理变成官僚化，学生只是被治而失去了自治。我们要把文化从模范监牢里解放出来，使它跑进大社会里去。社会即学校。文化的场所多着哩，茶馆、酒楼、戏院、破庙、茅棚、灶披、晒台，甚至于茅厕在今日都成了大众的课堂；整个民族解放运动成了大众的课程。平常的课程如果是和民族解放运动配合起来就不得不起质的变化。例如算学吧，那是看作一门纯粹的学科，然而把整个中国失掉的领土富源算一算，便立刻从平常的课程跳入非常的课程里面来了。在新的组织里，教师、学生和大众是站在一条民族自救的大路上，从前教师与学生间、学生与大众间的围墙都要打通，这样大众的文化才能充分传达发展。

（七）时间的解放

有些传统的学校，名为认真，实际是再坏无比。他们把无所谓的功课排得满满的，把时间挤得点水不漏，使得学生对于民族前途和别的大问题一点也不能想；并且周考、月考、学期考、毕业考、会考弄得大家忙个不了，再也没有一点空闲去传达文化、唤起大众。说得不客气些，这就是汉奸教育、奴化教育、亡国教育。另一方面，大众一天做十二小时工，甚至于有的要做十六小时的工，他们是没有空闲接受文化。时间是文化战的最大关键，我们必须争取时间来推进大众文化，时间解放是大众文化解放的焦点。

（八）新文化创造的解放

新文化之创造是社会进步之特征，同时也是帮助社会更进一步的一种推动力。新兴的文化多少总是于大众有益的文化，所以新文化的创造是受着前进者之欢呼，同时是遭着落伍者之妒忌。前进的书籍、杂志、戏剧、电影种种，是在热烈的欢迎里遭着最惨酷的虐待。明明是一部最好的电影，他会给你东剪一条，西剪一条，剪得使你失去了原来的生命。好比人家生了一个小孩，假如管户口册的人要批评你这孩子那里生得对，那里生得不对，你一定是要觉得他做得太过分了；又假如他不但是随嘴乱说，并且手里还拿了一把剪子，看到孩子耳朵长得太长便毫不客气的剪掉一点，看到孩子鼻子长得太高又毫不客气的剪掉一点，你该觉得这是一个什么人啊！你能忍心的坐在旁边让他剪吗？这样的刽子手是等在文化界的门口，一看见新的作品出来就给他几剪。从这把剪子的虎口里把新文化解放出来，是整个文化界不可推诿的责任。

（九）怎样取得文化解放

中国从前有一样东西叫裹脚布，把姑娘们的脚紧紧的裹，裹得肉烂骨头断，裹成一双三寸金莲，好嫁一个好人家。我想和这裹脚布相配的还有一样东西，叫做裹头布，把中国的小孩、青年、大众的头脑壳，紧紧的裹，裹得呆头呆脑，裹成一个三寸金头，好做一个文化奴隶。这裹头布便是加在大众头上的一切文化的压迫。不愿做文化奴隶的人联合起来，争取大众文化之解放！前进的知识分子在推进大众文化上固然能起重要的作用，但是大众文化运动决不能由少数知识分子代办。大众文化是大众的文化，是大众为自己推动的文化，是大众为自己谋幸福除痛苦而推动的文化。大众文化的解放是要大众运用集体的力量来争取的。它决不是小众可以送来的礼物。并且民族解放、大众解放、文化解放是一个分不开的运动。必得要联起来看、联起来想、联起来干，才会看得清楚，想得透彻，干得成功。

（八至十二略）

本篇导读（徐志辉）

《中国大众教育问题》作为《大众文化丛书》之一，于1936年8月由上海大众文化出版社出版。出版时，编者加了一个《编者的话》："《大众文化丛书》中的《中国大众教育问题》，原来是请陶行知先生写的，后来陶先生对编者说：'我对这些问题的意见，都散见于《生活教育》、《大众教育》、《生活日报》上面，倒不如把这些论文系统地编排一下，还来得直截了当些。'到七月上旬，陶先生亲自把它编好了，交给书店出版。编者从头至尾把这些论文读了一遍，觉得陶先生的教育主张，处处都针对着现阶段的需要，并且他对中国大众教育问题所要说的话，在这些论文中也都有了。所以我们把它作为《大众文化丛书》的一种，并不是没有理由的。”

本书共收录了陶行知先生的十二篇文章，涉及大众教育的方方面面。其核心是如何通过大众教育实现民族自救。

为什么通过大众教育就能实现民族自救？因为在陶先生看来，面对着“空前的国难”，只靠“小众”是根本解决不了问题的，必须将大众组织起来共同担负救国的责任，中国才可以得救。而要把大众组织起来，首先就是用“正确的教育来引导大众”，使大众觉悟，使大众能够意识到“本身力量的伟大”，并根据“集体意识而行动”，从而“把一个垂危的祖国变成一个自由平等的乐土”。

怎样才能通过大众教育实现民族的自救？陶行知说：大众教育就是要“以非常时期的有计划有组织的生活做他们的非常时期的有计划有组织的课程；这非常生活，便是当前的民族解放、大众解放的生活战斗”。因此，大众教育的中心功课“便是争取中国民族大众之解放”。他要求学校必须“变通各校功课内容，使适合于解决国难之需要”；要求各地组织、家庭、店铺等等都要“宣传民族危机及解决国难的路线”，“唤起民众组织起来救国”。他特别强调“只有民族解放的实际行动才是救国的教育。为读书而读书，为教书而教书，乃是亡国的教育”，“若只教大众关起门来认字读书，那是逃避现实的逃走教育而不是真正的大众教育”，“为教育而教育，不许行动的教育，乃是加重国难的教育，而不是解决国难的教育”。在这种特殊的历史时期，教育绝不可置国家、民族的危亡于不顾，自外于民族的使命。要知道“教育没有独立的生命，它是以民族的生命为生命。唯有以民族的生命为生命的教育，才算是我们的教育”。这就是特殊时期教育所应当担负起的特殊的历史使命。

大众教育要真正实现民族的自救，除了须担负上述的使命外，还有许多工作要做。陶先生还从国难教育方案及其特质、新大学、怎样做大众的教师、怎样才可以做一个前进的青年大众、文化解放、大众歌曲与大众唱歌团、大众的文字、怎样写大众文、大众画报、大众的流通图书馆等等方面，论述了大众教育所应担负的责任。大众教育所担负的责任，其实也就是教育所应担负的责任。因为在陶行知那里，教育绝不只是学校教育，也绝不只是知识教育，更不是个人晋升或者赚钱的工具。它担负着培养公民、改造社会、创造文化、促进文明进步等多重责任和使命，而在民族危亡时刻，它又义不容辞地担负起救亡图存的特殊使命。这大概也是我们在学习陶行知教育思想时所应该自觉的吧。

告生活教育社同志书

——为生活教育运动十二周年纪念而作

我所敬爱的同志们：

三月十五日[①]是一个值得纪念的日子。每年到了这个日子，大家都有许多意见想交换。我回国以来，忙于建立新事业，只有少数同志曾经通信，而且也因为时间关系，没有畅快的写。在这半年当中也曾走过不少的地方，但是会见的同志究竟不多。现在想乘这十二周年纪念的日子，把心里想说的话，尽量的说出来，希望大家指教；并希望大家也将别后的一切尽量告诉我，使我对于各人的工作有更深切的了解。让我们就在这种了解中建立我们共同的信念，以发挥我们的力量。

我们在这大时代中遇着了，而且是继续不断的共同奋斗，这是多么幸福啊！有些人却不是这样看法。去年八月中归船到印度，一位留学的太太对我说："这次我们回到中国是和出国的时候大不同了。学校没有了，工厂没有了，家庭没有了，亲戚朋友都流离失所了，先生也不免有些伤感

① 晓庄学校开学纪念日，亦为开始开展生活教育运动纪念日。

吧？”我说：“在国内我们可能看见的也许比你所说的要惨十倍一百倍，但是我毫无伤感。它的确是一个不大同的中国了。有拳头了，站起来了。不错，它是在大量的流血，但是如同一位母亲生孩子一样，流血的结果是新生命之产生。我们在中国所看到的血，不再是自相残杀的血，而是和日本帝国主义拼命的血。在这伟大的血的洪流里将要浮出来一个伟大的自由平等的中华民国。”记得“五三”惨案[①]纪念日在晓庄寅会[②]里我曾说过：“晓庄所办教育如果不能帮助中国把日本帝国主义打出去，便算是失败。”我们自始就认定大时代之来到，而且这大时代是要靠中国人和一切反侵略的战友的血汗创造出来的。

从上海、江苏、浙江、安徽、湖北、湖南、广东、广西、福建、四川、陕西、山西、河南、河北、贵州、甘肃、香港、安南[③]、新加坡及欧美同志的来信，知道大家都在自己的岗位上把各人的力量贡献给中华民族。在后方、在前方、在海外、在敌人的后方，大家都是很努力很切实的尽你们的责任。我们的人数不多，但几乎是总动员了。大家毫不吝啬的贡献各人的汗、血或脑汁。我不能否认也有很少数的同志由认识不够而徘徊、落伍。但是大多数是在大时代的创造中，百折不回的发挥各人的小小的力量。有一封信，尤其使我不能忘记，它以“迎接困难”四个字作对我回国之勉励。我以为这四个字是不应该独自欣赏而应该送给全体同志做座右铭。拿破仑说他的字典里没有“难”字，连侵略俄国也不难，所以一败涂地。汪精卫说他的字典里没有“易”字，怕抗日不易，所以动摇妥协。这都是矫枉过正之谈。其实，字典里有难字也有易字。我们对于困难，不可轻视，也不可害怕，这“迎接困难”四字恰恰把我们应该有的态度表现了出来。谁也不能否认，中国是在过难关。困难既是不断的来，那末，来一个，解决一个，来两个，解决一双。我们个个人都有了这“迎难”的精

---

① 又叫济南惨案。1928 年，蒋介石在英美帝国主义支持下，北上攻打奉系张作霖。日本帝国主义为了阻止英美势力向北发展，出兵侵占济南。5 月 3 日，蒋下令不准抵抗，并撤出济南。日军侵占济南后，屠杀军民五千余人，造成惨案。

② 晓庄学校每天清晨 5 时至 6 时（寅时）许举行集会，由师生轮流主持，轮流作简短的讲话。

③ 即越南。

神，便更能负起我们的任务而发挥我们的贡献。

就我实地所观察，中国是走上了胜利之路。三民主义是成了全国共同信仰之主义，即成了领导中华民族解放之最高原则。抗战建国纲领也是正确的国策。衡山会议议决方针，如民众重于士兵，政治重于军事，后方重于前方及游击战重于阵地战都是帮助抗战建国纲领实行之有效途径。蒋委员长对于近卫声明的驳斥一方面是指出抗战国策之坚决，一方面是粉碎敌人之阴谋。在第三届参政会闭幕词里面，蒋议长特别阐明民主政治之要义，尤足以保证抗战必胜、建国必成之信念。这是在政治方面所表现的进步。军事方面，游击战、运动战、阵地战综合之全面抗战已经展开，最可宝贵的是我所遇见的将领士兵，人人都抱有抗战到底的决心。经济方面，各种重要工业在内地是渐渐的惨淡复兴起来。轻工业合作社也已逐渐展开，最可喜的是有不少新工程师之出现，没有水泥钢骨也能建立起工厂。法币的基础是仍然稳定，敌人使尽千方百计还是撼不动。人民方面所表示出来的，如赵洪文国之三代打游击、曾大娘之送子从军、台儿庄儿童唱歌团之化小汉奸为小战士，华侨之长期输捐，小贩发动之义卖，足见人心未死，中国必兴。这些事实与现象都证明中国是在胜利的大道上阔步迈进。

同时，日本国内反战分子渐多，政府为要镇压反战势力之兴起而益趋向法西斯化。在前线日军是士无斗志，厌战心理浓厚。所造傀儡时遭中国志士毁灭，伪军多反正。占领之据点被我游击截断，联络不易。敌国际市场受抵制日货的威胁，日渐缩小。现金为抵补军需入超，将要枯竭。我只能大略说说，证明日本帝国主义是愈战愈弱，必有支持不住之一天。国际方面亦逐渐发生于中国有利之发展。英美间本有难以调和之矛盾，但近来亦有商约之订立，俾经济矛盾得以减少，使其对远东政策可以由平行行动而渐趋于合作。美洲是门罗主义①之家乡，近年来是被德意日撒下纳粹法西斯的种子造成侵略的细胞。美国感到极度不安，最近召集泛美会议目的在取得美洲各国谅解互助以共同抵御侵略。倘美国减少内顾之忧则对于远

① 1923 年美国总统门罗所宣布的美国对外政策原则："美洲是美洲人的美洲。"声称：任何欧洲强国都不得干涉南、北美洲的事务。实质是要使美洲成为美国资产阶级的美洲。

东问题，自能采取更有效之行动。苏联本其和平政策，对中国抵抗侵略，自始至终是十分同情，所以他对于国际联盟各别援助中国之决议是忠实执行。起初各国亲日派大放谣言说中国接受苏联帮助是趋向赤化。殊不知苏联与中国皆为国联会会员国，依照国联决议授受，是其本分。现在英美对于中国亦有同样的帮忙，则谣言不攻自破，苏联以后援助中国亦可以减少顾虑了。现在德意日的侵略阵线拉拢得更紧，将来的趋势，英美法苏和中国的反侵略阵线是有结成的可能。即使结不成功，他们的平行行动也是于中国有益。

我们只须看一看上面所说的便知道教育者责任之重大了。一、怎样才能使全国人民都了解三民主义，信仰三民主义，实行三民主义？二、怎样才能使全国人民知道抗战建国纲领，拥护抗战建国纲领，实行抗战建国纲领？三、怎样才能唤起全国民众使他们发出比士兵更大的力量？四、怎样才能使个个老百姓都知道蒋委员长驳斥近卫声明之要点？五、怎样才能使全国老百姓都很快的得到民主政治的训练而成为民主政治的柱石？六、怎样才能使全国的老太太都得到赵老太、曾大娘的精神？七、怎样才能使全国的小孩都有台儿庄儿童的认识？八、怎样才能使敌人占领区域之老百姓都有民族意识并使伪政权不得成立？九、怎样才能使敌人前线士兵及国内民众反战势力增高以镇压消灭其侵略之气焰？十、怎样才能使全世界反侵略运动发生效力以制裁侵略国之行动而粉碎他们扰乱和平的阴谋？这些可以说都是教育问题。由此可见教育者责任之重大。我们在这重重叠叠的重大责任逼迫而来的时候，举行我们的十二周年纪念，是非常有意义，不容我们有丝毫的懈怠。

在这个值得纪念的日子，我的脑袋里浮出来一个最鲜明的印象是：一群青年丢掉了文凭的眷恋，从学府里跑到乡下去，和农人共生活。光阴过得很快。这已经是十二年前的“罗曼斯”[①] 了。这一群青年所带去的不是文化的赈济品，而是一颗虚心要探寻真正适合中国向前进取的教育。

当这些青年和农人接触之后，双方都有了惊奇的发现。青年们在学府

① 英文 Romance 的译音，意译浪漫，有富有诗意、充满幻想等意思。

里受教已久，手无缚鸡之力，只拿得动一支笔儿写几行字。他们下乡不多时，便发现自己也有手，可以做工，可以种田，可以实验，可以使枪杆。农人呢，在“民可使由之，不可使知之”的空气中生活了几千百年，久已被裹头布裹得不能思想。他们和青年知识分子接触之下，禁不住要喊出来：“我们也有头脑啊！”青年发现了自己有双手，才是能坐而言也能起而行。农人发现自己有头脑，才能由了解信仰三民主义并发挥出力量来以争取中国之自由平等。这种双手与头脑的重新发现是极重要的收获，应当在纪念的时候特别指出。

我们在这十二年当中干了些什么事？三件事，还没有做完。一是反洋化教育，二是反传统教育，三是在半殖民地半封建的国家建立争取自由平等之教育理论与方法。

一、反洋化教育的用意并不是反对外来的知识。我们对于外洋输入的真知识是竭诚的欢迎。但是办学校一定要盖洋楼、说洋话、用洋书才算是真正的学校，那可不敢赞同。有些洋化教育家没有抽水的洋马桶是几乎拉不出屎。尤其是没有工业的生产而他们要工业的享受和花费，中国是个穷国，哪能禁得起这样的浪费。在这一方面浪费，在另一方面的教育便没有钱办了，结果是成了少数人的教育。

二、反传统教育也不是反对固有的优点。我们对于中国固有之美德是竭诚的拥护。但是“满朝朱紫贵，尽是读书人”的升官教育，以及“为教书而教书，为读书而读书”的超然教育，我们都是反对的。至于一般老百姓“出钱给人读死书，自己一个大字也不识”的现象尤其不能缄默。

三、建立争取自由平等的教育原理方法。我们之所以反对洋化教育和传统教育，是要开辟出一条大路，让这半殖民地争取自由平等的教育可以出来。三民主义是我们的工作的最高指导。从一个半殖民地半封建的国家变成一个自由、平等的民有、民治、民享①的国家，是要军事、政治、经济、教育几方面配合得好才能达到目的。教育方面必定要具备几种条件才

① 系19世纪60年代美国总统林肯对民主政治内容的概括：意谓一切权力归人民所有，一切权力由人民来治理，一切权力由人民来享用。

能负起这样伟大的使命。1. 教育必须是战斗的。教育不是玩具，不是装饰品，不是升官发财的媒介。教育是一种武器，是民族、人类解放的武器。2. 教育必须是生活的。一切教育必须通过生活才有效。抗战建国的生活才算是抗战建国的教育。3. 教育必须是科学的。这种教育是没有地方能抄袭得来的。我们必须运用科学的方法，根据客观情形继续不断的把它研究出来，而且，这种教育的内容也必须包含并着重自然科学与社会科学，否则不能前进。4. 教育必须是大众的。把一个半殖民地半封建的国家变成一个独立国，绝不是少数人所能办得成功。我们必须教育大众一同起来负担这个伟大的使命。但是希望老百姓都得到这教育必须有三个条件：一要省钱，使无钱的老百姓可以受到教育；二要省时间，使没有空闲的老百姓也能求学；三要通俗，使没有受过教育的老百姓也能了解而感到兴趣。这样一来，若不运用“即知即传”的原则，便不能达到老百姓都受教育的目的。而且老百姓所受的教育是要集体的施行，集体才是力量；个别的教，还是一盘散沙，不能发挥出充分的力量。5. 教育必须是计划的。我们要有一个动的计划，使人力、财力都有一个缓急轻重的总分配。从半殖民地半封建到自由平等之境要有一个继续展开的教育计划，逐步的引导我们前进。

在这十二年当中，应客观环境的需要，我们是发动了四个教育运动：即乡村教育、普及教育、国难教育、战时教育。这四个运动只是一个运动的四个阶段，这一个运动便是生活教育运动，也可以说是从半殖民地半封建渡到自由平等的国家的教育运动。

现在要问：我们今后应该做什么？怎样做？

一、继续已往的工作。伟大的抗日战争已经把洋化教育、传统教育弄得站不住脚。新的教师在茅草棚和山洞里没有黑板粉笔也能办教育。这是多么可喜的现象啊！但是教死书、死教书、教书死的教书匠，和读死书、死读书、读书死的蛀书虫还是很多；守知奴也没有完全变化过来；文化买办还在恋栈；学校内外的洋八股[1]、老八股、文八股、武八股、宣传八股还没有肃清；文化痞块是长在都市；乡下是害了文化贫血症；缺课的要拼命的补，补课之后就得吃补药；穷苦的天才是被埋没；到现在还有人反对战时需要的战时教育，他们是藏在百年大计、基本学术的盾牌之下，时常发出违背民族生存之歪曲言论。我们要争取抗战的胜利，建国的成功，是必须把这些毛病改正过来。我们对于这些病症是不应该消极的批评，而是要积极的帮助改正。

二、负起当前的任务。我们当前的任务是展开全面教育以配合全面抗战而争取全面的最后胜利。我们要把教育展开到前方，展开到边疆，展开到敌后方，展开到华侨的所在地，展开到全世界凡是有敌人斗争的地方去。别人不愿意去而应该去的地方，我们都得分道扬镳的去。我们要把三民主义送去，把抗战建国纲领送去，把蒋委员长告全国国民书及驳斥近卫声明的训词送去，把蒋委员长对全国教育会议的训词送去，送到每一个人的心里，还要在每一个人的生活里行动上表现出来，去粉碎敌人挑拨离间的阴谋，破坏敌人所造的伪政权，揭开敌人灭亡我们民族的野心，消灭敌人可能得到的一切外援。增高敌人压迫下的民众反战的情绪，化除集团间因夙怨政见误会所引起之磨擦，启发整个民族对于抗战建国之了解，加强整个民族对于抗战建国之团结，坚定整个民族对于抗战必胜、建国必成的信念。我们不应该把别人的力量小看了，连老太太、孩子们都是同阵的战士。我们也不应该把自己的力量小看了，当一个小学教员不仅是三四十个学生的导师，倘使培养学生即知即传，是很容易的影响三四百人。他的地位的重要是好比一个作战的连长或营长。当一个小学校长，不仅是一两百学生的导师，而是一两百户、一两千人的导师。他的地位的重要是好比一个作战的团长。当一个县教育局长，不仅是几百个学校、万把学生的导师，而是一个几十万民众的导师。他的地位是好比一个集团军总司令，甚至是一个战区的司令长官。但是倘使你小看了自己的岗位，小看了别人的

---

① 八股即八股文，是明清科举考试规定的一种极其死板的文体。每篇文章都要依次由破题、承题、起讲、入手、起股、中股、后股、束股八个部分组成。后人将其当做教条的同义语来使用。

力量，小看了生活教育的即知即传、工学团等等原理，你便成了一只孤鸦，一个光棍，由渺小而悲观、徘徊、妥协，敌人一来是不堪设想。有许多人是把大事小做了。最重要的是我们要认清我们任务之重大。此外随身要带的还有两样东西：一是针线，二是灯笼。一件衣服破过了，是可以越破越撕，越撕越破，到后来是可以撕成粉碎。唯一的办法是遇着破绽便立刻用针线把它缝好。当这民族的生死关头，是不容有丝毫的裂痕，一遇破裂就把我们的针线拿出来。灯笼是照着人认清路线向前走，不只是照着自己而且是照着同行的人向前走，走入自由平等之境。

三、加强我们的力量。为着要继续已往的工作和负起当前的任务，我们必须增加自己的力量，否则是不能胜任的。第一，学术便是力量。我们要提高学术的研究。晓庄研究所之建立便是希望对于抗战建国的重要而被忽略的问题，加以研究，以求解决而帮助增加抗战建国之力量。此外，我希望我们每一个同志都要抓着一个问题，继续不断、百折不回的去研究它，不得到解决不止；同时，对于中国、对于敌国，对于世界也要努力取得正确的认识。我们所教的小孩的集团也要时时刻刻的求进。第二，组织便是力量。生活教育社已经成立，这是一个喜讯。季平同志说得好，生活教育社是一个教育界的大家庭。它是教育思想者的团体，又是教育运动者之团体，又是教育工作者之团体，又是培养教师的团体，又是一般人学习生活和知能的团体，又是一个共同生活体。他又说：它是应该大众化的，大家共同生活；它应该是工厂化的，大家分工合作；它应该是学校化的，大家互教共学。我对这些话都同意，只是培养教师的团体要改为教师进修的团体，并且互教共学之下要加即知即传。传统学校化是不够的，我们必须即知即传才能跳出自己的小篱笆。其实，整个生活教育社应该是一个大的工学团，办教育是我们的工，研究问题是我们的学，共同过有组织的生活是我们的团。我们既要根据三民主义教导民众小孩，那末，我们自己的组织就必须民主化。不但总社要民主化的组织，而且分社、共学服务团的组织都得民主化。第三，行动便是力量。我们要在抗战建国的行动上发挥我们的力量而且增加我们的力量。蒋委员长说得好：“战时生活就是现代生活。现在时代，无论个人或社会若不实行战时生活，就不能存在，就要被人淘汰灭亡。”这是多末正确的真理啊。依我们的说法：战时生活便是战时教育，我们要以行动的战时生活来增加我们的力量。

增加我们的力量是为着要在三民主义最高原则即蒋委员长领导之下帮助争取最后之胜利。让我们大家把整个生命献出来，帮助打倒日本帝国主义并创造我们的独立平等幸福的中华民国。

本篇导读（徐志辉）

本篇原载1939年3月25日《战时教育》第4卷第3期。

本篇是为纪念生活教育运动12周年而作。生活教育运动是从1927年3月15日陶行知创办晓庄学校为起始，而生活教育社则是1938年12月15日在桂林正式成立的。虽然生活教育社与生活教育运动有着十分密切的关系，但生活教育运动与生活教育社毕竟又是不同的；虽然生活教育社是在1938年正式注册成立的，但它的成立其实当在1931年（参见明远：《“三·一五”速写》，见《陶行知全集》第11卷第803页），只不过这时它还不是一个公开的组织。从这篇为纪念“生活教育运动”12周年而作的“告生活教育社同志书”中，即可看出二者之间的紧密关系。

在这篇告同志书中，陶先生先概括了近期抗战的国内外形势，然后结合抗战时期的国际国内形势，接连用了十个“怎样才能使”、“这样唤起”这样的词组，将赢得抗战的最后胜利与教育者联系起来，说明了教育者所负责任之重大。陶先生总结了生活教育运动12年来所做但仍没有做完的三件事，即“反洋化教育”、“反传统教育”、“在半殖民地半封建的国家建立争取自由平等之教育理论与方法”，并着重指出：反对洋化教育和传统教育，就是“要开辟出一条大路，让这半殖民地争取自由平等的教育可以出来”。而要想使中国“从一个半殖民地半封建的国家变成一个自由、平等的民有、民治、民享的国家”，必须有军事、政治、经济、教育几方面很好的配合。什么样的教育能够担负起这样的责任和使命？陶行知认为，能担负起这个伟大使命的教育必须是战斗的、生活的、科学的、大众的、有计划的。生活教育12年中所发动的四个运动其实都是生活教育运动，其目的就是使半殖民地半封建的国家变成一个自由平等的国家。生活教育今后的任务，一是继续未竟的事业，二是负起当前的任务，即“展开全面教育以配合全面抗战而争取全面的最后胜利”，三是增加自己的力量。为完成“争取全面的最后胜利”的任务，陶行知特别强调了小学教员、小学校长、县教育局长的重要作用，认为他们的地位分别比营长、团长或一个战区的司令长官还重要，千万不要小看了自己。

12 年的生活教育运动，从来都不是为教育而教育的，虽然在这个运动的每个阶段都有特定的目的和任务，但每个阶段的教育都是为开启民智、唤起民众、造就国民、改造社会、救亡图存等服务的，其最终目的都是为了建立一个自由、民主、平等、现代化的新中国。我们从事教育工作的每个人——从幼儿园教师到大学教授，从幼儿园园长到大学校长——无论是否有这种自觉，其实我们每个人的工作都是与一个家庭的幸福、一个孩子的健康成长、国家和民族的前途命运紧密相连的。教育有了这种自觉才会成为真正的教育；教师有了这种自觉才当得起教师的称号。

《战时教育》半月刊方针

——致戴伯韬

《战时教育》半月刊应该怎样办？这是我们的方针问题，我们必得想个透彻，否则会叫我们走入牛角筒。有人希望给我们划一个“教育”圈。叫我们老在这里面打转。我们当然要守住我们的岗位。但是老在“教育”圈里打转，《战时教育》半月刊会办成一个酸溜溜的教育杂志。我们希望有时跑到圈外来看看，甚至于要坐一只飞机，飞出圈子，在高处远处往下看看，对着四面八方看看。这样才能把《战时教育》办好。所以我的建议是，《战时教育》应该采取这样的方针：一般的特殊，特殊的一般。在一般的生活里，找出教育的特殊意义，发挥出教育的特殊力量。同时要在特殊的教育里，找出一般的生活联系，展开对一般生活的普遍而深刻的影响。把教育推广到生活所包括的领域，使生活提高到教育所瞄准的水平。朋友们的意见我们自当择善而从，但本社的灵活方针，不可丝毫受其拘束与妨碍。

我所以主张一般的特殊与特殊的一般之方针，并非出于个人的主观，而系由于客观的事实所决定。本刊的对象有如下几种：一、生活教育同志，我们要运用这个刊物来互教共学。二、全国各级之教师，希望他们能经常听取我们的意见，并经常的给我们指教。三、广大的较有教育影响的知识分子之父母们、社会服务人士及不能入学而施行集体自学者群。这些人大多数是经济困难，只能买一份杂志，倘只能谈专门的教育，那是把我们的服务影响缩成一个皮包骨的瘦子。而且我们生活教育者，兴趣比较是多方面，提起笔来，老是教育教育，也觉得干燥无味。我希望《战时教育》半月刊，不但制醋，酸甜苦辣咸各种味道的作料，都让我们作一点，那末写的人便有用武之地，也觉得兴高采烈了。长篇有系统的文字，不能每期每人都写，即写一些杂感或笔记诗歌，只要能给读者一些指示和力量，便能丰富他们的生活，即是丰富他们的教育。

本篇导读（徐莹晖）

1937年七七事变后，抗日战争全面爆发。按照生活教育的理论，过什么生活，就是受什么教育，生活教育进入战时教育运动。为响应战时教育，陶行知把《生活教育》杂志改成《战时教育》旬刊。此篇是陶行知给戴伯韬的信，发表于1939年12月25日的《战时教育》5卷4期，从教育与生活的关系来阐述《战时教育》办刊方针和范围、工作对象。

陶行知认为既然承认生活即教育，那么《战时教育》就不应在“教育”圈里打转，为教育讲教育，战时教育是发动大众的力量来救国的，如此就缩小了刊物的范围，同时也限制了服务的对象。针对这个情形，陶行知提出了应该采取这样的方针：把教育和生活看成是特殊和一般的关系，“在一般的生活里，找出教育的特殊意义，发挥出教育的特殊力量。同时要在特殊的教育里，找出一般的生活联系，展开对一般生活的普遍而深刻的影响。把教育推广到生活所包括的领域，使生活提高到教育所瞄准的水平”。最后，陶行知还提出通过这个刊物，生活教育社的同志之间、与读者对象之间是“互教共学”，“不能入学”者成为“集体自学者群”，初步提出了集体主义自我教育的概念，这个概念在育才得到了实践，并取得了很好的效果。

七十多年过去了，陶行知对《战时教育》所提出的要避免的错误方针似乎在某些方面已经不幸地成为事实，陶行知的事业有多少已经变得“酸溜溜”了？生活教育的影响有哪些是“缩成一个皮包骨的瘦子”了？这是一种警示，值得深思。

我的民众教育观

民众教育是什么？民众教育是民众的教育，民众自己办的教育，为民众的最高利益而办的教育。换句话说：民众教育是给民众以教育，由民众来教育，为民众而教育。给民众以教育是用教育来动员民众。无论是征兵、征工、募捐、募寒衣及一切需要民众做的事，强迫不如说服，命令不如志愿，被动不如自动。说服是教育的方法，志愿是教育的成果，自动是教育所启发的力量。所以教育是动员民众最可靠、最有效的武器。由民众来教育是用民众来动员教育。中国对教育是动员了四五十年，到如今中国教育还没有普遍的动起来。这是什么缘故呢？先生少，学生多。小众的力量不够大，推不动大众的教育。但是民众接受了知识即刻传递给别人，那就容易推动了。前进的民众来教育落后的民众，一起起来动员教育，那末教育就不能不普遍的动起来了。为民众而教育是为民众最高的利益而教育。民众最高的利益是什么呢？中国民众最高的利益，不消说得，是打倒日本帝国主义，建立一个自由平等幸福的中华民国，并和全世界反侵略之战友共同来创造一个合理公道互助的世界。所以由民众来动员教育，用教育来动员民众，以争取这最高之利益和最后之胜利，才可算是真正的民众教育。

民众教育之发展大概有三个阶段：第一个阶段是要民众。第二个阶段是要教育民众。第三个阶段是民众要教育。要民众是民众教育之基本条件。否则民众且不要，何况乎民众教育。可是单凭我们的主观或是小众的利益而办的民众教育，民众不一定接受，一直等到我们发现民众所以不接受这样“教育”的缘故，并且改变我们的方针、内容、方法，使所办民众教育适合民众的口味，然后民众才要教育。也要等候它办到民众未得它之先是如饥如渴的想念，既得它之后是向前向上的奋发，那时候民众教育才算是办得有几分谱子了。

中国已往的民众教育是害了三种病。一是偏枯病。它或是由于有意的放弃，或是由于无意的忽略以致大部分的民众是不知、不能、不可、不敢跑进民众教育的圈里来。例如老年人、女人、工人、农人、流浪儿，绝大多数是被摈于民众教育之外。我没有篇幅一一举例，只谈一谈老年人吧。假使全国的老太太都能有机会受一点像岫岩县的赵老太太、修仁县的曾大娘、歇马乡的刘太太的教育，那末对于她们的从军的儿子是有多么大的鼓励啊！假使有一点真的教育配献给她们，那末，经过她们的广播，又是有何等扩大的影响啊！然而一般民众教育者则忽视老人之重要，而口口声声的说，我们要赶快培养青年民众，老人家快要进棺材了，有什么用呢？因此，民众教育对于老年人则害了偏枯症，同样，它对于妇女、农人、工人、流浪儿都害了偏枯的症候。二是守株待兔病。民众教育者是坐在民众教育馆里等待民众来：来一个，教一个；来两个，教一双；很少自动的到老百姓的队伍里去找学生。那愿意把教育送上门去的更是凤毛麟角了。民众教育还有一个特有的病，那就是尾巴病。民众教育在已往是成了教育之尾巴，排列是尾巴，经费是尾巴尖。社会既以尾巴看待民众教育，民众教育亦不知不觉的以尾巴自居。反过来说，民众教育抬头，也可见民众之抬头。

前几天，蒋委员长巡视湘北遇见民众教育馆，必去观看，可见民众教育之被最高当局重视。

民众教育是一件大事不可小看，更不可小做。大县一二百万人，小县也一二十万人。一位民众教育馆长假使用民众来动员教育并用教育来动员民众，他和他的同志便能影响而唤起少则一二十万、多则一二百万民众，个个知道为中华民国奋斗，愿意为中华民国奋斗，能够为中华民国奋斗，则中华民国自然会活到万万年了。大家要想民众教育抬头，要想中华民国抬头，是必得认清民众教育是一件大事并且要把它当做一件大事来实践。

民众教育舘的“舘”字引起了我的注意。“舘”字从官从舍；官舍是官住的地方，好像是一个衙门。民众教育舘有变成一个衙门的危险，但要想把民众教育当做一件大事做，切不可以在衙门里做老爷。官舍还有一个意思，就是看管房子。办民众教育倘变成只看管民教舘的房子，那也嫌不够。我有意把“舘”字换个“馆”字。民众教育馆好一比是一个民众餐馆，前者管民众的文化粮食，后者管民众的身体粮食。民众餐馆要想生意好必须价廉物美招待周到不需久候，民众教育馆要想做得开，在几方面都要跟民众餐馆学学才好。但是馆子也有毛病，官食可作老爷吃饭讲。倘使办民众教育的老爷只顾着自己的饭碗，而不把精神粮食输送给老百姓，那便是大事小做了。

本篇导读（徐志辉）

本篇原载1939年12月25日《战时教育》第5卷第4期。战时教育就是充分发挥教育的力量，动员民众为“打倒日本帝国主义，建立一个自由平等幸福的中华民国，并和全世界反侵略之战友共同来创造一个合理公道互助的世界”作出贡献。“为民众而教育是为民众最高的利益而教育”，它是从眼前的任务着手而朝向美好的未来、朝向民众长远的利益。动员和唤起民众争取抗日战争的最后胜利，使千千万万的民众个个都“知道”、“愿意”并“能够”为中华奋斗，教育才算尽到了自己的职责。这就是教育在战时所应担负的历史使命。

育才学校创办旨趣

我们在普及教育运动实践中，常常发现老百姓中有许多穷苦孩子有特殊才能，因为没有得到培养的机会而枯萎了。这是一件非常可惜的事情，这是民族的损失，人类的憾事，时时在我的心中，提醒我中国有这样一个缺陷要补足。

抗战后，从国外归来，路过长沙汉口时，看到难童中也有一些有特殊才能的小孩，尤其在汉口临时保育院①所发现的使人更高兴。那时我正和音乐家任光先生去参观，难童中有一位害癞痢的小朋友②，但他是一位有音乐才能的孩子，不但指挥唱歌有他与众不同的能力，而他也很聪敏，任光先生给他的指示，他便随即学会。

又有一次，我在重庆临时保育院参观，院长告诉我一件令人愤愤不平的事。他说近来有不少的阔人及教授们来挑选难童去做干儿子，麻子不要、癞痢不要、缺唇不要，不管有无才能，唯有面孔漂亮、身材秀美，才

① 保育院是抗日战争中，为抢救在战争中失掉亲人而成立的中国战时儿童保育会所属的负责收容和教养难童的机构。临时保育院是临时负责收容和教养难童的机构。

② 即育才创办时被选为音乐组的学生陈贻鑫。

能中选。而且当着孩子的面说，使他们蒙上难堪的侮辱，以至在他们生命中，烙上一个不可磨灭的印象。

以上三个印象，在我的脑子里各各独立存在了很久。有一天，忽然这三个意思凝合起来了：几年来普及教育中的遗憾须求得补偿，选干儿子的做法，应变为培养国家民族人才幼苗的办法，不管他有什么缺憾，只要有特殊才能，我们都应该加以特殊之培养，于是我便发生创办育才学校的动机。当时就做了一个计划，由张仲仁先生领导创立董事会，并且得到赈委会许俊人先生之同意而实现，这是去年一月间的事。

创办育才的主要意思在于培养人才之幼苗，使得有特殊才能者的幼苗不致枯萎，而且能够发展，就必须给与适当的阳光、空气、水分和养料，并扫除害虫。我们爱护和培养他们正如园丁一样，日夜辛勤的工作着，希望他们一天天的生长繁荣。我们拿爱迪生的幼年来说吧，他小时在学校求学，因为喜欢动手动脚，常常将毒药带到学校里来玩，先生不理解他，觉得厌恶，便以“坏蛋”之罪名，把仅学了三个月的爱迪生赶出学校。然而他的母亲却不以为然，她说她家的蛋没有坏，她便和她的儿子约好，历史地理由她教他，化学药品由自己保管，将各种瓶子做记号，并且放在地下室里。他欣然的接受了母亲的意见，于是这里那里的找东西，高高兴兴的玩起来。结果，就由化学以至电学，成为世界有名的大发明家。虽然那三个月的学校教育是他一生仅有的形式教育，但是由于他母亲的深切的理解他，终能有此造就。像爱迪生母亲那样了解儿童的精神，是值得我们学习的。假如他的附近有化学家电学家的帮助，设备方面又有使用之便利，则可减少他许多困难。我们这里便想学做爱迪生的母亲，而又想给小朋友这些特殊的便利。

我们这里的教师们，要有爱迪生母亲那样了解儿童及帮助儿童从事特殊的修养，但在这民族解放战争中，单为帮助个人是不够也是不对的，必须要在集体生活中来学习，要为整个民族利益来造就人才。因此，我们要引导学生们团起来做追求真理的小学生；团起来做自觉觉人的小先生；团起来做手脑双挥的小工人；团起来做反抗侵略的小战士。

真的集体生活必须有共同目的，共同认识，共同参加。而这共同目的，共同认识和共同参加，不可由单个的团体孤立的建树起来。否则，又会变成孤立的生活、孤立的教育，而不能充分发挥集体的精神。孟子说："先立乎其大者，则其小者不能夺也。"我们中国现在最大的事是什么？团结整个的中华民族，以打倒日本帝国主义而创造一个自由平等幸福的中华民国。我们的小集体要成了这个大集体的单位才不孤立，才有效力，才有意义。与这个大集体配合起来，然后我们的共同立法、共同遵守、共同实行，才不致成为乌托邦的幻想。

我们的学生要过这样的集体生活，在集体生活中，按照他的特殊才能，给与某种特殊教育，如音乐、戏剧、文学、绘画、社会、自然等。以上均各设组以进行教育，但是小朋友确有聪明，而一时不能发现他的特长，或是各方面都有才能的，我们将要设普通组以教育之。又若进了某一组，中途发现他并不适合那一组，而对另一组更适合，便可以转组。总之，我们要从活生生的可变动的法则来理解这一切。

但是，育才学校有三个不是，须得在此说明：

一、不是培养小专家。有人以为我们要揠苗助长，不顾他的年龄和接受力及其发展的规律，硬要把他养成小专家或小老头子。这种看法是片面的，因为那样的办法也是我们极反对的。我们只是要使他在幼年时期得到营养，让他健全而有效地向前发展。因此，在特殊功课以外，还须给予普通功课，使他获得一般知能，懂得一般做人的道理，同时培养他的特殊才能，根据他的兴趣能力引导他将来能成为专才。

二、不是培养他做人上人。有人误会以为我们要在这里造就一些人出来升官发财，跨在他人之上，这是不对的。我们的孩子们都从老百姓中来，他们还是要回到老百姓中去，以他们所学得的东西贡献给老百姓，为老百姓造福利；他们都是受着国家民族的教养，要以他们学得的东西贡献给整个国家民族，为整个国家民族谋幸福；他们是在世界中呼吸，要以他们学得的东西帮助改造世界，为整个人类谋利益。

三、我们不是丢掉普及教育，而来干这特殊的教育。其实我们不但没有丢掉普及教育，而且正在帮助发展它。现在中国处在伟大的抗战建国中，必须用教育来动员全国民众觉悟起来，在三民主义抗战建国纲领之下，担当这重大的工作，所以普及教育，实为今天所亟需。是继续不断的要协助政府，研究普及教育之最有效之方法，以提高整个民族的意识及文化水准。育才学校之创立，只是生活教育运动中的一件新发展的工作，它是丰富了普及教育原定的计划，决不是专为这特殊教育而产生特殊教育，也不是丢掉普及教育而来做特殊教育。

本篇导读（徐志辉）

本篇原载1940年8月1日出版的《战时教育》第6卷第1期《育才学校专号》。

创办育才学校同创办晓庄学校、创办工学团、创办香港中华业余补习学校一样，都是生活教育的继续，也都是陶行知悲天悯人、大爱奉献情怀的真实体现。正如陶行知所说，他创办育才学校是因为他经常看到许多有特殊才能的穷苦孩子因为“没有得到培养的机会而枯萎”，看到在临时保育院一些阔人在难童中挑选干儿子时难童们所受到的屈辱，由此萌发了将这些难童培养成国家民族人才之幼苗的愿望，希望像园丁一样去爱护和培养他们，使他们能够“一天天的生长繁荣”，使他们能够团起来做追求真理的小学生、自觉觉人的小先生、手脑双挥的小工人、反抗侵略的小战士。陶先生特别强调，育才学校不是“单为帮助个人”的，而是“要为整个民族利益来造就人才”。因此，育才学校“不是培养小专家”、“不是培养他做人上人”，而是要他们将所学得的东西“贡献给老百姓”，“贡献给整个国家民族”，用“他们学得的东西帮助改造世界，为整个人类谋利益”。

在价值观多元化的今天，教育究竟为了什么？如何认识和处理好教育对于个人、家庭、民族、社会的关系？教育者对于教育应当有什么样的追求？从陶行知的《育才学校创办旨趣》中，我们当能够找到答案，至少能够为我们寻找到答案提供启迪和有益的帮助。

实施民主教育的提纲

今天只是提出一些问题作为日后讨论的提纲，希望大家予以修正补充和指教。

一、旧民主与新民主

旧民主，是少数资产阶级作主，为少数人服务。新民主，是人民大众作主，为人民大众服务。

二、创造的民主与庸俗的民主

庸俗的民主是形式主义、平均主义，只是在形式上做到如投票等等。创造的民主是动员全体的创造力，使每个人的创造力得到均等的机会，充分的发挥，并且发挥到最高峰，所以创造的民主必然与我以前所讲的民主的创造有关联。民主的创造，是要使多数人的创造力能够发挥。在专制时代，少数人也能创造，但多数人的创造的天才被埋没，或因穷困忙碌而不能发挥，即使发挥也会受千磨万折，受到极大的阻碍。民主的创造，是为大多数人的创造，承认每一个人都有得到创造的机会，这是与专制的创造不同的地方。

三、民主运用到教育方面来

民主运用到教育方面，有双重意义：

第一，民主的教育是民有、民治、民享的教育。“民有”的意义，是教育属于老百姓自己的。“民治”的意义，是教育由老百姓自己办的。例如从前山海工学团时代，宜兴有一个西桥工学团①，是老百姓自己办的。农民自己的孩子把附近几个村子的教育办起来，校董是老百姓，校长也是老百姓。又如晓庄学校封闭后，晓庄学生不能回晓庄办教育，而老百姓又不要私塾，所以小孩子自己办了一个佘儿岗自动小学。又如陕北方面提倡的民办小学，也都是这意思。“民享”的意义，是教育为老百姓的需要而办的，并非如统治者为了使老百姓能看布告，便于管理，就使老百姓认识几个字。由此可见，有民有、民治、民享的政治，才有民有、民治、民享的教育。

第二，民主的教育，必须办到各尽所能，各学所需，各教所知。各尽所能，就是使老百姓的能力都能发挥。各取所需，因为经济条件没有具备，所以办不到。但各学所需是可以做到的。在民主政治下，特别是中国有许多人没有受教育，需要多少教员才能把各地教育办起来？如一人能教四十人，二百万教师才能教八千万小孩。这些教师是师范所不能训练出来的，所以还必须每人各教所知。各尽所能、各学所需、各教所知三点都办到了，民有、民治、民享的教育也就成功了。

四、教育的对象或教育的目的

“文化为公”、“教育为公”是教育的目的，但又不妨因材施教。国民教育，与人才教育略有不同。国民教育，是人人应当免费受教育；但如有特殊才能的，也应加以特殊的教育，使其才能能充分发挥，这就是人才教

① 全称是西桥儿童工学团，是陶行知在 1933 年底派陆静山和侣朋到江苏省宜兴县协助小先生承国英创办的。

育。但人才教育并不是教他们升官发财，而是要他们将学得的东西贡献给大众，所以这也是“文化为公”。

男女也应有平等受教育的机会。目前有些地方，例如南充男女界限分得很严，男女学生不能互相说话。这种地方，女子教育一定不发达。

无论贫富，也应该有均等受教育的机会。前次社会组在草街乡调查失学儿童，占学龄的儿童百分之七十四。能来中心小学读书的儿童，大多是小地主的孩子，佃农恐怕很少。民主教育要使穷人也有受教育的机会。

无论老少，也应该受教育。生活教育很早就提出活到老、学到老。最近听说回教也是如此。生活教育运动中最老的学生为八十三岁之王老太太，她说：“我也快进棺材了，还读什么书？”但经她的孙儿曾孙的鼓舞，她的热情也燃炽起来了。因为她的缘故，她的媳妇也得读书了。

还有资格的问题：现在是有资格就能上进，没有资格就该赶出大门外。但民主教育是只问能力，不问资格的。本来资格是有能力的证明，既有直接的证明，又何须资格。只要证明是有能力的就可以上进。

民族教育现在也成一个问题。过去把少数民族取名为边民，不承认他们为民族。我们对于回族、苗族等小民族的教育，强迫他们学汉文，还要用汉人教师去教他们。但民主教育是让他们学习他们自己的文字，没有文字的，就帮助他们制造文字，让他们自己办学校，训练各民族的人才来教育他们自己的人民。过去蒙古人受教育时，是雇人来上课的。这种教育又有什么用？

还有一点，无论什么阶级，都要有受教育的机会。受教育的机会被剥夺最多的是农工及子弟。农工阶级忙碌一天，还陷入吃不饱饿不死的状态，当然更谈不到受教育。民主教育是要力求农工劳苦阶级有机会受教育。

总结起来，“教育为公”就是机会均等：入学时求学的机会均等，长进的机会均等；离校时复学的机会均等，失学时补习机会均等，而且老百姓有办学管教育的机会。

五、民主教育的方法

民主的教育方法，要使学生自动，而且要启发学生使能自觉，要客观，要科学，不限于一种，要多种多样，因材施教，要生活与教育联系起来。并且在中国要会用穷办法，没钱买教科书，用尽种种办法来找代用品，招牌可以作课本、树枝可以作笔、桌面可以当纸张。八路军行军时，带着一套文化工具，即是一支木笔，行军停下来时，就在地面上画字认字。新民主主义既是要农工领导，就必须用穷办法使老百姓受教育。单是草街子，如每人买一支铅笔就要化去四十万元，因此只有不用铅笔另想穷办法，才能做到教育为公。

另外还有一个办法，学生不能来上课的可以送去教，“来者不拒，不能来者送上门去”，看牛的送到牛背上去，拾柴的送到柴山上去。这样“教育为公”才有办法。最后，我们必须重提要着重创造，让学生自动的时候，不是让他们乱动，而是要他们走上创造之路，手脑并用，在劳力上劳心。这需要六大解放：（一）解放眼睛——不要带上封建的有色眼镜，使眼睛能看事实。（二）解放双手。（三）解放头脑——使头脑从迷信、成见、命定、法西斯细菌中解放出来。（四）解放嘴——儿童应当有言论自由，有话直接和先生说，并且高兴心甘情愿和先生说，首先让先生知道儿童们一切的痛苦。（五）解放空间——不要把学生关在笼中，在民主教育中的学校应当大得多，要把大自然、大社会作他们的世界；空间放大了，才能各学所需；扩大了空间，才能各教所知；扩大了空间，才能各尽所能。（六）解放时间——育才是以此标榜，然而并未完全做到；师生工友都应当有一点空闲的时间，可以从容消化所学、从容思考所学，并且干较有意义的工作。

六、民主的教师

民主的教师，必须具有：（一）虚心；（二）宽容；（三）与学生共甘苦；（四）跟民众学习；（五）跟小孩子学习——这听来是很奇怪的，其实先生必须跟小孩子学，他才能了解小孩子的需要，和小孩子共甘苦，并不是说完全跟小孩子学，而是说只有跟小孩子学，才能完成做民主教师的资格，否则即是专制教师；现在民主国家的领袖，都是跟老百姓学，否则即成专制魔王；（六）消极方面，肃清形式、教条、先生架子，师生的严格界限。

七、民主教育的教材

民主教育的教材，应从丰富中求精华，教科书以外求课外的东西，并且要从学校以外到大自然、大社会中求得活的教材。

八、民主教育的课程

（一）内容。现在人民所以大部分在贫穷中过生活，因为贫富不均，所以了解社会是很重要的。另外科学不发达，不能造富，所以应该有科学的生产、科学的劳动。抗战如不能胜利，整个中国就完了！因此教育要拿出一切力量来争取胜利，要启发民众，用一切力量来为抗战、为反攻而努力。

（二）课程组织。组织应敷成多轨，即普及与提高并重，使老百姓都能受教育，并且有特殊才干的也能发挥。

（三）课程要有系统，但也要有弹性，要在课程上争取时间的解放。

九、民主教育的学制

民主教育的学制，包含三原则：单轨出发。学制在世界上各国分成几种，如德国的学制是双轨制，穷苦的人民受国民教育，再受职业教育。有钱的人，则由中学而直升大学。民主教育开始是单轨，不分贫富以单轨出发，以后依才能分成多轨。各人所走路线虽不同，但都将力量贡献给抗战，贡献给国家，这叫多轨同归。并且还要换轨便利，让他们在才干改变时有调换轨道的便利。

旧时的学校，学生忙于赶考，赶考是缩小学生时间的一原因，并且使学生没有时间思考。民主教育也是要考的，但不要赶考，而是考成。也不鼓励个人的等第，只注意集体的成绩。而成绩也不以分数定高下。

民主也不是绝对的自由。民主有民主的纪律，与专制纪律不同。专制纪律是盲从。民主纪律是自觉的、集体的，不但要人服从纪律，还要人懂得为什么。

此外应当广泛的设立托儿所，农村的、工厂的、公务员的，可以将妇女从家庭中解放出来。在大学里，要做到下列几点：（一）入学考试不应过分着重文凭，应增加同等学力的录取比例；（二）研究学术自由，读书自由，讨论自由；（三）增设补习大学及夜大学。这应该跟日本学，在日本夜大学很多。我们要帮助工厂里的技术工人、合作农场中的技术农人得到受大学教育的机会。至于留学政策，凡是在中国可以学到的应在中国学，请外国教授来中国教；如设备不可能在中国设置的学科，才能派大学毕业有研究能力的研究生出外留学。

十、民主教育的行政

（一）鼓励人民办学校，当然人民自己所办的，并不能像美国私立学校那样宣传某种宗教的偏见，而是为民主服务。

（二）鼓励学生自己管自己的事。

（三）肃清官僚气的查案，以及摆资格的作风。视察员及督学有三个作用：（1）鼓励老百姓办学；（2）考察学校是否合乎民主道理；（3）不是去查案，而是积极指导学校如何办得好。老百姓的学校，大概粗糙简陋，所以视学员到时，不是带来恐怖，而是带来春风。

民主的校长，也有四种任务：（1）培养在职的教师，师是从各处来的，校长应负有责任使教师进步；（2）通过教员使学生进步，并且有丰富的进步；（3）在学校中提拔为老百姓服务的人，如小先生之类；（4）应当将校门打开，运用社会的力量，使学校进步，动员学校的力量，帮助社会进步。他应当有社会即学校的观点，整个社会是学校，学校不过是一课堂。这样，才能尽校长的责任，并且对于大的社会，才能有民主的贡献，而学校本身就可以成为民主的温床，培养出人才的幼苗。

十一、民主的民众教育

有人民的地方，就是民主教育到的地方。家庭、店铺、茶馆、轮船码头，都是课堂。甚至防空洞中，也可以进行教育。博物馆、图书馆、电影院，都是进行有系统的教育地方。应当请专家讲演，深入浅出。没有专家的地方，也应有好的办法，使老百姓无师自通。

十二、民主教育的文字

要老百姓认二千个字，好比要他们画二千幅画。有人说汉字太难，应当打倒；有人主张，不用拉丁化，而用注音字母。我主张汉字、新文字、注音字母三管齐下。（一）认得汉字的人，照估计有八千万人，假使最低估计有五百万人可能教汉字，这是一股很大的力量，我们不但不用推倒他，而要运用他。（二）运用新文字教老百姓，我们在上海试过，教起来非常方便，一个月就可以使老百姓看懂信件，学过英文的人，三个钟头就可以学会。（三）醉心注音字母也好，就用注音字母来帮助老百姓。我希望文字也像政党似的来一个民主联合，汉字好比是板车、木车，注音字母好比是汽车，新文字好比是飞机。各种文字的提倡人联合起来，做到多样的统一。

本篇导读（徐志辉）

本篇原载1945年5月《战时教育》第9卷第2期，是由微林、元直所作的讲话记录。

日寇的侵华战争到1945年后已经走到穷途末路，我国的抗日战争终于快要取得最后的胜利了。这意味着生活教育的战时教育任务即将完成。抗战虽然快要胜利了，但中国还远不是一个民主自由的共和国，国民党的独裁统治到此时反而变本加厉。因此，反独裁、争民主就成了生活教育新的任务。陶行知在此时非常敏锐地意识到争取民主反对独裁对建设一个新中国的重要意义，同时也将这一任务当成了生活教育运动在新时期的一项新的使命。正是为了通过教育来达到新的目标，陶行知才在这时提出了《实施民主教育的提纲》，并从12个方面提出应如何实施民主教育。

陶行知认为，未来新中国所需要的民主不是庸俗的、形式上的民主，而是“创造的民主”。“创造的民主是动员全体的创造力，使每个人的创造力得到均等的机会，充分的发挥，并且发挥到最高峰”，但“创造的民主”必然要在“民主的创造”中方能实现。这“民主的创造”是由大多数人参与的创造，是为大多数人的创造，因此每个人都应该得到创造的机会。

就当时的现状而言，要实现“创造的民主”和“民主的创造”并不是一件容易的事，一是国民党政府极力推行政治上的独裁，二是社会大众还没有对民主重要性的认识和行使民主权利的能力。因此，用教育的力量来启发民众起来反独裁、争民主、争自由，就是教育义不容辞的责任和使命。这种教育就是“民主教育”。在这个“提纲”中，陶行知解释了什么是民主教育、民主教育的对象和教育的目的、民主教育的方法、民主的教师、民主教育的教材和课程、民主教育的学制、民主教育的行政、民主的民众教育和民主教育的文字，对推行民主教育作出了详细的构想。由此我们可以再次看到陶行知是如何认识和处理教育与社会、教育与生活的关系的，也可以再次看到陶行知是如何看待教育的功能和作用的。同时这对于我们理解教育服务社会以及如何服务社会，也是富有启发意义的。

民主教育 (1945 年 11 月)

民主教育是教人做主人，做自己的主人，做国家的主人，做世界的主人。把林肯总统的话引申到教育方面来说，民主教育是民有、民治、民享之教育。说得通俗些，民主教育是人民的教育，人民办的教育，为人民自己的幸福而办的教育。现在把这样教育的内容和方法，扼要的提出几点，供给从事举办民主教育的朋友参考。

（一）教育为公，以达到天下为公；全民教育，以实现全民政治。积极方面，我们要求教育机会均等，对人说，无论男、女、老、少、贫、富、阶级、信仰，以地方说，无论远近、城乡都应有同等机会享受教育之权利。消极方面，我们反对党化教育①，反对党有党办党享的教育，因为党化教育是把国家的公器变做一党一派的工具。

（二）教人民肃清法西斯细菌，以实现真正的民主。

（三）启发觉悟性。教人民进行自觉的学习，遵守自觉的纪律，从事

① 指 1927 年“四一二”反革命事变后到新中国成立前以蒋介石为首的国民政府，为培养替自己服务的“忠臣”和“顺民”而推行的封建法西斯教育。

自觉的工作与奋斗。

（四）培养创造力，以实现创造的民主和民主的创造。解放眼睛，敲碎有色眼镜，教大家看事实。解放头脑，撕掉精神的裹头布，使大家想得通。解放双手，剪去指甲，摔掉无形的手套，使大家可以执行头脑的命令，动手向前开辟。解放嘴，使大家可以享受言论自由，摆龙门阵、谈天、谈心、谈出真理来。解放空间，把人民与小孩从文化鸟笼里解放出来，飞进大自然、大社会去寻觅丰富的食粮。解放时间，把人民与小孩从劳碌中解放出来，使大家有点空闲，想想问题，谈谈国事，看看书，干点于老百姓有益的事，还要有空玩玩，才算是有点做人的味道。有了这六大解放，创造力才可以尽量发挥出来。

（五）各尽所能，各学所需，各教所知，使大家各得其所。

（六）在民主的生活中学习民主、在争取民主的生活中学习争取民主，在创造民主的新中国的生活中学习创造民主的新中国。

（七）尽量采用简笔汉字、拉丁字母，双管齐下，以减少识字困难，使人民特别是边民易于接受教育。

（八）充分运用无线电及其他近代交通工具，以缩短距离，使边远地方之人民、小孩可以加速的享受教育。

（九）民主教育应该是整个生活的教育。他应该要工以养生，学以明生，团以保生。他应该是健康、科学、艺术、劳动与民主织成之和谐的生活，即和谐的教育。

（十）承认中国是从农业文明开始渡到工业文明，经济是极端贫穷。我们必须发现穷办法，看重穷办法，运用穷办法，以办成丰富的教育。开始的时候，唯独这样办才能使绝大多数之劳苦大众及其小孩得以享受教育，否则只有少数少爷小姐享受教育，不能算是真正的民主教育。

本篇导读（徐志辉）

本篇原载 1945 年 11 月 1 日《民主教育》创刊号。陶行知首先对什么是民主教育作了规定：民主教育是“教人做主人”的教育，不仅是“做自己的主人”，而且是做国家和世界的主人。如何实现这种“教人做主人”的教育呢？教育为公、开展全民教育以实现全民政治是其前提。教人做主人就是要教人民反对独裁，争取民主；就是要启发人民的民主觉悟；就是要培养人民的创造力，以实现创造的民主和民主的创造；就是要使人民能够“各尽所能，各学所需，各教所知，使大家各得其所”。但这种“教人做主人”的民主教育绝不是喊喊口号就可以实现的。人民要想能够真正成为主人，一要有做主人的观念，二要有做主人的能力，因此，“在民主的生活中学习民主、在争取民主的生活中学习争取民主，在创造民主的新中国的生活中学习创造民主的新中国”，就显得尤为重要。因为在陶先生看来，过什么样的生活就是受什么样的教育。过民主的生活就是受民主的教育，过做主人的生活就是受做主人的教育，不去实际地“过”这种生活，就无法受这样的教育。所以陶行知特别强调“民主教育应该是整个生活的教育”，“过民主生活”对于民主教育来说也就有了十分特别的意义。

民主教育之普及

民主教育一方面是教人争取民主，一方面是教人发展民主。在反民主的时代或是民主不够的时代，民主教育的任务是教人争取民主；到了政治走上民主之路，民主教育的任务是配合整个国家之创造计划，教人依着民主的原则，发挥各人及集体的创造力，以为全民造幸福。

无论是争取民主或是发展民主，都要靠广大人民的群策群力才会成功。这广大人民在数量上是愈广大愈有力量，在认识上是认识得愈深刻愈有力量。因此民主教育需要普及。我们所要普及的是救命的民主教育，要全国老百姓无论男女老少贫富都能很快的得到救命的民主教育。

但是，中国现在还是一个农业国，大家靠着一双手和锄头斧头生产，所以生活是穷苦得很，尤其是经过一百年的帝国主义侵略，三十多年的内战和八年的抗战，弄得万分穷苦。我们要在穷社会里找出穷办法来教一切穷人都得到教育，得到丰富的教育，得到民主的教育，才算是达到了我们普及教育的目的。

大概是六年前，我在成渝公路上的来凤驿住了一晚。吃晚饭的时候，有一群苦孩子来到面前讨饭，我们就把吃不完的饭菜统统给了他们。他们高兴地吃完之后，还是站在门口玩耍闲谈。我乘这个机会，点着他们好学的火焰。我问："你们如果愿意读书，我很愿意帮你们的忙。""愿意，我们没有书。"我指着对门一块招牌"中华餐馆"说："这就是书。"又指着另一块招牌"民国饭店"说："那也是书。"我便引导他们开始读书：

"中华餐馆，民国饭店；

中华民国，中华国民；

中国，国民；

（我是）中华国民，（我爱）中华民国。"

读完，我又看见一个标语"有力出力，有钱出钱。"于是又开始引导他们读第二课。

"有力出力，有钱出钱。"

"有力出力（又）出钱，有钱（不）出钱（又）（不）出力"。

读完了，我问："要不要学写字？"一个小孩子说："没有笔。"我拿出我的右手的第二个指头说："这就是笔。"又一个小孩子说："没有纸。"我拿出左手的手掌说："这就是纸。"于是我就教大家学写字。对着招牌和标语学写，写了四五次，我又叫他们围在一张八仙桌的周围，看我在桌上写字，然后让他们自己在桌上学写。每人都用指头，沾点清水在桌上写，读的字都会写了。后来，我想把这工作继续下去，就教他们组织起来，推举了一个聪明而能干的小孩做队长，带领着别的小孩每天在街上学习，并恭请我住的旅馆老板做先生。这组织与推举也可算是一点民主教育。这办法算是顶穷的办法了，但是来凤驿的十几位苦孩子便因此而受了民主教育的洗礼，并因此而立下继续求学的原始组织。只要知识分子念头一转，肯帮助人好学，不须花费一个钱，便可以帮助老百姓识字，受到民主的教育。如果全国八千万识字的人都肯这样做，都肯即知即传，而且跟他们学的人也即知即传，那四万万五千万人的普及民主教育不是有了办法吗？因此，动员这八千万识字的人来进行普及民主教育是一件顶大的事，也是一件可能做到的事。教人、好学，都是传染的，等到大家都传染了教人、好学的习惯，使教人、好学成了瘾，整个中华民族便成了一个教人、好学的民族，万万年的进步是得到了保证。古人云：学然后知不足。一个人感到不足，他便要向高处追，向深处追，是不会有止境了。因此，民主教育不但可能做到全面普及，并且可能做到立体的普及。

本篇导读（徐志辉）

本篇原载1945年12月1日《民主教育》第2期。陶先生认为，民主教育是“救命的教育”，是“教人依着民主的原则，发挥各人及集体的创造力，以为全民造幸福”的教育，因此，民主教育绝不只是少数人的教育，无论是争取民主还是发展民主，都必须有全民的参与，于是普及民主教育就是教育在抗战胜利后所面临的重要任务。然而在穷国穷社会里要想普及民主教育，则必须使用不花钱的穷办法。陶行知以他在旅途上教几个小乞丐识字的经历，来证明不花钱也可以在全民中普及民主教育。他认为，知识分子如果真的想为民族的发展尽力，真的想为全民造幸福，真的想去普及民主教育，就一定可以想出办法来克服种种困难的。

小学教师与民主运动

我这次到上海，在一个小宴会上，听了几句令人深思的话。我的朋友说：抗战八年来，五位教师之中，有一位逃难去了，一位做生意去了，一位变节了，一位死了，只剩了一位仍旧还在这里做教师，我们是多么寂寞啊！我说剩下的这一位，头上是裹着裹头布，嘴上是上了封条，肚子是饿瘪了，被迫得只有干腌菜喂后一代。我们接着谈论胜利后的他们，逃难的难得回乡，做生意的倒胜利霉，变节的无法戴罪立功，死者不可复生，站在岗位上的，头上的裹头布仍旧裹着，嘴上的封条仍旧封得很紧，肚子是饿得更瘪了，除了干腌菜还没有别的精神粮食给学生吃。这谈话指示我们，如果我们要为民主奋斗，我们得加强自己、改变自己、武装自己，而且要为教育招兵，为民主募马。

首先我们自己需要再教育，再受民主教育。中华民国虽然成立了三十五年，我们只上了很少的民主功课。细算起来，民国初立的几个月①，推

① 指 1911 年 10 月 10 日武昌起义胜利后，17 省推选孙中山就任临时大总统。到 1912 年 2 月 13 日在军阀袁世凯的暴力压迫下，孙中山被迫辞职为止。

翻袁世凯的几个月，五四运动后的一两年，推翻复辟后的几个月①，五卅惨案以及北伐前后的一二年②，一二·九到抗战开始后一年③，算是断断续续的上了几课，但是一曝十寒，胜不过二千年传下来的专制毒和这十余年来的有系统的、反民主的、变相的法西斯蒂训政④。特别是我们做教师的人，需要再教育来肃清一切不民主甚至反民主的习惯与态度，并且积极的树立真正的民主作风。校长对于我们，我们对于学生，多少都存在着一些要不得的独裁作风。中国现在，自主席以至于校长教师，有意无意的，难免是一个独裁。因为大家都是在专制的气氛中长大，为独裁作风所熏陶，没有学习过民主作风。我们所要学习的民主作风，至少应该包含这些：

（一）民为贵。人民第一，一切为人民。

（二）天下为公。文化为公，不存心包办，或征为私有。

（三）虚心学习，集思广益，以建立自己的主张。

（四）自己要说话，也让别人说话，最好是大家商量。自己要做事，也让别人做事，最好是大家合作。自己要吃饭，也让别人吃饭，最好是大家有饭吃。自己要安全，也让别人安全，最好是大家平安。自己要长进，也让别人长进，最好是大家共同长进。

（五）民主未得到之前，联合起来以争取民主为己任；人民基本自由得到之后，依据民主原则共同创造，创造新自己，创造新家庭、新学校、新中国、新世界。

这是一种全新的生活方式，我们必须天天在实际的生活中学习，学习，再学习，才能习惯成自然，造成民主的作风。

个人学习不如集体学习，偶尔学习不如经常学习。为着进行经常的集体学习，最好是联合起来组织社会大学、星期研究会，以实施共同之进

---

① 指1917年军阀张勋为清室复辟被击败后的几个月。

② 指1924年初到1927年蒋介石发动四一二反革命政变前这段时期内。

③ 指从1935年12月9日，由中国共产党所领导的一二·九运动掀起全国性的抗日救亡运动新高潮开始，到1938年10月武汉沦陷。

④ 孙中山《建国大纲》一书，把建国程序分为军政（武装革命）、训政（教育人民运用民主）、宪政（让人民当家作主）三个时期。原定头两个时期都很短，但蒋介石却把训政时期延长了十余年，并实行独裁专权，妄图把人民训练成为“顺民”。

修。这些新的学习组织，在重庆已经施行有效，应该在各地举办起来，以应好学的教师与好学的青年的需要。孔子说："学而不厌，诲人不倦。"我看出这两句话有因果的关系。唯其学而不厌才能诲人不倦；如果天天卖旧货，索然无味，要想教师生活不感觉到疲倦是很困难了。所以我们做教师的人，必须天天学习，天天进行再教育，才能有教学之乐而无教学之苦。自己在民主作风上精进不已，才能以身作则，宏收教化流行之效。我们在民主作风之外，要学习的东西很多，应该按着自己的兴趣、才能和工作岗位的需要继续不断的学习，活到老，学到老。但是最重要的不能忘了社会科学。每一位现代的教师，必须把基本的政治问题、经济问题、世界大势、社会的历史的发展和正确思想方法弄清楚，最好是要参加教师进修的组织，如社会大学、星期研究会，凭着集体的力量督促自己长进。在没有社会大学或星期研究会的地方，小学教师们应该主动发起创办。这是如同吃饭一样的急不容缓、不可等待。

我们进行自我再教育，不能没有先生，我们要三顾茅庐请出第一流的教授来帮助我们进行各项学习。第一流的教授具有两种要素：一、有真知灼见；二、肯说真话，敢驳假话，不说谎话。我们必须拿着这两个尺度来衡量我们的先生。合于此者是吾师，立志求之，终身敬之。

在各位大师之中，我要介绍两位最伟大的老师。

一位就是老百姓。我们要跟老百姓学习，学习人民的语言、人民的情感、人民的美德。努力发现老百姓的问题、困苦和他们心中所希望达到的目的，并认识他们就是中华民国真正的主人，要他们告诉我们怎样为他们服务才算满意。我愿把我写的一首小诗献给每一位小学教师，共同勉励：

民之所好好之，
民之所恶恶之。
教人民进步者，
拜人民为老师。

还有一位最伟大的先生要介绍，那就是小孩子——我们所教的小学生。我们要跟小孩子学习，不愿向小孩学习的人，不配做小孩的先生。一个人不懂小孩的心理，小孩的问题，小孩的困难，小孩的愿望，小孩的脾气，如何能救小孩？如何能知道小孩的力量？而让他们发挥出小小的创造力？

惟独肯拜人民与小孩为老师的人，才能把自己造成民主的教师，也只有肯拜人民与小孩为老师的，那民主作风才自然而然的获得了。

其次，就是运用民主作风教学生，并与同事共同过民主生活，以造成民主的学校。教育方法要采用自动的方法、启发的方法、手脑并用的方法、教学做合一的方法，并且要使学生注重全面教育以克服片面教育；注重养成终身好学之习惯以克服短命教育。在现状下，尤须进行六大解放，把学习的基本自由还给学生：一、解放他的头脑，使他能想；二、解放他的双手，使他能干；三、解放他的眼睛，使他能看；四、解放他的嘴，使他能谈；五、解放他的空间，使他能到大自然大社会里去取得更丰富的学问；六、解放他的时间，不把他的功课表填满，不逼迫他赶考，不和家长联合起来在功课上夹攻，要给他一些空闲时间消化所学，并且学一点他自己渴望要学的学问，干一点他自己高兴干的事情。还要把工友当做平等的人，和他们平等合作。只有校长、教师、学生、工友团结起来共同努力，才能造成一个民主的学校。

再其次，要教学生为民主的小先生。我们不能把小孩单单当做学生教。最重要的教育是“给的教育”，教小孩拿出小小的力量来为社会服务。人生以服务为目的，不是毕业后才服务，在校时，就要在服务上学习服务。学生最好的服务是做小先生，拿学得的知识教给人。中华民国是一个公司，四万万五千万人联合起来做老板。男人是男老板，女人是女老板，大人是大老板，小孩是小老板，大家都是中华民国的老板，大家都是中华民国的主人。拿这种浅显而重要的意思，由学生一面学，一面教给不能进学校的老百姓，他们变成了民主的小先生。一位先生教四十位学生，照老法子，他只是四十个学生的先生。如今把这四十个学生变成小先生，每位小先生平均帮助五个人，便能帮助二百人，连原来的四十人，便是一位二百四十人的先生，力量与贡献大得多了。这样，学校变成了发电机，学生变成了四十根电线，通到每一个家庭里去，使四十家、乃至二百四十家都发出民主的光辉来，这不能算是小学教师的重要任务吗？

再其次，要教民众自己成为民主的干部。小学教师应该是民主的酵母，使凡与他接触的人都发起酵来，发起民主的酵来。农人、工人、商人、军人、官吏、学生家属只要一接触便或多或少起一点变化，顶少要对民主运动减少一点阻碍，顶好是一经提醒便成了民主的斗士，乃至成为民主的干部。大家起来创造一个名副其实的中华民国。去年中秋，当我亲眼在四川看见一位老农拿出插在腰带背后的旱烟管来，指挥他的七位学生，一连合唱了八个歌曲，我好像是看见了新中国的前途。这样可贵的，从人民中产生出来的民主干部，将来是要几十万几百万的产生出来。发现他们、培养他们，是小学教师不可放弃的天职。

最后，争取民主以保障生存权利与教学自由。小学教师值得几文钱？是我这次到上海来看见从前乃英先生写的一首感动人的歌曲：

“小学教师值几钱？五元钱一天。教一天，算一天。请假一天扣工钱。不管你喊哑喉咙，不管你绞尽脑汁，不管你坐弯背腰，不管你饿瘪肚皮，预支不可以。小学教师值几钱？要求提高待遇，还没有这种福气。”

这首歌的末一句，我提议修改为“争民主奋斗到底”。提高待遇，只有民主才有保障。现在的尊师运动，必须包含争取民主，才能将一时救急的办法，变成经常安定的办法。如不争取民主，使真正的民主政治、民主经济、民主文化全盘兑现，我们必定是一辈子陷在“吃不饱来饿不死”的地狱里。所以为着提高生活的待遇，我们必须参加在整个国家民主斗争里面去。实现天下为公，有我们自己的一份在内。

教师的职务是“千教万教，教人求真”，学生的职务是“千学万学，学做真人”。这教人求真和学做真人的教学自由，也只有真正的民主实现了才有可能。在不民主的政治下，说真话做真事的人是会打破饭碗，关进集中营，甚至于失掉生命。因此这教学自由，也是要在整个的人民基本自由中全盘解决。让我们和人民站在一条战线上，争取真正民主的实现。共同创造一个独立、自由、平等、进步、幸福的新中国。

本篇导读（徐志辉）

本篇原载1946年5月10日《教师生活》第4期。

“民主之魂，教育之光”，这是陶行知去世第三天，上海社会各界对陶行知先生的评价。我以为这八个字，是对陶先生一生最精当的概括。陶先生一生为之奋斗的理想，就是“争取真正民主的实现”，就是通过教育最终“创造一个独立、自由、平等、进步、幸福的新中国”。在他生命的最后100天，他更是没有一天不在为反独裁争民主、反内战争和平而奋斗。在这篇《小学教师与民主运动》中，他再次将争取民主的使命赋予了小学教师，号召小学教师要“进行自我再教育”以适应民主生活，“造成民主的作风”；号召小学教师做“民主的酵母”，使与他接触的一切人都“发起民主的酵来”；号召小学教师在“创造新自己，创造新家庭、新学校、新中国、新世界”的过程中充分发挥自己的作用。

陶行知认为，民主作风是一种“全新的生活方式”，为了适应这种“全新的生活方式”，小学教师的首要任务便是学习，学习，再学习，以养成民主的习惯，造成民主的作风，并从五个方面列举了小学教师所应该学习的民主作风，也比较详细地论述了小学教师在民众运动中所应当担负的责任和使命。联系到陶行知在1931年和1939年所写的《敬告中小学教师》、《告生活教育社同志书》中对中小学教师所提出的希望，我们当更深入地体会到中小学教师所担负的责任和使命。

民主教育　(1946 年 5 月)

我今天讲的题目是“民主教育”。

我们现在的教育，不是以不变应万变的时候，而是以丕变应万变的时期，中华民国的教育，应与大清帝国不同。从前是一个人的主人教育与四万万人的奴隶教育，和文武百官的奴才教育，而今要四万万人民的主人教育、文武百官的人才教育。但是现在的奴隶教育太多，主人教育太少。“中华民国”的招牌，顾名思义，奴隶教育应除尽，整个社会需要的是全民组织起来的民主教育，没有一个人可以失去民主教育的机会。

在这万变的社会中，我们还要保住一种好学求进步的精神，我们从小曾学过民主，所以上自握权的人，下至保甲长、校长，都不是因袭旧的独裁作风，我们以往所学的，现在都不足以再来教学生，我们需要自我再教育。自我再教育就是我们再受民主教育。

民主的教育，包括四点：

一、民为贵——大家说“教育第一”，其实更重要的是“人民第一”，只有重视人民的教育，才能第一。

二、“天下为公”——教育为公，文化为公，不可由任何人据为己有。

三、建立民主的主张——应该集思广益、虚心学习，用民主方法，从各阶层多方面结合而成的主张。

四、自己要说话——也让别人说话，最好是大家商量。自己要做事，也让别人做事，最好是大家合作。自己要吃饭，也让别人吃饭，最好是大家有饭吃。自己要安全，也让别人安全，最好是大家平安。自己要长进，也让别人长进，最好大家共同长进。

这些都是我们以前所没有学过的，不但要再学习，而且要将所学贡献给人民，为人民大众而服务。

进行自我再教育，不能没有先生，配做我们的先生的人要具有两种资格：

一、有真知灼见而无偏见。

二、敢说真话，不说诳话。

此外，我们应该拜两种素来没有想到过的老师：

一、我们应该跟我们的学生学习，不拜儿童做先生，就做不好先生。我可以举一个例：当晓庄师范被封的时候，我们的教员不能去上课，小孩们没有了先生，他们不接受被派来的老先生，于是大家想出了温习的办法！他们聚在一个庙里，一块儿温习，自称为自动学校，而且举了一个十五岁的孩子胡同炳做校长。我那时在上海，听了这消息很高兴，就做了一首诗给他们："有个学校真奇怪，大孩自动教小孩，七十二行皆先生，先生不在学如在。"我把诗给几个大学生看，大家都认为很好，于是我就快信寄到晓庄去。三天之后，胡同炳来信了，他说诗应该修改。"大孩自动"，难道小孩不能自动吗？你说"大孩教小孩"，我们这里小孩也教大孩。你说有个学校真奇怪，大孩教小孩，有什么奇怪呢？这三大炮，把我那个"大"字炸得粉碎，从此我便依他的建议，改作"小孩自动教小孩"。诸位看看，不是更好么？还有一个例：南通张孝若的女儿，才十三岁，一次我在那里讲演，一分钟讲四个题目的讲演：

（一）做工——只吃饭，不做工，什么人？寄生虫。（二）读书——吃饱饭，不读书，什么人？老母猪。（三）教人——读死书，不教人，什么人？不是人。（四）打倒帝国主义——这题目，现在已改作"怕民主"

了。——教死书，怕民主，什么人？小老鼠。

那位张小姐听完站起来说，第三题的不是人，不好。茶杯不是人，桌子也不是人，不是人的东西太多了，她想改作“木头人”。我接受了，诸位看，不是比原来的好多了吗？

所以我要学生做先生，了解学生，才能教学生，而且常和学生在一起，可以青春不老。

二、还有一位最伟大老师，就是老百姓。老百姓知道的，比我们知道的多，我们应和他们作知识上的交流，十九年前我在晓庄时，许多东南大学的学生，常常来玩，有一天一个大学生说：“农友，你种这许多韭菜，卖得完吗？”那农人说：“先生，这是麦子！”我在旁边看见那大学生，装满了知识学问的大头脑似乎缩小了一些。

还有一点，我们应向老百姓学的，他们教我们用手。我们知识分子，常常不会用手。从前我们学校开荒考试，男生先考挑粪，女生先考倒马桶，若是考得不高兴，就不必再考别的。农人的刻苦勤俭，都是我们应学习的美德。这次抗战，农人出力最多，虽然胜利的果实，他们没有享到。要了解农人的痛苦、需要和他们心中的愿望，去学习，才能帮助他们，并为他们服务。办民众学校，若只凭他们所想的去学，学生是必定每天减少，终至跑光了。我有一首诗：“民之所好好之，民之所恶恶之，教人民进步者，拜人民为师。”我们不能将他们当鸭子填，更何况我们所填给他们的东西，一点也不滋补，他们怎能欢迎？我们都有小独裁的作风，若没有人民的力量，仅仅自己有决心还是做不了的，总之，我们要虚心向人民学习。

三、要建立组织——一个社会大学，大家天天在一起，一同求进步。应该受社会大学教育的，是职业青年与教员。上海有四万人需要受这种教育。

办社会大学，亦应有普通大学的种种困难与限制，只需三个条件：（一）有学问的教师；（二）能听讲做笔记，而好学不倦的学生；（三）还要有一个大学之道，即师生共同走的路线，如孔子的大学之道和苏格拉底之自明，都是例子。

重庆的社会大学，是学生自己发起，自己筹款，自己举校长，自己开教授名单，也有一个大学之道，是修改儒家之大学之道的。

（一）在明民德（而非明德）——民德有四：(1)觉悟（非民可使由之，不可使知之）——要使学生知道自己是中国的老板。(2)联合——联合起来做老板。(3)解放——头、手、嘴、眼、时、空六大解放。(4)创造——要创造新的自己、新的中国、新的社会。

（二）在亲民（而非新民），亲民有三部曲：(1)钻进百姓队伍与老百姓亲近。(2)成为他们的亲人。(3)要老百姓承认你的确是他们的亲人。还有一个三部曲：(1)为人民服务。(2)跟老百姓学习。(3)和老百姓共同创造。

（三）在止于人民之幸福——与人民共同造福除苦，所谓幸福有四：(1)福——安居乐业，有自由，有读书机会。(2)禄——丰衣足食。(3)寿——健康有保障，生病有医药。(4)喜——结婚、生儿育女、经济能力，都能如愿以偿。

希望大家创造社会大学，以进行有系统之自我学习，武装自己，以争取民主，而不断地为老百姓服务。

本篇导读（徐莹晖）

本篇原载1946年5月25日《文汇报·教育阵地》第2期。

20世纪初，民主最早是新文化运动高扬的一面旗帜，和科学一起被称为“德先生”和“赛先生”。此后，民主成为中国社会孜孜以求的价值理想，整个20世纪以及未来的发展就是追求民主、实现民主的过程。民主的理想成为当时众多爱国知识分子追求的目标。陶行知一生从事生活教育实践，倡导了多次运动，民主教育是其倡导的最后一个运动，也是整个生活教育的实质和价值追求。正如他临终前对日本记者小野三郎所说：“我自己潜心于中国的民主教育，从实践第一天开始，已经经过了三十个春秋。这完全是充满压迫和苦难的历史。”

从概念上来说，民主一般被理解为政治学上的范畴，即在一定的阶级范围内，按照平等和少数服从多数原则来共同管理国家事务的国家制度。而陶行知和他的老师杜威一样，在改造中国教育的实践中，赋予了民主新的含义：民主不仅仅是一种政治价值观，更是一种全新的生活方式。

陶行知倡导的民主教育运动起始于他作为国民参政员参加1939年9月9日到18日举行的国民党参政会第一届四次会议之后所撰写的《宪政运动与国民教育》。他提出，宪政运动必须成为国民教育运动才有意义。这一观点的提出显示了陶行知民主思想的端倪，此时的民主主要指向政治的意义。1941年他开始倡导民主教育运动，1944年开始撰写民主教育文章，并预言1945年是民主年。1945年创办《民主教育》月刊，连续发表一系列关于民主的文章，开始全力从事民主教育的理论研究和实践指导，以发展社会创造力。

陶行知认为民主教育是民有、民治、民享的教育，通俗地说即人民的教育，人民办的教育，为人民自己的幸福而办的教育。民主教育的目的是要实现教育为公，达到天下为公；方法是启发人民的觉悟，能够自觉自治；目标是通过民主解放，实现社会创造力；民主教育的特质是整个生活的教育，即是健康、科学、艺术、劳动与民主组成的和谐的生活，即和谐的教育；真正的民主教育必须要去过民主的生活，才算是受民主的教育。所以，在陶行知看来，民主是一种全新的生活方式。这种生活方式如何实现呢？陶行知指出必须拜儿童和老百姓为老师，创办社会大学，以“明民德、亲民、止于人民之幸福”为宗旨，教人民在争取民主的生活中争取、实现民主，最终实现“民主的创造和创造的民主”。